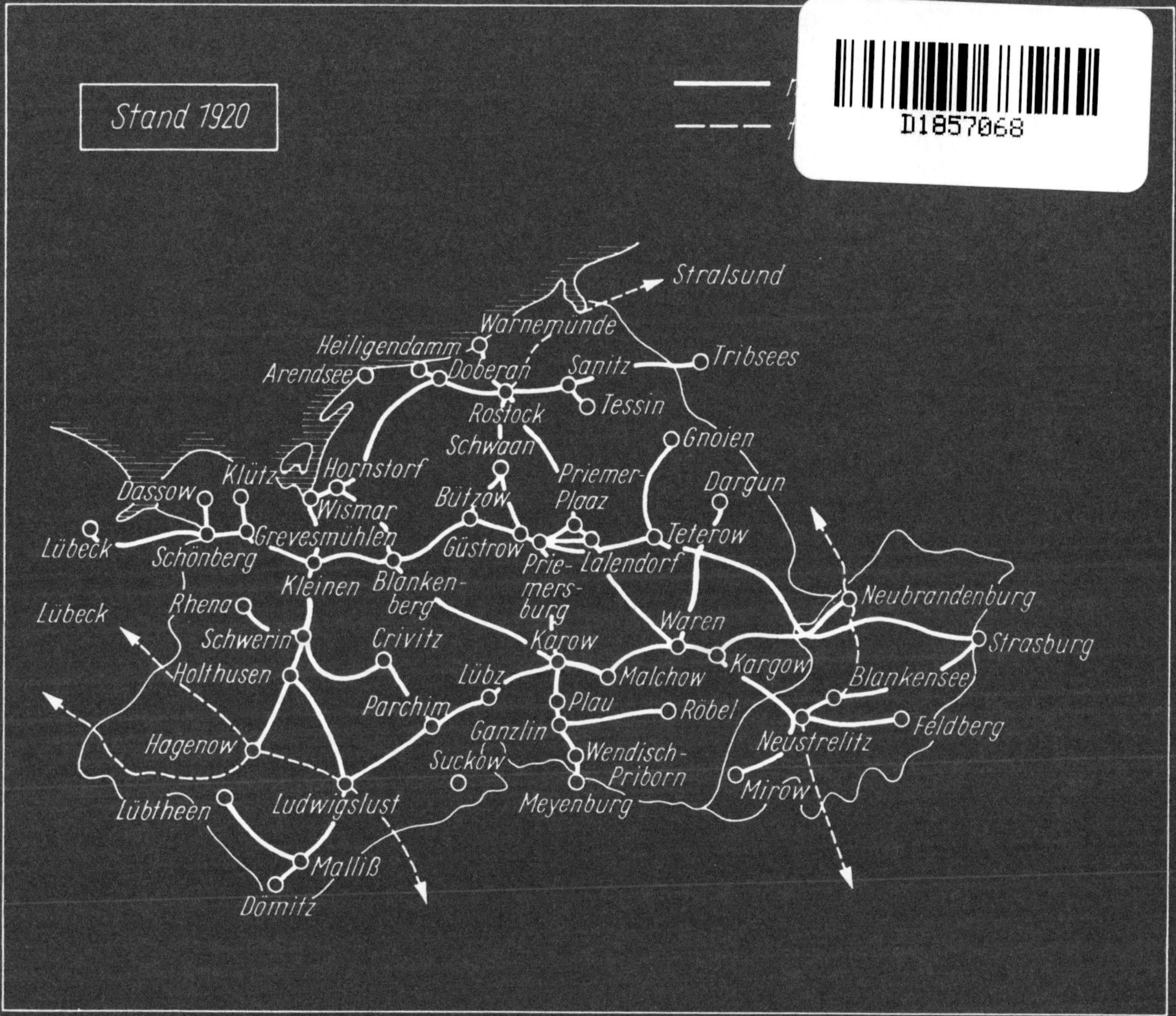
Stand 1920
Stralsund
Warnemünde
Heiligendamm
Arendsee
Doberan
Sanitz
Tribsees
Tessin
Rostock
Schwaan
Gnoien
Klütz
Hornstorf
Priemer-
Plaaz
Dargun
Dassow
Bützow
Wismar
Lübeck
Grevesmühlen
Güstrow
Teterow
Schönberg
Prie-
mers-
burg
Lalendorf
Kleinen
Blanken-
berg
Neubrandenburg
Lübeck
Rhena
Waren
Schwerin
Crivitz
Karow
Strasburg
Holthusen
Lübz
Malchow
Kargow
Blankensee
Parchim
Plau
Röbel
Ganzlin
Feldberg
Hagenow
Neustrelitz
Suckow
Wendisch-
Priborn
Mirow
Lübtheen
Ludwigslust
Meyenburg
Mallìß
Dömitz

Eisenbahn-Fahrzeug-Archiv
Band 2.8

Hans-Joachim Kirsche/Hermann Lohr/Georg Thielmann

Lokomotiven mecklenburgischer und oldenburgischer Eisenbahnen

Eisenbahn-Fahrzeug-Archiv

Kirsche/Lohr/Thielmann

Lokomotiven mecklenburgischer und oldenburgischer Eisenbahnen

alba

Schreibweisen

In Texten und auf Bildern sowie in Bildunterschriften sind, bedingt durch die historischen Gegebenheiten, deutschsprachige Namen von Ortschaften angegeben, die sich nicht auf dem Territorium der DDR befinden bzw. deren Namen nach 1920 geändert wurden. Zur Orientierung folgt hier eine alphabetisch geordnete Zusammenstellung dieser Ortsnamen nebst der heutigen Bezeichnung.

Breslau	Wrocław/VR Polen
Chemnitz	Karl-Marx-Stadt
Doberan	Bad Doberan
Kolberg	Kołobrzeg/VR Polen
Stettin	Szczecin/VR Polen

CIP-Titelaufnahme der Deutschen Bibliothek

Kirsche, Hans-Joachim :
Lokomotiven mecklenburgischer und oldenburgischer Eisenbahnen /
Kirsche ; Lohr ; Thielmann. – 1. Aufl. –
Düsseldorf : alba , 1989
(Eisenbahn-Fahrzeug-Archiv ; 2.8)
NE : Lohr, Hermann : ; Thielmann, Georg : ; GT

ISBN 3-87094-125-1

Durchgesehene Lizenzausgabe der
Alba Publikation Alf Teloeken
GmbH + Co KG, Düsseldorf,
für die Bundesrepublik Deutschland,
Berlin (West), Österreich und
die Schweiz

VEB Verlag für Verkehrswesen,
DDR-1086 Berlin,
Französische Straße 13/14
1. Auflage
Printed in the German Democratic Republic
Verlagslektor: Isabella Busch
Typografische Gestaltung:
Jürgen Arndt
ISBN 3-87094-125-1

Vorwort

Vergleicht man die Lokomotiv-Archive für die Länderbahnen, so nehmen sich die der Staatsbahnen von Mecklenburg und Oldenburg gegenüber denen der „Großen", wie Preußen, Bayern oder Sachsen, eher bescheiden aus. Das liegt vor allem daran, daß die von diesen beiden Großherzogtümern betriebenen Staatsbahnen die kleinsten in Deutschland waren, so daß heute eigentlich nur noch der passionierte Eisenbahnfreund oder zumindest der Lokomotivhistoriker weiß, daß es in Mecklenburg und Oldenburg eigene Staatsbahnen gegeben hat. Deshalb sollen in dem vorliegenden Band in Fortsetzung der Reihe Lokomotiv-Archive für die Länderbahnen alle mecklenburgischen und oldenburgischen Lokomotiven und Triebwagen, soweit sie zum Bestand der jeweiligen Staatsbahn gehörten, von den Anfängen bis zu ihrem Übergang in die Deutsche Reichsbahn-Gesellschaft lückenlos vorgestellt werden.

Charakteristisch für diese Lokomotiven ist u. a., daß ihre Entwicklung eng mit der Entwicklung der Staatsbahnen verbunden war. Das wird besonders am Beispiel der Oldenburgischen Staatsbahn deutlich, die mit eigenen Beiträgen ständig an der konstruktiven Verbesserung der Lokomotiven gearbeitet hat, was keineswegs bei allen Staatsbahnen üblich war. In diesem Zusammenhang ist von Bedeutung, daß auch bei der konstruktiven Gestaltung der Lokomotiven Mecklenburgs und Oldenburgs landschaftliche Gegebenheiten berücksichtigt wurden, was am Beispiel der „mecklenburgischen T 4" und der „kleinen Oldenburgerin" aufgezeigt wird.

Es ist in diesem Buch versucht worden, alles Wissenswerte über die Entwicklung, die Konstruktion und den Einsatz dieser Lokomotiven und Triebwagen darzulegen. Bei der technischen Beschreibung der Lokomotiven sind die Autoren im allgemeinen vom Originalzustand der Maschinen ausgegangen, also von der Beschaffenheit, wie sie der Hersteller an die jeweiligen Bahnen geliefert hat. Da während der Betriebszeit an den Lokomotiven teilweise Änderungen und Umbauten vorgenommen wurden, sind in der Literatur mitunter voneinander abweichende technische Daten zu finden. Eine eindeutige Klärung konnte nicht in jedem Fall herbeigeführt werden.

Die Autoren waren bemüht, jede Lokomotive und jeden Triebwagen in Maßskizze und Foto darzustellen. Lokomotiven der Anfangszeit können jedoch nur noch durch Zeichnungen belegt werden, weil von ihnen keine oder nur qualitativ unzulängliche Aufnahmen erhalten geblieben sind.

Trotz großer Bemühungen konnte auch das Leben einiger Lokomotiven nicht lückenlos zurückverfolgt werden. So weisen die Listen mit den technischen Daten sowie die Abschnitte mit Ausmusterungsdaten mitunter „weiße Flecke" auf. Wir wären deshalb allen Eisenbahnfreunden, die dazu beitragen, daß solche Lücken geschlossen werden, dankbar. Weitere Hinweise und die Erschließung neuer Quellen können ebenfalls der inhaltlichen Vervollständigung und damit der Verbesserung dieses Buches dienlich sein.

Autoren und Verlag

Inhaltsverzeichnis

Zum Aufbau der Reihe

Der vorliegende Band ist Bestandteil der Buchreihe „Eisenbahn-Fahrzeug-Archiv" (EFA), einer umfassenden Dokumentation der Triebfahrzeuge und Wagen deutscher Eisenbahnen. Bei mehrfach abzuhandelnden Fahrzeugen – dies betrifft besonders die von der DRG übernommenen Länderbahnloks – liegt der Schwerpunkt der Darstellung in der jeweiligen Epoche. Um den Umfang der Reihe nicht unnötig auszuweiten, werden die „Konstruktiven Merkmale" dann nur bei den Beschreibungen der DRG-Baureihen genannt. In den Länderbahnverbänden verweist ein Pfeil im Kopf der Beschreibung auf den jeweils ergänzenden Band der EFA-Reihe.
Ein Beispiel:

G 8^1   **DRG-Baureihe 55^{38} (→ EFA 1.2)**
D h2
1918 bis 1951
Techn. Daten: Seite 169

Das oberste Feld enthält zunächst die Gattungsbezeichnung dieser mecklenburgischen Lokomotive, danach folgt die DRG-Baureihe mit Verweis auf den entsprechenden Band; im zweiten Feld steht die Kurzbezeichnung der Bauart. Das dritte Feld enthält die Einsatzzeit mit den Jahreszahlen der ersten Lieferung und der letzten Ausmusterung. Es folgt im letzten Feld der Seitenverweis auf die Daten im Tabellenteil am Ende des Buches. Innerhalb der Texte werden mit weiteren Verweisen interessante Verknüpfungen hergestellt, durch die der Leser zusammenhängende Entwicklungen lückenlos verfolgen kann. Die Verweise beziehen sich entsprechend auch auf die früher ohne fortlaufende Numerierung und den EFA-Reihentitel erschienenen Archiv-Bände.

Die Entwicklung der mecklenburgischen Eisenbahnen

Die politischen und geographischen Verhältnisse in Mecklenburg zu Beginn des Eisenbahnbaus

Das im landläufigen Sprachgebrauch mit „Mecklenburg" bezeichnete Gebiet gliederte sich – politisch gesehen – im 19. Jahrhundert in die beiden Großherzogtümer Mecklenburg-Schwerin und Mecklenburg-Strelitz. Die Gebietsanteile der beiden waren recht unterschiedlich; den größeren umfaßte das Großherzogtum Mecklenburg-Schwerin, historisch entstanden auf Grund der Erbfolge. Die Herzöge von Mecklenburg erhandelten sich auf dem Wiener Kongreß im Jahre 1815 die Titel von Großherzögen. Die politische Zersplitterung bot keine förderlichen Voraussetzungen zur Entwicklung eines Eisenbahnnetzes. Dem Deutschen Zollverein waren die beiden Großherzogtümer nicht beigetreten. In den großflächigen Planungen für ein deutsches Eisenbahnnetz, so auch in dem von Friedrich List im Jahre 1833 veröffentlichten Plan, blieben sie deshalb unberücksichtigt. Damit gestaltete sich die nachträgliche Einordnung in das deutsche Eisenbahnnetz vom Staat aus als äußerst schwierig.

Das **Großherzogtum Mecklenburg-Schwerin** war, abgesehen von einigen unbedeutenden Gebietsanteilen in der preußischen Provinz Brandenburg und im Großherzogtum Mecklenburg-Strelitz, ein in sich geschlossenes Staatsgebilde. Im Osten wurde es begrenzt von der preußischen Provinz Vorpommern und vom Großherzogtum Mecklenburg-Strelitz, im Süden von der preußischen Provinz Brandenburg, im Südwesten vom Königreich Hannover (ab 1866 preußische Provinz) und im Westen vom Fürstentum Ratzeburg, einem Teilgebiet des Großherzogtums Mecklenburg-Strelitz, und vom Herzogtum Holstein (ab 1866 ebenfalls Teil der preußischen Provinz Schleswig-Holstein). Außer zur befreundeten „Hausmacht" Mecklenburg-Strelitz waren also nach dem Krieg von 1866 nur noch Grenzen zum Nachbarn Preußen vorhanden. Damit war ein wesentlicher Einfluß Preußens auf die Entwicklung des Eisenbahnwesens in Mecklenburg-Schwerin vorgegeben.

Das Großherzogtum Mecklenburg-Schwerin umfaßte 13 304 km^2 mit etwa 490 000 Einwohnern (1840). Bis zur Jahrhundertwende stieg die Einwohnerzahl auf nahezu 600 000 an. Politisches und kulturelles Zentrum war die Stadt Schwerin. Als wirtschaftliche Zentren hatten sich die Hafenstädte Rostock und Wismar herausgebildet. Wichtige Handelsplätze waren außerdem die Städte Güstrow, Parchim, Waren, Bützow, Teterow, Malchin und Boizenburg.

Mecklenburg-Schwerin liegt in der Norddeutschen Tiefebene und wird vom Osten nach Westen von der Mecklenburgischen Seenplatte durchzogen. Flußtäler wechseln sich mit flachen Höhenrücken ab.

Grundlage für eine ausgeprägte Landwirtschaft mit Ackerbau und vor allem Viehzucht waren weite Flächen fruchtbaren Acker- und Weidelandes. 42 Prozent der Fläche mit 38 Prozent der Einwohner gehörten zu den Domänen, den großen land- und forstwirtschaftlichen Gütern, die als direktes Eigentum des Großherzogs von ihm uneingeschränkt beherrscht wurden. Weitere 39 Prozent der Einwohner lebten und arbeiteten – die meisten als Tagelöhner – auf Gütern der Großgrundbesitzer, und nur 23 Prozent der Bevölkerung lebte in Städten. So zeigt sich Mecklenburg-Schwerin Mitte des 19. Jahrhunderts als ein vom Adel beherrschtes reines Agrarland.

Mit Einführung der mineralischen Düngung in der Landwirtschaft

Mitte des 19. Jahrhunderts kam es zu enorm wachsenden Anforderungen an das Transportwesen, einmal durch die Anfuhr der Düngemittel und zum anderen durch den Abtransport der durch höhere Erträge angestiegenen Mengen an Getreide, Kartoffeln und Zuckerrüben. Da Bodenschätze kaum vorhanden sind, mußten Kohle, Metalle und Holz eingeführt werden. Entsprechend den Bedürfnissen war das Straßennetz ab 1830 zwischen den Handelsplätzen im Lande und den Nachbarländern sowie den Städten Hamburg, Lübeck und Stettin ausgebaut worden, aber das Pferdefuhrwerk vermochte die großen Transportmengen nicht mehr zu bewältigen. Die Binnenwasserstraßen ließen keinen Verkehr im großen Umfang zu. Von Dömitz an der Elbe aus war über die Elde-Müritz-Wasserstraße Waren erreichbar, und von Rostock aus gelangte man über die Oberwarnow und den Nebelkanal bis Güstrow. Damit sind die Wasserwege auch schon aufgezählt. Die Schiffe waren zudem noch sehr klein und konnten keinen Massengutverkehr bewältigen. Dieser erforderte ein neues Transportmittel, wofür nur die Eisenbahn in Frage kam.

Das **Großherzogtum Mecklenburg-Strelitz** bestand aus zwei größeren Landesteilen, die durch das Großherzogtum Mecklenburg-Schwerin getrennt waren: im Osten das Herzogtum Mecklenburg-Strelitz und im Westen das Fürstentum Ratzeburg. Die Fläche betrug Ende des 19. Jahrhunderts 2930 km² mit 99000 Einwohnern. Die Haupt- und Residenzstadt war Neustrelitz, Haupthandelsplatz für die Landesprodukte jedoch Neubrandenburg, bekannt vor allem für seine Woll- und Pferdemärkte.

Die geographischen Verhältnisse glichen ebenso wie die Wirtschafts- und Verkehrsstruktur denen von Mecklenburg-Schwerin. Unter diesen Gegebenheiten begannen die Großherzogtümer Mecklenburg-Schwerin und Mecklenburg-Strelitz mit dem Eisenbahnbau. Zwar verursachte die nur äußerst gering entwickelte Industrie einen Mangel an Kapital, dafür zeigte sich der aufstrebende Handel – besonders mit dem Export des Getreides über die Hafenstädte Rostock und Wismar – am Bau von Eisenbahnen interessiert. Noch ein bemerkenswertes Faktum ist zu erwähnen: Obwohl die beiden Großherzogtümer unter den deutschen Staaten trotz ihrer ständischen Verfassung immer als absolute Staaten ersten Ranges galten, standen die Großherzöge dem technischen Fortschritt allgemein und dem Eisenbahnwesen im besonderen sehr aufgeschlossen und fördernd gegenüber, während die Stände eher hindernd wirkten.

Erste Eisenbahnstrecken als Keimzellen eines Eisenbahnnetzes in Mecklenburg

Im bereits erwähnten Plan von Friedrich List aus dem Jahre 1833 über ein deutsches Eisenbahnnetz waren Mecklenburg-Schwerin und Mecklenburg-Strelitz nicht mit einbezogen. Dafür sollten die Hafenstädte Lübeck und Stettin Endpunkte wichtiger Strecken aus dem Lande heraus für den seeseitigen Handel werden. Nun lag man mit den Häfen Rostock und Wismar ohne landseitigen Anschluß an ein solches Eisenbahnnetz dazwischen. Durch die weitere Entwicklung des Verkehrs waren erhebliche Vorteile für die benachbarten Häfen zu erwarten. Dem konnte nicht tatenlos zugesehen werden. Deshalb gingen bereits im Jahre 1835 von Wismar Aktivitäten aus, um einen Anschluß an die geplanten Strecken zwischen Berlin und Hamburg bzw. Berlin und Magdeburg zu erreichen. Der nach dem Norden zu erwartende Güter- und Personenverkehr sollte nicht an den mecklenburgischen Häfen vorbeigehen. Zu bemerken ist, daß sich die Regierung von Mecklenburg-Schwerin von Anfang an sowohl für dieses Wismarer Projekt, als auch späterhin für den Bau von Eisenbahnen eingesetzt und alle Bestrebungen unterstützt hat, jedoch den Bau der Strecken nicht mit Mitteln des Staates finanzieren wollte. Sicher war die Staatskasse überfordert.

Für den Bau der ersten in Aussicht genommenen Strecke von Wismar in südlicher Richtung zur Elbe wurden Konzessionen erteilt und Staatsverträge geschlossen, denen jedoch wegen der sich ständig wandelnden politischen Verhältnisse kein Erfolg beschieden war.

Auf der Grundlage eines Staatsvertrages baute dann Preußen die Strecke Berlin–Hamburg. Der durchgehende Betrieb wurde im Jahre 1846 aufgenommen. Die Strecke führte von Wittenberge über Ludwigslust, Hagenow und Boizenburg über das Territorium des Großherzogtums und war damit die erste Eisenbahnstrecke in Mecklenburg-Schwerin. Auffällig ist diese Trassenführung weit nördlich der Elbe über Ludwigslust und

Hagenow, obwohl ursprünglich eine geradlinige Verbindung zwischen Berlin und Hamburg vorgesehen war. Es war der Regierung von Mecklenburg-Schwerin gelungen, Preußen soweit zu beeinflussen, daß sich daraus eine günstige Ausgangsposition für den Bau einer Strecke an die mecklenburgische Ostseeküste ergeben hatte. Das wurde natürlich auch genutzt. In der Zwischenzeit hatten sich drei Gesellschaften für den Eisenbahnbau gebildet, die sich in der Mecklenburgischen Eisenbahngesellschaft zusammengeschlossen hatten. Die Konzession für den Bau einer Eisenbahn von Hagenow nach Wismar und weiter über Bützow und Rostock mit einer Zweigbahn nach Güstrow wurde am 10. März 1846 erteilt. Von Hagenow, dem nördlichsten Punkt der Strecke Berlin–Hamburg aus, der auf dem Gebiet des Großherzogtums lag, begann der Bau. Die Arbeiten gingen zügig voran, und bereits am 1. Mai 1847 konnte die erste mecklenburgische Strecke von Hagenow nach Schwerin dem Verkehr übergeben werden. Bis zum 12. Juli 1848 folgte der Streckenabschnitt bis Wismar. Von Kleinen ausgehend wurde der Bau weiter in Richtung Rostock und von Bützow aus nach Güstrow vorangetrieben. Auf beiden Abschnitten konnte schon am 13. Mai 1850 der Betrieb aufgenommen werden. Damit war der erste Abschnitt für den Ausbau eines Eisenbahnnetzes abgeschlossen. Es waren zwei wesentliche Forderungen erfüllt worden: Zum einen waren alle größeren Städte des Landes durch eine Eisenbahn miteinander verbunden, und die dringenden Verkehrsbedürfnisse konnten erfüllt werden; zum anderen wurde der Anschluß an die Nachbarstaaten von Hagenow aus in Richtung Hamburg und Berlin vollzogen. Der Verkehr in der Nord-Süd-Richtung war mit dieser Streckenführung vollständig erschlossen.

In der folgenden Betrachtung scheint es, daß nun alle Kraft verbraucht war, um den Bahnbau weiter zu betreiben. Es trat ab 1850 ein längerer Stillstand ein. Zwischenzeitlich bemühte sich die Mecklenburgische Eisenbahngesellschaft um einen Anschluß an das Eisenbahnnetz in östlicher Richtung, aber ohne jeden Erfolg. Das notwendige Geld dazu war nicht mehr zu beschaffen, und auch der Landtag lehnte Garantien dafür ab.

Preußen blieb indessen nicht untätig und begann mit dem Bau einer Strecke von Stettin aus über Pasewalk bis Strasburg nahe der Grenze zu Mecklenburg-Strelitz, auf der bereits 1863 der Betrieb aufgenommen wurde.

Nun war es an der Zeit, daß der Staat eingriff und den Bahnbau selbst in die Hand nahm. Das Großherzogtum Mecklenburg-Strelitz beteiligte sich an der Finanzierung in angemessener Weise. Bereits 1864 erreichte man von Güstrow aus Neubrandenburg und bis Anfang 1867 den Anschluß an die preußische Strecke in Strasburg. Das war die Geburtsstunde der Friedrich-Franz-Bahn, der ersten vom Staat gebauten Eisenbahnstrecke in Mecklenburg. Danach ging es um den Anschluß an Eisenbahnstrecken nach Westen in Richtung Lübeck. Es war offensichtlich: Preußen war bis Strasburg entgegengekommen, um von Stettin aus eine durchgehende Linie bis Lübeck und von dort weiter nach Hamburg zu erhalten. Jetzt mußte gehandelt werden. Im Jahre 1865 bildete sich eine Gesellschaft, um den Streckenausbau von Kleinen, dem westlichsten Punkt der Strecke Hagenow–Wismar, nach Lübeck vorzunehmen. Doch im Jahre 1868 mußte der Bau wegen Geldmangels eingestellt werden. Der Staat sprang ein, um sein Versprechen gegenüber Preußen zu erfüllen, und vollendete den Bau der Strecke am 1. Juli 1870.

Die Strecken Hagenow–Wismar in der Nord-Süd-Richtung und Kleinen–Straßburg sowie Lübeck–Kleinen in der West-Ost-Richtung waren die Keimzellen des mecklenburgischen Eisenbahnetzes. Damit wird im Jahre 1870 auch gleichzeitig die erste Periode in der Entwicklung des Eisenbahnnetzes mit einer Streckenlänge von 322 km abgeschlossen. Es bestanden nach allen Richtungen hin Anschlüsse an die preußischen Strecken, die einen durchgehenden Verkehr ermöglichten.

Das Großherzogtum Mecklenburg-Strelitz selbst hat keine Eisenbahnen besessen. Es wurde mit der preußischen Strecke der Berliner Nordbahn über Strelitz und Neubrandenburg und von der Friedrich-Franz-Bahn über Neubrandenburg und Strasburg erschlossen. Später kamen noch Teilstrecken der Mecklenburgischen Südbahn und der Lloydbahn sowie die Strecke der Neubrandenburg-Friedländer Eisenbahn dazu. Das war keine Staatsbahn und daraus entwickelte sich auch in der folgenden Zeit keine. Auch ergaben sich keine Auswirkungen auf die Entwicklung der mecklenburgischen Lokomotiven.

Die Entwicklung der Mecklenburgischen Staatsbahn

Mit dem Abschluß der ersten Periode des Bahnbaus war der Anschluß an die Nachbarländer vollzogen und die Erschließung des eigenen Landes mit der Einbeziehung der wichtigsten Städte in das Netz abgeschlossen worden. Der Bau weiterer Strecken stockte einige Jahre, es mangelte an Geld, und die hauptsächlichsten Verkehrsbedürfnisse waren erst einmal befriedigt.

Da der Staat nicht von Anfang an den Bahnbau selbst in die Hand genommen hatte, sondern immer erst dann eingriff, wenn es notwendig wurde, entstand die Situation, daß im Land eine starke Privatbahn neben der Staatsbahn existierte. Das konnte für die weitere Entwicklung nicht hingenommen werden. Es muß erwähnt werden, daß die Betriebsführung der Eisenbahngesellschaften genügend Gewinn abwarf, so daß auch dadurch das Interesse des Staates geweckt war. Weiterhin war mit der Gründung des Deutschen Reiches im Jahre 1871 eine grundsätzliche Wende in der Eisenbahnpolitik eingetreten. Die Staatsbahnen wurden in den Vordergrund gerückt. Aus dieser Situation heraus ist auch zu erklären, daß der Staat nun alles unternahm, um möglichst alle Eisenbahnen in seinen Besitz zu bekommen. Mit Wirkung vom 20. April 1873 wurden die Eisenbahnen auf Kosten des Staates angekauft und gemeinsam als Großherzogliche Friedrich-Franz-Eisenbahn betrieben. Die Direktion der Friedrich-Franz-Eisenbahn in Malchin wurde aufgelöst und in Schwerin eine Großherzogliche Eisenbahndirektion geschaffen. Von nun an konnte beim weiteren Bau und Betrieb der Eisenbahnen der notwendige staatliche Einfluß geltend gemacht werden. Für einen weiteren Ausbau des Streckennetzes lagen vielfältige Projekte vor, von denen jedoch keines verwirklicht werden konnte. Meinungsverschiedenheiten mit den ehemaligen Eisenbahnaktionären und Finanzprobleme führten dazu, daß die im Staatsbesitz befindlichen Aktien wieder verkauft werden mußten. Damit kamen die Eisenbahnen wieder in Privathand, die Staatsbahn hatte in dieser Form nur zwei Jahre bestanden.

In der Folgezeit bildeten sich eine ganze Reihe von Aktiengesellschaften, die den weiteren Streckenausbau übernahmen. Dieser entsprach vorwiegend lokalen Interessen und trug zur weiteren Verdichtung des Streckennetzes bei. In der Hauptsache waren das Stich- und Verbindungsbahnen.

Der Streckenausbau wurde 1879 mit dem Abschnitt Malchin–Waren (Müritz) fortgeführt. In den Jahren danach folgten bis 1889 die Strecken:

Parchim–Ludwigslust	1880
Güstrow–Plau	1882
Wismar–Rostock	1883
Teterow–Gnoien	1884
Parchim–Neubrandenburg	1885
Neustrelitz–Rostock–Warnemünde	1886
Stralsund–Rostock	1887
Güstrow–Schwaan	1887
Wismar–Karow	1887
Ludwigslust–Holthusen	1889
Malliß–Lübtheen	1889

In dieser knapp zehn Jahre währenden regen Bautätigkeit waren alle wichtigen mecklenburgischen Wirtschaftsgebiete erschlossen worden. Daß nicht jeder Ort einen Eisenbahnanschluß erhalten hatte, war keineswegs typisch für Mecklenburg, denn überspannte lokale Interessen hat es auch anderswo gegeben.

Eine Sonderstellung nimmt die Doberan-Heiligendammer Eisenbahn ein. Sie ist die einzige, dem öffentlichen Verkehr dienende Schmalspurbahn geblieben. Mit einer Spurweite von 900 mm ist sie im Jahre 1886 zwischen Doberan, der Sommerresidenz des Großherzogs, und dem 6,6 km entfernt liegenden Seebad Heiligendamm eröffnet und als Dampftrambahn während der Sommermonate betrieben worden. Die Ausgestaltung als Dampftrambahn war mit der längeren Stadtdurchfahrt in Doberan notwendig geworden. Damit ergaben sich auch bestimmte Anforderungen an die Lokomotiven. Im Jahre 1910 wurde die Strecke vom Seebad Heiligendamm bis nach Arend-

Zeittafel zur Entwicklung der Mecklenburgischen Staatsbahn

Gründungsjahr	Name der Eisenbahngesellschaft
1847	Mecklenburgische Eisenbahngesellschaft (Privatbahn)
1864	Friedrich-Franz-Bahn Erste vom Staat gebaute Eisenbahnstrecke
1873	Großherzogliche Friedrich-Franz-Eisenbahn (Staatsbahn) Erste Verstaatlichung der Privatbahnen
1875	Mecklenburgische Friedrich-Franz-Eisenbahngesellschaft (Privatbahn)
1890	Großherzoglich-Mecklenburgische Friedrich-Franz-Eisenbahn (Staatsbahn) Zweite Verstaatlichung der Privatbahnen

Entwicklung des Streckennetzes
der Mecklenburgischen Staatsbahn

Jahr	Streckenlänge (km)
1850	145
1870	322
1890	630
1900	1102
1920	1184

see (seit 1938 Kühlungsborn) verlängert. Gleichzeitig wurden der ganzjährige Personenverkehr und der Güterverkehr aufgenommen. Von diesem Zeitpunkt an konnte die Dampftrambahn nicht mehr als „Bäderbahn" bezeichnet werden.

Im Jahre 1889 war im Bahnbau eine Situation eingetreten, die dem Staat nicht mehr gleichgültig sein konnte. Es waren noch acht verschiedene Eisenbahngesellschaften zu der bereits bestehenden dazugekommen.

In der Verwaltung und Betriebsführung machten sich die Unterschiede stark bemerkbar. Die gesamtwirtschaftlichen Interessen wurden nicht mehr im notwendigen Umfang berücksichtigt. Das führte zur zweiten Verstaatlichung der Eisenbahnen, bei der, beginnend mit dem Jahre 1890, alle Eisenbahngesellschaften etappenweise bis 1894 übernommen wurden. Zur Betriebsführung ist die Großherzoglich-Mecklenburgische Friedrich-Franz-Eisenbahn gebildet worden. Mit Sitz in Schwerin wurde die Großherzogliche General-Eisenbahndirektion gebildet.

In die Übernahme waren natürlich auch die Lokomotiven mit einbezogen, die entsprechend in den Nummernplan eingeordnet wurden. Weitere Ergänzungen des Streckennetzes wurden mit nachstehenden Strecken in größerem Umfang vorgenommen:

Schwerin–Crinitz	1888
Dömitz–Ludwigslust	1890
Rostock–Tribsees	1895
Sanitz–Tessin	1895
Schwerin–Rehna	1897
Ganzlin–Röbel	1899
Crivitz–Parchim	1899
Grevesmühlen–Klütz	1905
Schönberg–Dassow	1905
Malchin–Dargun	1907
Parchim–Suckow	1912

Nach 1890 setzte eine so starke Bautätigkeit ein, daß das Streckennetz innerhalb von zehn Jahren bis 1900 fast verdoppelt wurde. Der zweigleisige Streckenausbau umfaßte bis zum Jahre 1915 immerhin 134 km.

Damit hatte sich das Streckennetz in seiner vollen Ausdehnung entfaltet und ist entsprechend den wirtschaftlichen Erfordernissen ergänzt worden. Daß nicht alle geplanten Vorhaben für den Bau von Eisenbahnstrecken verwirklicht wurden, bedeutet für Mecklenburg nicht die Ausnahme. Insgesamt hat es das Großherzogtum Mecklenburg-Schwerin zu einer beachtlichen Ausdehnung des Streckennetzes gebracht, das einem Vergleich mit anderen Staatsbahnen durchaus standhält. Daß sich diese Entwicklung auf die Beschaffung der Lokomotiven ausgewirkt hat, steht außer Frage.

Die technische Entwicklung der mecklenburgischen Lokomotiven

Allgemeine Tendenzen

Die ersten Lokomotiven, beschafft von der Mecklenburgischen Eisenbahngesellschaft, entsprachen schon einem relativ hohen Entwicklungsstand. Sie wurden im Jahre 1847 von der Lokomotivfabrik Borsig geliefert.

Borsig hatte bis zu diesem Zeitpunkt bereits eine ganze Reihe von Maschinen der gleichen Bauart für die Berlin-Hamburger Eisenbahn gebaut. Wie bereits erwähnt, war die Strecke dieser Eisenbahn in Hagenow der Ausgangspunkt für die erste mecklenburgische Eisenbahnstrecke. Daraus erklärt sich auch, daß die ersten Lokomotiven in der Bauart 1A1 von Borsig kamen. Man hatte die Maschinen aus nächster Nähe im Betrieb beobachten können und war sowohl von ihrer Güte als auch von ihrer Leistung überzeugt.

Lokomotiven dieser Bauart waren in Norddeutschland weit verbreitet. Im Gegensatz zu den ersten von Borsig gebauten Maschinen zeigten sich diese Lokomotiven bereits in einer verbesserten Bauart. Sie hatten zwar noch außenliegende, schräg angeordnete Zylinder, aber die vordere Laufachse und die Treibachse waren weiter nach vorn gerückt worden, wodurch eine bessere Verteilung der Lokomotivmasse erreicht wurde. Eine vergrößerte Heizfläche sorgte für eine ansprechende Leistung.

Die Lokomotiven ROSTOCK, WISMAR und GÜSTROW beförderten im ersten Jahr täglich zwei gemischte Züge zwischen Hagenow und Schwerin. Für die 28 km lange Strecke waren die drei Maschinen ausreichend. Mit der fortschreitenden Erweiterung des Streckennetzes wurden weitere Lokomotiven dieser Bauart beschafft. Bis 1869

waren dann diese drei Lokomotiven in Tendermaschinen umgebaut worden.
Von der Mecklenburgischen Eisenbahngesellschaft wurden 1870 insgesamt noch 14 Maschinen der Bauart 1A1 übernommen.
Im Jahre 1871 sind die 1A1-Tenderlokomotiven ROSTOCK, WISMAR und GÜSTROW ausgemustert worden. 1872 und 1878 folgten OSTSEE und MECKLENBURG. Bereits 1873 sind die Lokomotiven HAMBURG, SCHWERIN und LUDWIGSLUST an einen Bauunternehmer verkauft worden. BERLIN, BÜTZOW, WARNOW, MAGDEBURG und STRELITZ waren bereits in die Achsfolge 1B umgebaut und wurden unter der Gattung II (alt) geführt. Ab 1890 waren dann nur noch sechs Maschinen in der Bauart 1A1 vorhanden, die in der Gattung I (alt) zusammengefaßt waren.

Über einen Zeitraum von insgesamt 16 Jahren, beginnend ab 1847, sind Lokomotiven in der Bauart 1A1 beschafft worden – ein langer Zeitabschnitt für eine Maschine mit solchen eingeschränkten Einsatzmöglichkeiten. Es wird vielfach behaup-

Verzeichnis der Lokomotiven der Mecklenburgischen Eisenbahngesellschaft
Foto: Sammlung Lohr/Thielmann

2.

Verzeichniß

der am Schlusse des Jahres 1869 vorhandenen Locomotiven und Nachweisung von deren Leistungen.

1.	2.		3.	4.	5.	6.	7.			8.	9.	10.	11.	12.	13.	14.	15.	16.	17.
	Namen der Locomotiven.		Cylinder		Kessel		Heizfläche			Ueberdruck des Dampfes pro □Zoll	Zahl der Triebräder.	Durchmesser der Triebräder	Die Locomotiven sind beschafft		Die Locomotiven haben durchlaufen			Brennmaterial ist verbraucht pro Nutzmeile	
Ordnungs-No.	Fabrik-No.		Durchmesser Zoll englisch	Kolbenhub Zoll englisch	Durchmesser Zoll.	Länge Fuß.	im Feuerkasten □F.	in den Röhren □Fuß	zusammen □Fuß	℔		Fuß.	im Jahre	aus den Fabriken	Nutzmeilen Meilen.	leer Meilen.	zusammen Meilen.	Holz Cubikf.	Kohlen u. Coke ℔
1	125	**Rostock**, Tender-L.	13	22	38 3/4	9 1/2	40	452	492	67,3	2	5 engl.	1847	A. Borsig	3089,1	10,8	3099,9	0,10	81,12
2	126	**Wismar**, Tender-L.	13	22	38 3/4	9 1/2	40	452	492	67,3	2	5 "	1847	A. Borsig	2862,3	19,4	2881,7	0,11	78,26
3	127	**Güstrow**, Tender-L.	13	22	38 3/4	9 1/2	40	452	492	67,3	2	5 "	1847	A. Borsig	1833,3	14,5	1847,8	0,11	91,26
4	1	**Marschall Vorwärts**	13 1/2	20	43 1/2	10 1/3	68	584	652	108	2	5 "	1848	F. Wöhlert	3711,2	42,0	3753,2	0,24	84,10
5	220	**Hamburg**	13	20	el. 41 3/4 u. 38 3/4	10 1/2	42	505	547	67,3	2	5 "	1848	A. Borsig	1652,7	30,0	1682,7	0,09	108,19
6	207	**Schwerin**	13	20	" 41 3/4 u. 38 3/4	10 1/2	42	505	547	67,3	2	5 "	1848	A. Borsig	1431,9	37,3	1469,2	0,08	101,19
7	206	**Berlin**	13	20	43 1/8	8' 7 1/2"	48	528	576	112	4	5 "	1848	A. Borsig	—	4,4	4,4	—	—
8	247	**Bützow**	13	20	43 1/8	9' 3 1/2"	64	532	596	112	4	5 "	1850	A. Borsig	3967,5	55,6	4023,1	0,23	79,37
9	251	**Schwaan**	13	20	42 1/4	9' 3 1/2"	60	505	565	90	2	5 "	1850	A. Borsig	2654,4	42,5	2696,9	0,24	75,72
10	253	**Nebel**	13	20	42 1/4	9' 3 1/2"	60	505	565	90	2	5 "	1850	A. Borsig	1643,4	29,0	1672,4	0,26	78,74
11	252	**Warnow**	13	20	43 1/8	8' 8"	64	520	584	100	4	5 "	1850	A. Borsig	3470,9	49,1	3520,0	0,23	75,20
12	255	**Magdeburg**	14	22	43 1/8	8' 8"	64	520	584	100	4	5 "	1850	A. Borsig	2593,4	83,1	2676,5	0,24	98,48
13	256	**Mecklenburg**	13	20	" 41 3/4 u. 38 3/4	10 1/2	42	505	547	67,3	2	5 "	1850	A. Borsig	1560,1	40,5	1600,6	0,48	98,59
14	246	**Ludwigslust**	13	20	" 41 3/4 u. 38 3/4	10 1/2	42	505	547	67,3	2	5 "	1850	A. Borsig	308,6	11,0	319,6	0,15	133,83
15	254	**Strelitz**	13	20	43 1/8	9' 3 1/2"	64	532	596	112	4	5 "	1850	A. Borsig	4199,3	44,8	4244,1	0,23	82,80
16	284	**Hercules**	15	22	41	13 1/16	50	768	818	80	4	5 "	1851	A. Borsig	1905,1	71,1	1976,2	0,37	120,47
17	300	**Nro. 300**	15	22	41	13 1/16	50	768	818	74,6	4	5 "	1851	A. Borsig	1523,2	102,2	1625,4	0,28	121,78
18	449	**Obotrit**	15	22	41	13 1/16	50	768	818	80	4	5 "	1853	A. Borsig	1453,9	118,4	1572,3	0,29	138,11
19	450	**Swantewit**	15	22	41	13 1/16	50	768	818	80	4	5 "	1853	A. Borsig	1689,3	129,6	1818,9	0,27	138,81
20	515	**Ostsee**	13	20	40	10 1/2	42	505	547	72	2	5 "	1854	A. Borsig	1824,2	46,5	1870,7	0,42	101,20
21	749	**Radegast**	16	22	44	13 1/16	62	977	1039	100	4	5 "	1856	A. Borsig	2120,4	8,4	2128,8	0,13	167,09
22	1046	**Niclot**	15	22	41	13 1/16	51	772	823	90	4	4' 6"	1859	A. Borsig	2436,2	23,4	2459,6	0,82	112,51
23	1115	**Hertha**	13	20	38 1/2	10 1/3	42	509	551	90	2	5 engl.	1860	A. Borsig	4354,6	21,1	4375,7	0,23	78,10
24	1116	**Freya**	13	20	38 1/2	10 1/3	42	509	551	90	2	5 "	1860	A. Borsig	1993,0	17,8	2010,8	0,25	75,16
25	206	**Hulda**	14	20	44 1/2	10 1/6	58	616	674	100	2	5' 8"	1863	G. Egestorff	4935,4	8,8	4944,2	0,23	86,25
26	244	**Wodan**	16	24	44	11	71	813	884	112	4	4' 8"	1866	G. Egestorff	2580,5	13,0	2593,5	0,11	172,45
27	324	**Thor**	16	24	44	11	71	813	884	112	4	4' 8"	1868	G. Egestorff	2992,1	11,0	3003,1	0,12	153,84

tet, daß sie in den letzten Jahren der Beschaffung bis 1863 für den Personenzugdienst in jeder Hinsicht veraltet war. In Mecklenburg haben sich jedoch diese Maschinen im flachen Gelände mit nur geringen Steigungen außerordentlich gut bewährt. Das begründet auch die vergleichsweise lange Beschaffungszeit.

Zwei Maschinen dieser Gattung sind berühmt geworden, MARSCHALL VORWÄRTS und HULDA. Daß aus einem MARSCHALL VORWÄRTS auch sehr schnell ein „MARSCHALL RÜCKWÄRTS" werden konnte, wenn die Fahrtrichtung nicht mehr stimmt, belegt die folgende Geschichte aus der Überlieferung: Bei der Ausbesserung der Maschine wurde versehentlich die Treibachse falsch eingebaut. Bei der Probefahrt ging die Maschine rückwärts in die Schuppenwand.

Jahrelang noch schmunzelte man über dieses Mißgeschick. Im Jahre 1866 hat diese Lokomotive noch einmal einen neuen Kessel erhalten, bis 1900 treu und brav ihren Dienst getan und ihrem Namen alle Ehre gemacht. Die Lokomotive HULDA wurde erst 1901 ausgemustert. Sie war damit eine der letzten Maschinen ihrer Bauart, die bei den deutschen Bahnen noch im Betrieb stand.

Der Einsatz von Güterzuglokomotiven war bereits ab 1851 auf dem Streckenabschnitt Schwerin–Rostock notwendig geworden. Im Jahre 1857 setzte eine grundsätzliche Reform der gemischten Züge ein. Zu große Lasten erforderten Vorspannlokomotiven, die die Betriebsführung erheblich verteuerten. Weiterhin beeinflußten diese Züge die Fahrgeschwindigkeit negativ. Die Einführung reiner Reisezüge neben Güterzügen hatte tiefgreifende Auswirkungen auf die Auswahl der entsprechenden Lokomotivgattung und deren Beschaffung.

Für den Güterzugdienst wurden zunächst Maschinen der bewährten Bauart 1B eingesetzt, anfangs mit einem Treibraddurchmesser von 1535 mm. 1859 folgte noch eine Maschine mit einem verkleinerten Treibraddurchmesser von 1370 mm. Zwei Lokomotiven der

Gattung III (alt), die Lokomotive Nr. 20 SCHWERIN im Bahnhof Malchin
Foto: Sammlung Schultz

Gattung IV (alt), die Lokomotive Nr. 39 WOLDEGK
Foto: Sammlung Harder

verhältnismäßig seltenen Bauart B1 wurden 1866 und 1868 noch als Güterzugmaschinen beschafft. Damit konnten die Forderungen aus dem Betrieb nach Beförderung der notwendigen Güterzüge erfüllt werden.

Am Ende des Jahres 1869 verfügte die Mecklenburgische Eisenbahngesellschaft über insgesamt 27 Lokomotiven, davon waren 13 zweifach gekuppelt.

Für den Bahnbau beschaffte die Friedrich-Franz-Bahn im Jahre 1863 eine Lokomotive aus Sachsen. Es war die Fabriknummer 1 aus der Lokomotivfabrik Richard Hartmann, Baujahr 1848, mit der Achsfolge 1B. Die Maschine mit dem Namen GLÜCK AUF war von der Sächsisch-Bayrischen Staatsbahn 1855 in der Eisenbahnwerkstätte Leipzig in eine Tenderlokomotive umgebaut worden. Zu beiden Seiten des offenen Führerstandes befanden sich die Kohlebehälter, der Wasservorrat war in einem Satteltank auf dem Langkessel untergebracht, was nicht sehr oft vorkam. Im Jahre 1863 wurde dann die Maschine von der inzwischen in Westliche Staatsbahn umbenannten Eisenbahn an die Friedrich-Franz-Bahn verkauft.

Mit der Baulokomotive war man offensichtlich so zufrieden, daß auch die Betriebslokomotiven von der Lokomotivfabrik Richard Hartmann aus Chemnitz beschafft wurden. Die Streckenverhältnisse der Bahn von Güstrow nach Neubrandenburg ließen den Einsatz von Maschinen der Bauart 1A1 nicht zu. Im Gegensatz zu anderen Flachlandstrecken war sie doch recht steigungs- und krümmungsreich. Von 1864 bis 1869 wurden insgesamt 19 kräftige Lokomotiven der Bauart 1B beschafft und in der Gattung III (alt) zusam-

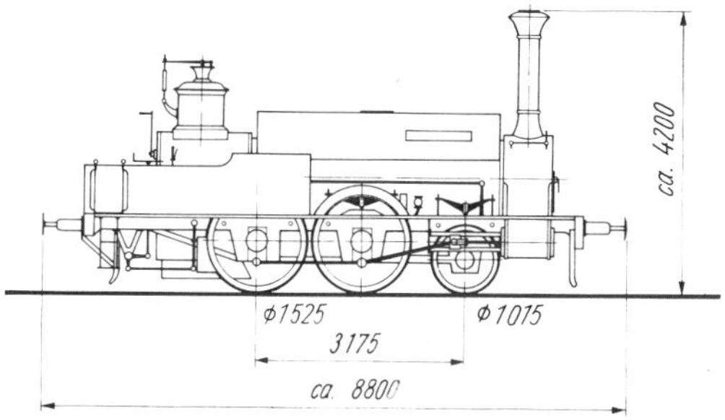

Baulokomotive GLÜCK AUF

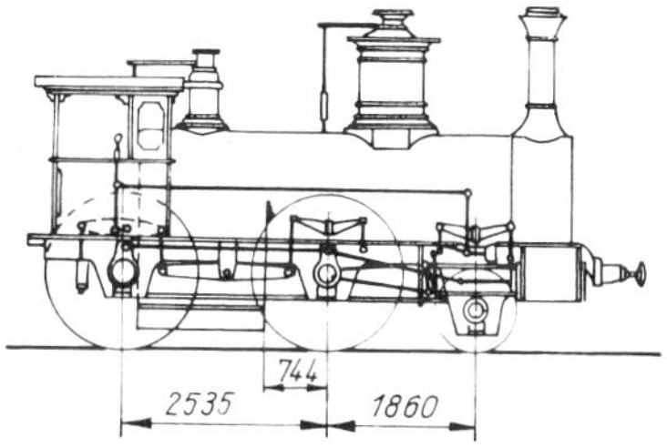

Gattung III (alt), die Lokomotiven SCHÖNBERG bis LÜBECK der Friedrich-Franz-Bahn

mengefaßt. Der Treibraddurchmesser von 1870 mm entsprach eher dem von Schnellzuglokomotiven. Aber offensichtlich haben diese Maschinen die Erwartungen beim Einsatz auf den steigungsreichen Strecken erfüllt. In der Unterscheidung zu den ab 1871 beschafften Lokomotiven wurden sie als „großrädrige" Hartmann-Maschinen bezeichnet.

Für den Güterzugdienst wurden die dreifach gekuppelten Lokomotiven der Gattung G2 (VIII alt) beschafft. Es waren die ersten Maschinen dieser Bauart, die in Norddeutschland zum Einsatz gekommen sind. Selbst die Berlin-Hamburger Eisenbahn hatte für den Güterzugdienst nur Lokomotiven der Bauart 1B. Sie haben sich außerordentlich gut bewährt, wurden in den Jahren 1892 bis 1897 umgebaut, erhielten neue Kessel sowie neue Triebwerke und sind bis 1919 ausgemustert worden. In den Jahren 1871 bis 1879 wurden nochmals 1B-Lokomotiven der bewährten Hartmann-Lieferung beschafft, jedoch mit auf 1720 mm verkleinertem Treibraddurchmesser. Diese »kleinrädrigen« Maschinen der Gattung IV (alt) haben den Streckenverhältnissen auf der Friedrich-Franz-Bahn besser entsprochen. Mit einer Rostfläche von 1,5 m^2 waren sie schon unter den großen Lokomotiven einzuordnen. Von der zweiten Lieferung an hatten die Maschinen einen unterstützten Stehkessel, das verlieh ihnen einen ausgewogenen äußeren Eindruck. Auffällig ist auch bei diesen Maschinen der überdimensionale Dampfdom, der auf den hinteren Kesselschuß gerückt wurde. Zur Höhe des Schornsteins fehlten dem Dampfdom nur 28 mm.

Die Mecklenburgische Staatsbahn verzichtete auf kostspielige Eigenentwicklungen und ging damit bewußt auch kein Risiko ein. Fast alle Strecken hatten Nebenbahncharakter. Man verzichtete auf besondere Bauarten von Schnellzuglokomotiven. Der Streckenausbau und die bestehenden Verkehrsbedürfnisse haben keinen so starken Einfluß auf die Entwicklung der Lokomotiven ausgeübt wie bei den anderen deutschen Eisenbahnen. Bewährte Lokomotivtypen hat es in der Nachbarschaft zur Genüge gegeben. Naheliegend waren die der Preußi-

Gattung P 2 (V alt), Lokomotive im Bahnhof Bützow
Foto: Sammlung Kutschik

Gattung $P\,3^1$ (VI alt), Lokomotive Nr. 133 vor dem Lokschuppen in Neustrelitz
Foto: Sammlung Harder

schen Staatsbahn. In Folge wurden preußische Bauarten übernommen, auch wenn sie schon etwas älter waren.

Die Lokomotiven der Gattung P 2 (V alt) wurden zu einem Zeitpunkt beschafft, zu dem diese Maschinen in Preußen schon sieben Jahre im Betrieb waren. Es waren robuste und zuverlässige Lokomotiven, die sich für die mecklenburgischen Verhältnisse besonders gut eigneten. Die Rostfläche war mit 1,80 m^2 recht groß und ergab ausreichende Leistungen. Sieben weitere 1B-Maschinen mit annähernd gleichen Hauptkenndaten, die 1894 von der Lloydbahn übernommen wurden, reihte man in die gleiche Gattung ein.

In diesem Zusammenhang ist auffällig, daß die in Mecklenburg entstandenen vielfältigen Eisenbahngesellschaften vergleichsweise ähnliche Lokomotivtypen beschafft haben. Dies hat sich in der mühelosen Einordnung der Maschinen nach 1895 in die festgelegten Gattungen deutlich gezeigt. Eine Weiterentwicklung der bewährten Maschinen der Gattung P 2 waren die der Gattung $P\,3^1$. Sie wurden von 1888 bis 1907 in einer Stückzahl von 39 Lokomotiven beschafft. Dazu kamen noch zwei Maschinen, die 1894 von der Lloydbahn übernommen wurden. Damit war es eine der erfolgreichsten Gattungen, die auf den mecklenburgischen Strecken im Einsatz war. Die Beschaffung der Lokomotiven erstreckte sich wiederum 10 Jahre über den Bau der preußischen Gattung $P\,3^1$ hinaus, ein erneuter Beweis dafür, daß diese Maschinen auf den mecklenburgischen Strekken zur umfassenden Zufriedenheit Dienst getan haben. Keineswegs darf daraus die Schlußfolgerung gezogen werden, daß diese Bauart für Mecklenburg noch gut genug war, als sie bei der Preußischen Staatsbahn bereits im Auslaufen begriffen war. Gegenüber den Lokomotiven der Gattung P 2 war eine deutliche Leistungssteigerung zu erkennen; eine vergrößerte Rostfläche von 1,87 m^2 und ein höherer Kesselüberdruck von 12,0 bar sorgten dafür. Die Leistung der Maschinen war auch für die Beförderung von Schnellzügen auf der Strecke Neustrelitz–Warnemünde ausreichend. Diese Leistungen waren notwendig, um den ständig steigenden Fährverkehr nach Dänemark auf der Linie Warnemünde–Gedser abzuwickeln. Großzügige Anlagen für den Fährverkehr sorgten für eine sprunghafte Entwicklung. Für die 1. und 2. Wagenklasse wurden durchgehende Schlafwagenverbindungen geschaffen. Die Reisezeiten von Berlin nach Kopenhagen über Warnemünde konnten auf 10 Stunden gesenkt werden. Es wurde ein Nacht- und ein Tagesschnellzugpaar angeboten. An der Erfüllung dieser Beförderungsaufgaben hatten die eingesetzten Lokomotiven der Gattung P 3^1 einen entscheidenden Anteil.

Die Strecke Neustrelitz–Warnemünde wurde in der Folge zu einem Gradmesser für die Qualität des Reiseverkehrs auf dieser renommierten internationalen Strecke. Die Maschinen der Gattung P 4^2 haben ab 1903 und die der Gattung P 8 ab 1914 den Einsatz auf dieser Strecke allein übernommen. Die Lokomotiven der verbesseren Gattung P 8 entsprachen den Forderungen nach einer stärkeren Maschine. Sie hatten keinen allzu großen Treibraddurchmesser und waren auch gleichzeitig die ersten Heißdampflokomotiven, die zum Einsatz kamen.

Auf dem hügeligen Gelände der mecklenburgischen Strecken haben sich vor allem Maschinen mit kleinerem Treibraddurchmesser gut bewährt und als besonders geeignet erwiesen.

Die Maschinen der Gattung P 4^2 hatten als leistungsfähige Verbundlokomotiven außerdem noch den Schnellzugverkehr von Lübeck nach Strasburg über die „Hausstrecke" der ehemaligen Friedrich-Franz-Bahn zu übernehmen. Danach erfolgte auch noch die durchgehende Bespannung der Schnellzüge bis nach Berlin und Stettin. Die Lokomotiven wurden später im Personenzugdienst auf den Nebenbahnen Rostock–Tribsees, Rostock–Wismar und Ludwigslust–Neubrandenburg eingesetzt.

Anfang der 90er Jahre zeichnete sich eine weitere Steigerung des Güterverkehrs ab. Die Landwirtschaft brachte höhere Erträge und die sich entwickelnde Industrie war mit Rohstoffen zu versorgen und im weiteren mußten die Fertigprodukte transportiert werden. Der Bedarf an leistungsstarken Güterzuglokomotiven wurde ab 1892 mit dem Umbau von elf Maschinen der

Gattung P 3^1 (VI alt), Lokomotive Nr. 121 OBOTRIT im Rangierdienst auf Bahnhof Schwerin
Foto: Bellingrodt

Gattung P 4^2 (VII alt), Lokomotive Nr. 232 mit Zug im Bahnhof Bad Sülze
Foto: Bellingrodt

Gattung G 2 (VIII alt) zunächst abgedeckt. Eine Maschine mit dem Baujahr 1885 ist nicht umgebaut worden.
Dieser Bestand wurde mit der Beschaffung von sechs Maschinen der Gattung G 3 (IX alt) weiter aufgefüllt. Im Jahre 1894 sind noch weitere zwei Lokomotiven der gleichen Bauart von der Lloydbahn Neustrelitz–Warnemünde übernommen worden. Damit standen um die Jahrhundertwende insgesamt 20 dreifach gekuppelte Güterzugmaschinen zur Verfügung, mit denen der notwendige Güterverkehr im Streckendienst bewältigt wurde. Die Zugkraft dieser Maschinen reichte jedoch bald nicht mehr aus. Man entschloß sich deshalb, eine verstärkte dreifach gekuppelte Güterzuglokomotive zu beschaffen. Die Maschinen der Gattung G 4^2 (X alt) waren damit die ersten Verbundlokomotiven, die in Mecklenburg zum Einsatz gekommen sind. Sie verfügten über eine Rostfläche von 1,53 m^2 und einen Kesselüberdruck von 12,0 bar und waren damit den Maschinen der Gattung G 3 deutlich überlegen, auch wenn sie sich äußerlich nicht wesentlich unterschieden. Die Leistung dieser Lokomotiven war erstaunlich, auf 3 ‰ Steigung wurden noch 500 t in Dauerleistung gezogen. An dieser Stelle sei noch erwähnt, daß auf den Strecken der Preußischen Staatsbahn bereits seit 1882 Verbundlokomotiven im Einsatz waren.
Für die Mecklenburgische Staatsbahn waren sicher nicht 19 Jahre notwendig, um zu erkennen, daß diese Maschinen ausgereift und betriebssicher waren. Die Notwendigkeit der Beschaffung hatte eben erst zu diesem Zeitpunkt bestanden, weil die Lokomotiven der Gattung G 3 noch in der Lage waren, die geforderten Leistungen zu bringen.
Einige Jahre später hatte sich die Situation schon wieder geändert. Der Fährverkehr nach den nordischen Staaten nahm immer mehr zu; die Güterströme schwollen an, leistungsstärkere Lokomotiven zur Bewältigung dieses Verkehrs waren erforderlich. Ab 1906 wurden neun Maschinen der Gattung G 5^4 beschafft. Auch bei diesen Lokomotiven war ein preußisches Vorbild vorhanden. Für die mecklenburgischen Verhältnisse wurde wiederum die vordere Laufachse als Adamsachse ausgebildet. Mit einer Rostfläche von 2,30 m^2 und einem Kesselüberdruck von 12,0 bar verfügten die Maschinen über genügend Leistung, um 1 000 t auf 3 ‰ noch mit 30 km/h im Dauerbetrieb zu befördern, eine beträchtliche Steigerung gegenüber der Gattung G 4^2.
Der Erste Weltkrieg brachte grundlegend veränderte Verkehrsverhältnisse mit sich. Die Güterzüge waren noch schwerer geworden. Bei der weiteren Beschaffung von Güterzuglokomotiven war man an einem Wendepunkt angekommen.

Für den längst fälligen Einsatz von Heißdampflokomotiven fehlten noch die notwendigen Voraussetzungen zur Unterhaltung, die vorhandenen Werkstätten waren veraltet. Deshalb fiel die Entscheidung zugunsten einer vierfach gekuppelten Naßdampfmaschine in Verbundausführung, der Gattung G 7^2.

Das preußische Vorbild war bereits seit dem Jahre 1895 im Einsatz und hatte sich im Streckendienst außerordentlich gut bewährt. Charakteristisch für die mecklenburgische Bauart dieser Maschinen war die Vorwärmanlage seitlich links auf dem Langkessel.

Die Abgabe von elf leistungsstarken Güterzuglokomotiven als Reparationsleistung nach dem Ersten Weltkrieg führte zu einer erheblichen Schwächung des Lokomotivparks. Es waren außerordentliche Maßnahmen notwendig, um die entstandenen Lücken zu schließen. Die Lokomotivfabriken waren auch nicht in der Lage, kurzfristig neue Lokomotiven zu liefern. Man beschritt deshalb den sonst nicht üblichen Weg des Kaufs von gebrauchten Lokomotiven. Durch Vermittlung der Berliner Firma „Erich am Ende" wurden aus Heeresbeständen fünf Maschinen der preußischen Gattung G 7^3 erworben. Die Maschinen waren im schweren Güterzug-

Zusammenstellung der von den privaten Eisenbahngesellschaften übernommenen Lokomotiven

Gattung	Anzahl der Lokomotiven	Eisenbahngesellschaft	Jahr der Übernahme
XI (alt)	4	Lloydbahn Neustrelitz–Warnemünde	1894
XII (alt)	3	Güstrow-Plauer Eisenbahn	1890
XIII (alt)	2	Parchim-Ludwigsluster Eisenbahn	1894
XIV (alt)	1	Güstrow-Plauer Eisenbahn	1890
	5	Wismar-Rostocker Eisenbahn	1890
	3	Teterow-Gnoiener Eisenbahn	1890
T 3a	8	Südbahn Parchim–Neubrandenburg	1894
	1	Parchim-Ludwigsluster Eisenbahn	1894
	4	Wismar-Karower Eisenbahn	1897
	2	Güstrow-Plauer Eisenbahn	1890

Gattung XI (alt), Lokomotive Nr. 503 im Bahnhof Wismar
Foto: Sammlung Kutschik

Gattung XII (alt), Lokomotive im Bahnhof Tribsees
Foto: Sammlung Kutschik

dienst eingesetzt. Nach nur zehnjähriger Betriebszeit wurden die Maschinen bereits bis zum Jahre 1927 ausgemustert, bedingt auch dadurch, daß diese Maschinen während des Krieges in einer größeren Stückzahl kurzfristig für den Bedarf des Militäreisenbahnwesens nachgebaut werden mußten und somit nicht einer soliden Ausführung für einen längeren Einsatz entsprachen. Da die Vorteile des überhitzten Dampfes erst bei hoher Geschwindigkeit und längeren Durchläufen voll zur Geltung kamen – was für Mecklenburg kaum in Betracht zu ziehen war –, hat man sich erst sehr spät für den Einsatz von Heißdampflokomotiven entschieden, obwohl die Vorteile des Heißdampfprinzips bei anderen Eisenbahnen schon längst genutzt wurden. Nach dem preußischen Vorbild sind 10 Maschinen der Gattung G 8[1] beschafft worden. Im Jahre 1920 wurden noch zwei Lokomotiven aus dem Bestand der Preußischen Staatsbahn überwiesen und in die gleiche Gattung aufgenommen. Die Maschinen verfügten über einen leistungsfähigeren Kessel, die Rostfläche betrug 2,70 m^2, womit sie in der Lage waren, eine große Zugkraft zu entwickeln. Wegen der mittleren Kuppelachsfahrmasse von fast 17 t konnten die Lokomotiven jedoch nur auf Hauptstrecken eingesetzt werden.

Die mecklenburgischen G 8[1] waren die letzten Maschinen dieser Gattung, die überhaupt gebaut worden sind. Nach der Bestellung hatte sich die Auslieferung zeitlich so weit verzögert, daß sie als Reparationsleistung nicht mehr in Betracht gezogen wurden. Außerdem hatten die Lokomotiven eiserne Feuerbüchsen, für die kein sonderliches Interesse bestand. Mit den Maschinen der Gattung G 8[1] endete dann auch die Entwicklung der mecklenburgischen Güterzuglokomotiven.

Die Anfang der 80er Jahre gebildeten privaten Eisenbahngesellschaften beschafften für die Betriebsführung ausschließlich zweifach gekuppelte Tenderlokomotiven, die sich für den Dienst auf diesen Nebenbahnstrecken besonders eigneten. Die Leistungsfähigkeit der Maschinen war unterschiedlich bemessen, wobei die Größe der

Rostflächen zwischen 0,68 m^2 und 0,94 m^2 schwankte. Das ergab sich aus den Anforderungen, die die einzelnen Strecken an den Lokomotiveinsatz stellten.
Mit der Übernahme der Strecken dieser privaten Eisenbahngesellschaften durch den Staat in den Jahren 1890 bis 1894 wurden die Maschinen in die Gattungen XI (alt) bis XIV (alt) eingereiht. Sie waren unterschiedlich auf die Baujahre 1880 bis 1884 verteilt und bei der Übernahme noch in einem guten Betriebszustand. Die Bauart der insgesamt 18 übernommenen Lokomotiven war durchweg B n2t. Ihr Einsatzgebiet blieben zunächst die Strecken, für die sie anfänglich vorgesehen waren. Mit der Beschaffung leistungsfähigerer Lokomotiven wanderten sie nach und nach in den Bahnhofsdienst ab.
Ab 1895 wurden in den nächsten zehn Jahren für den Einsatz auf Nebenbahnen nur noch dreifach gekuppelte Tenderlokomotiven der Gattung T 3 nach preußischem Vorbild beschafft. Die wendigen und leistungsfähigen Maschinen waren für den Einsatz auf Nebenbahnen wie geschaffen. Sie waren auch im Rangierdienst auf den größeren Bahnhöfen anzutreffen.
Die Gattung T 3a wurde von den Maschinen der älteren Bauart der preußischen T 3 gebildet. Insgesamt waren es 38 Lokomotiven. Dazu kamen noch weitere 15 Maschinen der in Staatseigentum übernommenen Eisenbahngesellschaften.
In die Gattung T 3b wurden anschließend die 17 Maschinen der neueren Bauart der preußischen T 3 eingeordnet. Daß die Lokomotiven Nr. 591 und Nr. 592 nach dem Umzeichnungsplan 1925 der DRG auch in diese Gattung eingereiht wurden, war wohl ein Irrtum. Sie gehörten eindeutig zu denen der Gattung T 3a. Mit insgesamt 68 Maschinen war die Gattung T 3 recht zahlreich im Streckennetz vertreten und bildete damit das Rückgrat im Zugdienst auf den Nebenbahnen.

Gattung T 3a, Lokomotive im Bahnhof Platz
Foto: Sammlung Schultz

Gattung T 3a, Lokomotive Nr. 531 im Bahnhof Sanitz
Foto: Sammlung Kutschik

Eine intensivere Nutzung der Landwirtschaft und die sich vereinzelt ausbildende Industrie führten auf den Nebenbahnen zu einem erhöhten Verkehrsaufkommen. Jahreszeitlich bedingt traten jedoch größere Schwankungen auf, deren Spitzen im Sommer und Herbst mit der Zunahme des Verkehrs auf den Bäderstrecken nach den Kurorten und dem Abtransport der landwirtschaftlichen Erzeugnisse lagen. Damit ergaben sich im Lokomotiveinsatz Probleme für den wirtschaftlichen Betrieb. Bei der Weiterentwicklung der Lokomotiven konnten diese Einflüsse nicht unberücksichtigt bleiben. Es war eine kräftige vierachsige Tenderlokomotive notwendig, um die Zugförderungsaufgaben zu erfüllen. In der preußischen Nachbarschaft ließen sich jedoch keine geeigneten Vorlagen für einen konstruktiven Nachbau finden. Die Maschinen der preußischen Gattung T 9^3 hatten mit 15 t eine zu hohe Kuppelachsfahrmasse für den Einsatz auf den mecklenburgischen Strecken. Außerdem hatten sie ein Krauss-Helmholtz-Gestell, das als ungeeignet angesehen wurde. Für die Lokomotive waren 12 t mittlere Kuppelachsfahrmasse und eine Laufachse, als Adamsachse ausgebildet, vorgegeben. Für beide Fahrtrichtungen war die gleiche zulässige Geschwindigkeit gefordert, da in wenigen Wendebahnhöfen Drehscheiben vorhanden waren. Solchen Forderungen konnten nur Tenderlokomotiven entsprechen. Nach einem Entwurf von Henschel entstanden somit die Maschinen der Gattung T 4 als eine typisch mecklenburgische Bauart. Die ersten Lokomotiven

Gattung T 3b, Lokomotive Nr. 595 mit Heusinger-Steuerung
Foto: Harder

wurden 1907 in Dienst gestellt. Sie erwiesen sich von Anfang an als ein voller Erfolg, so daß sie fortlaufend bis zum Jahre 1922 nachbestellt wurden. Der Bestand war auf 50 Maschinen angewachsen.
In beiden Fahrtrichtungen betrug die zulässige Geschwindigkeit 45 km/h. Mit den Lieferungen ab 1915 wurde der Treibraddurchmesser auf 1 200 mm vergrößert und die zulässige Geschwindigkeit mit 50 km/h festgelegt. Das vorgegebene Leistungsprogramm wurde voll erfüllt. Es war erstaunlich, was diese kleinen und einfachen Maschinen leisten konnten. Bei niedrigen Geschwindigkeiten wurden etwa die gleichen Leistungen erbracht wie von den preußischen Lokomotiven der Gattung T 9^3, obwohl die Heizfläche kleiner und die Reibungsmasse geringer war. Auffallend an den Maschinen ist der oben über dem Rahmen zwischen der Lauf- und der ersten Kuppelachse liegende Ausgleichhebel, der sich wegen der niedrigen Lage der Zylinder unterhalb nicht mehr anbringen ließ. Dieser wuchtige Ausgleichhebel und die außen sichtbar verkleideten Ausströmrohre gaben den Lokomotiven ihr typisches und unverwechselbares Aussehen. Sicher waren die Maschinen der Gattung T 4 dem Äußeren nach keine Stars unter den Lokomotiven, aber zu den einfachsten und zugleich leistungsfähigsten können sie ohne weiteres gerechnet werden.
Erst später, als sie auch außerhalb Mecklenburgs zum Einsatz gekommen waren, ist das umso deutlicher geworden und hat sich nachdrücklich bestätigt. Sie waren als „Fremdlinge“ sofort zu erkennen.
Mit den Lokomotiven der Gattung T 4 war eine eigenständige Entwicklung gelungen, die in diesem Fall kein Vorbild hatte.

Bis 1920 waren ingesamt 14 Lokomotiven als Reparationsleistungen abgegeben worden. Sie gliederten sich auf in drei Maschinen der Gattung P 8, fünf der Gattung G 5^4 und sechs der Gattung G 7^2. Die inzwischen aus Heeresbeständen angekauften fünf Lokomotiven der Gattung G 7^3 konnten die entstandene Lücke nicht schließen. Inzwischen waren noch umfangreiche Ausmusterungen der von Hartmann beschafften Maschinen aus den Jahren 1864 bis 1873 fällig geworden, so daß sich der verfügbare Loko-

Zusammenstellung der im Jahre 1920 überwiesenen Lokomotiven

Gattung	Anzahl der Lokomotiven	Bisheriges Einsatzgebiet
P 3[2]	3	Preußische Staatsbahn
P 4[1]	6	Preußische Staatsbahn
G 4[2]	1	Preußische Staatsbahn
G 5[2]	5	ehemalige Reichseisenbahn Elsaß-Lothringen
T 9[2]	3	Preußische Staatsbahn
T 9[3]	3	Preußische Staatsbahn

Verteilung der Lokomotiven nach der Achsanordnung

Achsanordnung	Anzahl der Lokomotiven
1A1	6
B	20
B1	2
1B	97
2B	38
C	99
1C	70
2C	16
D	23
1D	5
Summe	376

motivbestand weiter verringerte. Infolge der Kriegsauswirkungen waren Neubestellungen bei den Lokomotivfabriken nicht möglich, es wurde eine kurzfristige Lösung dringend erforderlich. Deshalb wurde mit zentraler Zuweisung im Jahre 1920 der verfügbare Bestand mit 21 Maschinen aufgefüllt. An dieser „Lokomotivwanderung" nach Mecklenburg waren Maschinen aus den bisherigen Einsatzgebieten der Preußischen Staatsbahn und der Reichseisenbahn Elsaß-Lothringen beteiligt.

Für die Mecklenburgische Staatsbahn wurden insgesamt 376 Dampflokomotiven beschafft oder von anderen Eisenbahnen in den eigenen Bestand übernommen. Bei

Gattung T 4, Lokomotive Nr. 746 in mecklenburgischer Landschaft mit Nebenbahncharakter im Bahnhof Thürkow
Foto: Bellingrodt

Beschaffung der Lokomotiven der Gattung T4

Jahr	Anzahl der Lokomotiven
1907	2
1908	4
1909	4
1910	4
1911	2
1912	4
1913	3
1914	7
1915	4
1916	2
1918	2
1919	5
1921	4
1922	3
Summe	50

der Verteilung der Maschinen nach der Achsanordnung machen die dreifach gekuppelten Lokomotiven mit 185 Stück und 49 % den größten Anteil aus. Darin drückt sich der überwiegende Nebenbahncharakter der Strecken aus, denn die Maschinen der Gattungen T3 und T4 waren wie keine anderen für einen solchen Einsatz geeignet. Den dreifach gekuppelten Lokomotiven folgten unmittelbar mit einem Anteil von 42 % die zweifach gekuppelten. Dabei war die klassische Achsanordnung 1 B für Personenzuglokomotiven immerhin mit 26 % am Gesamtbestand vertreten. Maschinen von zwei Gattungen sind in größeren Stückzahlen gebaut worden, die Lokomotiven der Gattung T3a mit 51 und die der Gattung T4 mit 50 Stück. Beachtenswert ist dabei der Beschaffungszeitrum für die Maschinen der Gattung T4, die in den Jahren von 1907 bis 1922 in stetiger Gleichmäßigkeit in Dienst gestellt worden sind. Diese kontinuierliche Zunahme im Bestand der genannten Lokomotiven ist auffällig und ein überzeugender Beweis für ihre zweckmäßige Konstruktion sowie ihren wirtschaftlichen Betriebseinsatz.

Entwicklung des Lokomotivbestands

Jahr	Anzahl der Lokomotiven
1850	15
1870	27
1895	142
1910	203
1920	258

Gattung P8, Lokomotive Nr. 256 bei Einfahrt in den Bahnhof Rostock
Foto: Bellingrodt

Im vorläufigen Umzeichnungsplan 1923 der Deutschen Reichsbahn-Gesellschaft waren 234 mecklenburgische Lokomotiven enthalten, davon wurden nach dem Umzeichnungsplan 1925 endgültig noch 219 übernommen.

Besonderheiten

Die Mecklenburgische Staatsbahn verfügte zum überwiegenden Teil über Strecken mit Nebenbahncharakter. Entsprechend der dazu notwendigen Betriebsführung traten bei der Entwicklung der mecklenburgischen Lokomotiven Besonderheiten auf.
Auf ehrgeizige und eigenwillige Lokomotiventwicklungen hat man von vornherein verzichtet. Es wurden mit Ausnahme der T 4 bewährte preußische Gattungen für die Betriebsführung übernommen. Dabei waren eherne Grundsätze, die peinlichst befolgt wurden: längere Betriebserprobung beim preußischen Nachbarn und konstruktive Veränderungen, wenn auch in geringem Umfang, beim Einsatz auf den eigenen Strecken. Interessant ist festzustellen, daß auf den mecklenburgischen Strecken keine Schnellzuglokomotiven zum Einsatz gekommen sind. Von Seiten der Strecken- und Betriebsführung hat dazu auch nie die Notwendigkeit bestanden. Die wenigen Schnellzüge, die verkehrten, wurden von den Maschinen der Gattungen P 3, $P\,4^1$ und $P\,4^2$ sowie später von denen der Gattung P 8 gezogen. Zeitweilig waren für die Beförderung von Schnellzügen auch Güterzuglokomotiven verwendet worden. Daß damit auch noch die Fahrzeiten gehalten werden konnten, zeigt die ganz anderen Voraussetzungen zur Durchführung des Schnellzugverkehrs in Mecklenburg.
Bedingt durch die einfacheren Oberbauverhältnisse hat man sich gescheut, das bei der Preußischen Staatsbahn bestens bewährte Krauß-Helmholtz-Gestell anzuwenden. Es wurde abgelehnt, weil eine schnellere Abnutzung der Radreifen und ungünstige Auswirkungen auf den Oberbau befürchtet wurden. In allen Fällen ist es durch die einfachere Adamsachse ersetzt worden, mit der sehr gute Erfahrungen vorgelegen haben. Bei einem leichteren Oberbau erscheint diese Maßnahme auch als durchaus gerechtfertigt.
Zur Erschließung des renommierten Ostseebades Heiligendamm wurde im Anschluß an die Wismar-Rostocker Eisenbahn in Bad Doberan eine Schmalspurbahn mit der ungewöhnlichen Spurweite von 900 mm gebaut. Zunächst kamen zweifach gekuppelte Trambahnlokomotiven zum Einsatz. In den folgenden Jahren wurden diese Maschinen durch dreifach gekuppelte ersetzt.

Lokomotivfabriken

Eine Lokomotivbauindustrie im eigenen Land fehlte vollständig. Auf Grund der wirtschaftlichen Struktur war auch in den nächsten Jahrzehnten nicht damit zu rechnen, daß eine solche entstand. Deshalb war es notwendig, den erforderlichen Lokomotivpark außerhalb des Landes zu beschaffen.
Die ersten Lokomotiven für Mecklenburg wurden von der Lokomotivfabrik A. Borsig in Berlin geliefert. Empfänger war die Mecklenburgische Eisenbahngesellschaft, die im Jahre 1847 das erste Teilstück ihrer Stammbahn von Hagenow nach Schwerin in Betrieb genommen hatte. Zu dieser Zeit ergaben sich beträchtliche Schwierigkeiten bei der Beschaffung der notwendigen Lokomotiven.
Ein Auszug aus dem Protokoll der zweiten General-Versammlung der Mecklenburgischen Eisenbahngesellschaft von 1847 soll das verdeutlichen:
„Bei dem großen Bedarfe an Locomotiven und Wagons hält es schwer, das Betriebsmaterial in erforderlicher Güte zu rechter Zeit zu bekommen. Namentlich gilt dieses von Locomotiven, da nur wenige Maschinenbau-Anstalten sind, die durchgehends gutes Fabrikat liefern. Die Direktion ist indessen so glücklich gewesen, mit A. Borsig in Berlin im Ganzen über die Lieferung von 20 Locomotiven contrahieren zu können, welche derselbe incl. Tender resp. zu 12500 Thaler Preußisch Courant à 14000 Thaler Preußisch Courant liefert. Es werden aber noch 4 Locomotiven erforderlich werden."
Für die prekäre Situation auf dem Lokomotivmarkt waren im wesentlichen zwei Gründe maßgebend: Zum einen der hohe Bedarf an Maschinen in dieser Zeit des aufstrebenden Eisenbahnbaus, und zum anderen waren die Lokomotivfabriken mit soliden Erzeugnissen noch dünn gesät. Es war deshalb als ein Glücksumstand zu betrachten, daß die Mecklenburgische Eisenbahngesellschaft unter diesen Bedingungen ihre Aufträge bei der zu dieser Zeit doch schon renommierten Lokomotivfabrik von A. Borsig in Berlin untergebracht hatte. Bereits 1844 hatte A. Borsig 60 Lokomotiven auf der Vorbestelliste stehen. Die zunehmende Nachfrage der Eisenbahnen nach Borsigschen

Lokomotiven hatte schon Mitte der 40er Jahre die Massenproduktion gefordert, für die es im preußischen Maschinenbau keine Vorbilder gab. Obwohl der Borsigsche Lokomotivtyp weitgehend standardisiert war, wurden individuelle Wünsche der Eisenbahnen in der technischen Ausrüstung der Maschinen berücksichtigt. In den Jahren von 1844 bis 1846 stieg die jährliche Produktion von 20 auf 50 Lokomotiven. 1847, im Jahr der ersten Lieferung nach Mecklenburg, wurden bereits 67 Lokomotiven hergestellt.

Im Protokoll der dritten General-Versammlung von 1848 ist vermerkt:

„Von den 20 Locomotiven, über deren Contrahierung bei Borsig in Berlin bereits Bericht erstattet wurde, sind bisher, als für unseren Betrieb ausreichend, nur 3 Stück entgegengenommen worden."

Das waren die Lokomotiven ROSTOCK, WISMAR und GÜSTROW in der Bauart 1A1. In ununterbrochener Folge waren bis 1860 noch weitere 20 Maschinen von A. Borsig geliefert worden. Ab 1863 wurden dann auch die ersten Lokomotiven von Georg Egestorff aus Linden vor Hannover (spätere Hanomag) beschafft.

Beim näheren Betrachten des Lokomotivverzeichnisses der Mecklenburgischen Eisenbahngesellschaft ist auffallend:

Bahnnummer 4, Lokomotive MARSCHALL VORWÄRTS, Fabriknummer 1, Lokomotivfabrik F. Wöhlert, Berlin. Ein Einzelgänger? Ja, denn in der Folge taucht diese Fabrik nicht wieder auf. Dafür gibt es eine recht einfache Erklärung. Um nicht nur von einer Lokomotivfabrik abhängig zu sein, wurde im Jahre 1847 mit F. Wöhlert ein Vertrag zur Lieferung einer Lokomotive abgeschlossen. Dazu ein aufschlußreicher Hinweis aus dem Protokoll der vierten General-Versammlung von 1849:

„Der Maschinenbauer Herr F. Wöhlert in Berlin hat ebenfalls eine Locomotive nebst Tender an uns abgeliefert, welche wir nach einem

Gattung IV (alt), Lokomotiven WISMAR bis WAREN, Hersteller Sächsische Maschinenfabrik, vorm. Richard Hartmann Aktiengesellschaft, Chemnitz
Foto: Sammlung Lohr/Thielmann

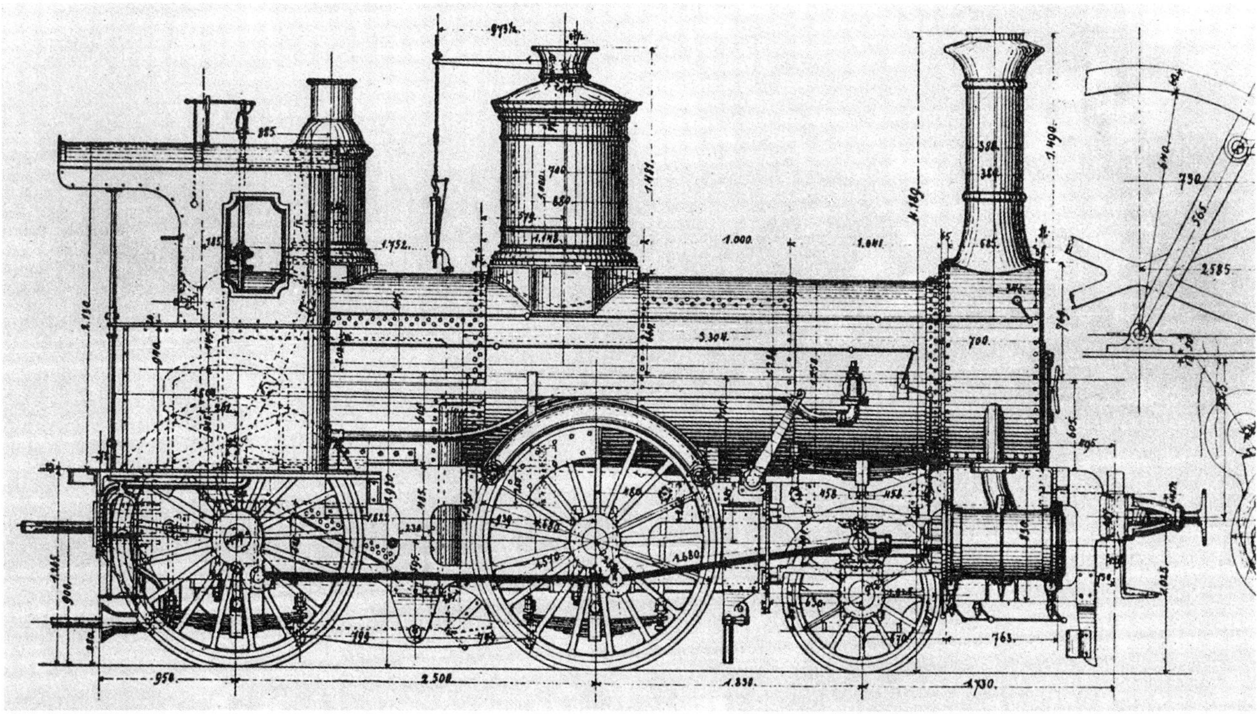

Repräsentative Lokomotivlieferungern von der Lokomotivfabrik R. Hartmann an die Friedrich-Franz-Bahn

Fabriknummer	Name	Baujahr	Gattung	Bauart
200	ZWEI HUNDERT	1864	III (alt)	1B n2
400	VIER HUNDERT	1869	III (alt)	1B n2
600	SECHS HUNDERT	1872	IV (alt)	1B n2

früheren Vertrage von ihm zu kaufen verpflichtet sind, wenn sie eine gewisse Probe besteht."

Daraus geht deutlich hervor, daß es nicht nur um die Lokomotive ging, die zu diesem Zeitpunkt auch von A. Borsig noch geliefert werden konnte, sondern um die Einhaltung des geschlossenen Vertrages. Die „gewisse Probe", sicher ohne größere Anforderungen, wurde bestanden und die Maschine in den Betrieb übernommen.

Die Friedrich-Franz-Bahn hat die ersten Lokomotiven im Jahre 1864 von der Maschinenfabrik R. Hartmann aus Chemnitz bezogen. Angeregt durch die von der Westlichen Staatsbahn aus Sachsen gekaufte Baulokomotive GLÜCK AUF, die Fabriknummer 1 von R. Hartmann, ist man in der weiteren Beschaffung bei dieser Lokomotivfabrik geblieben, die sich durch umfangreiche Lieferungen an die sächsischen Eisenbahnen bereits einen guten Ruf erworben hatte. Die Lokomotiven fielen durch ihr äußeres Erscheinungsbild auf. Hartmann verstand es, durch die Herausbildung einer bestimmten Stilform die Lokomotive als „Maschine" aufzuwerten. Besonders kam das bei der Gestaltung des Dampfdoms, der Radkästen sowie der Fabrik- und Namensschilder zum Ausdruck. Damit hatten in der ersten Entwicklungsperiode der Eisenbahnen in Mecklenburg zwei renommierte Fabriken mit ihren Lokomotiven Einzug gehalten.

Interessant in diesem Zusammenhang ist, daß R. Hartmann etwa zur gleichen Zeit, genauer im Jahre 1866, auch die ersten Lokomotiven an die Oldenburgische Staatsbahn lieferte. Hatten sich die Oldenburger zu Beginn ihrer Eisenbahnentwicklung an den Mecklenburgern orientiert? Auf jeden Fall haben die schönen Hartmann-Lokomotiven auch in Oldenburg einen nachhaltigen Eindruck hinterlassen.

In den Folgejahren waren eine ganze Reihe von Lokomotivfabriken in unterschiedlichen Stückzahlen an den einzelnen Lieferungen für die mecklenburgischen Eisenbahnen beteiligt. Außer A. Borsig und R. Hartmann sind es noch weitere 16 Lokomotivfabriken gewesen. Bemerkenswert ist, daß auch eine mecklenburgische Fabrik daran beteiligt war. Von der Waggonfabrik Güstrow wurden im Jahre 1895 zwei Lokomotiven der Gattung T 3a geliefert.

Es ist noch eine Jubiläumslokomotive zu erwähnen. Mit der Fabriknummer 4000 lieferte Orenstein & Koppel eine T 4, die unter der Betriebsnummer 714 gelaufen ist.

Mit der Zuweisung von Lokomotiven und dem Kauf aus zweiter Hand im Jahre 1920 traten auch Lokomotivfabriken in Erscheinung, bei denen von der Mecklenburgischen Staatsbahn keine Bestellungen aufgegeben worden waren.

Abgesehen von den ersten Lieferungen in größeren Stückzahlen, die A. Borsig an die Mecklenburgische Eisenbahngesellschaft und R. Hartmann an die Friedrich-Franz-Bahn geleistet haben, ist doch keine der beiden Lokomotivfabriken zu einem echten „Hoflieferanten" geworden.

Anteil der einzelnen Lokomotivfabriken an den Lieferungen

Lokomotiv-fabrik	Anzahl der Dampflokomotiven
Henschel	112
Linke	50
Hartmann	42
Hanomag	29
Borsig	29
Humboldt	29
Vulcan	20
Schichau	16
Orenstein	13
Hohenzollern	11
Schwartzkopff	5
Jung	4
Krauss	4
Grafenstaden	3
Maffei	3
Union	3
Güstrow	2
Wöhlert	1
Summe	376

Die Bezeichnung der Lokomotiven

Für die Bezeichnung der mecklenburgischen Lokomotiven wurden verschiedene Schemata angewendet, bis sich nach 1895 ein einheitlicher Serien-Nummernplan durchgesetzt hatte.
Die Mecklenburgische Eisenbahngesellschaft teilte die Lokomotiven nach ihrer Bauart nicht in Gattungen ein. Die Maschinen erhielten eine Ordnungsnummer und einen Namen. Die Ordnungsnummer entsprach der fortlaufenden Inventarnummer, mit der die Lokomotiven in das Verzeichnis eingetragen wurden. Für den Anfang reichte dieses System aus, denn der niedrige Lokomotivbestand und die wenigen Gattungen haben einen noch guten Überblick gewährleistet. Die Maschinen waren damit eindeutig bezeichnet.
Bei der Friedrich-Franz-Bahn wurde das gleiche System für die Bezeichnung der Lokomotiven angewendet. Von der Großherzoglichen Friedrich-Franz-Bahn wurden bei der ersten Verstaatlichung die Dampflokomotiven nach Gattungen eingeteilt und diese mit den römischen Ziffern von I bis XXI bezeichnet. Außerdem besaßen die Maschinen noch Betriebsnummern und Namen.
Die Namen der Lokomotiven wiesen eine große Vielfalt auf. Die ersten Lokomotiven trugen Namen von Städten und Landschaften aus dem Großherzogtum, wie: ROSTOCK, WISMAR, GÜSTROW, NEBEL, WARNOW, MECKLENBURG und OSTSEE. Damit kam besonders die Beziehung zur Heimat zum Ausdruck. Später folgten Städte- und Landschaftsnamen aus der Nachbarschaft und – es konnte nicht anders sein – auch Namen aus der Reuterschen Dichtung.
In die Namensgebung wurden auch Fabriknummern einbezogen, die man hervorheben wollte. ZWEI HUNDERT, VIER HUNDERT und SECHS HUNDERT waren Namen von Lokomotiven, die R. Hartmann an die Friedrich-Franz-Bahn geliefert hatte. Ein besonders klangvoller Name, jedes Schulkind kannte diesen aus dem Geschichtsunterricht, war ohne Zweifel MARSCHALL VORWÄRTS für die Fabriknummer 1 von F. Wöhlert, geliefert an die Mecklenburgische Eisenbahngesellschaft.
Schilder mit den Namen der Lokomotiven waren zu beiden Seiten des Langkessels angebracht. Die Ordnungs- oder Betriebsnummer dazu befand sich auf einem kleinen Schildchen an den beiden Seitenwänden des Führerhauses und vorn am oberen Teil der Rauchkammertür. Bei den Lokomotiven, die keinen Namen hatten, befand sich an Stelle des Namenschildes zu bei-

Einteilung der Lokomotiven in Gattungen bis 1895

Gattung	Verwendungszweck
I–VII	Personenzuglokomotiven
VIII–X, XX	Güterzuglokomotiven
XI–XVIII, XXI	Tenderlokomotiven
XIX	Schmalspurlokomotiven

Serien-Nummernplan ab 1895

Betriebsnummer	Gattung	Verwendungszweck
1– 100	I (alt), II (alt), III (alt), IV (alt), P 2 (V alt)	Personenzuglokomotiven
101– 141	P 3[1] (VI alt)	Personenzuglokomotiven
201– 231	P 4[2] (VII alt)	Personenzuglokomotiven
251– 266	P 8	Personenzuglokomotiven
301– 303	ohne Bezeichnung	Güterzuglokomotiven
310– 325	G 2 (VIII alt)	Güterzuglokomotiven
350– 357	G 3 (IX alt)	Güterzuglokomotiven
401– 405	G 4[2] (X alt)	Güterzuglokomotiven
451– 459	G 5[4] (XX alt)	Güterzuglokomotiven
466– 478	G 7[2]	Güterzuglokomotiven
481– 490	G 8[1]	Güterzuglokomotiven
501– 518	XI (alt)-XIV (alt)	Tenderlokomotiven
530– 611	T 3a, T 3b	Tenderlokomotiven
701– 743	T 4	Tenderlokomotiven
1001–1007	XVIII (alt), T 7 (XI X alt), T 7	Schmalspurlokomotiven

Einordnung der nach 1919 beschafften und zugewiesenen Lokomotiven in den Serien-Nummernplan

Betriebsnummer	Gattung	Verwendungszweck
151–153	P 3[2]	Personenzuglokomotiven
181–186	P 4[1]	Personenzuglokomotiven
264–266	P 8	Personenzuglokomotien
406	G 4[2]	Güterzuglokomotive
440–444	G 5[2]	Güterzuglokomotiven
474–478	G 7[3]	Güterzuglokomotiven
491, 492	G 8[1]	Güterzuglokomotiven
744–750	T 4	Tenderlokomotiven
772–774	T 9[2]	Tenderlokomotiven
780–782	T 9[3]	Tenderlokomotiven

den Seiten des Langkessels ein Schildchen mit der Betriebsnummer.
Nach der Bildung der Großherzoglich-Mecklenburgischen Friedrich-Franz-Eisenbahn wurde 1895 ein Serien-Nummernsystem eingeführt. Dabei war einer Bauart eine festgelegte Nummernreihe zugeordnet. Die Gattungsbezeichnungen P, G und T (Schnellzuglokomotiven gab es ja nicht) entsprachen im wesentlichen den preußischen und bestanden aus Buchstaben und arabischen Ziffern. Lokomotiven mit einfacher Dampfdehnung wurden von Verbundlokomotiven durch einen Exponenten unterschieden; dabei stand die Ziffer 1 für einfache Dampfdehnung und die Ziffer 2 für Verbund.
Mit dem Schema des Serien-Nummernplanes ab 1895 war es möglich, die Lokomotiven nach bestimmten Merkmalen einzuteilen. Auf Grund der Gattungsbezeichnung konnten die Maschinen nach Zugkraft, Leistungsfähigkeit und Art des Dienstes unterschieden werden. Lokomotiven, die nach dem alten Nummernplan einen Namen hatten, behielten diesen weiterhin, neue Namen wurden nicht vergeben. Die nach 1919 beschafften und überwiesenen Maschinen wurden noch in den Serien-Nummernplan eingeordnet; entweder im Anschluß an eine vorhandene Nummernserie, wie bei den Lokomotiven der Gattungen G 4^2, G 8^1 und T4 oder es wurde eine neue Nummernserie gebildet. Damit haben noch alle diese Maschinen eine mecklenburgische Betriebsnummer erhalten. Das war bei den anderen Länderbahnen nicht so. Die Bayern und Württemberg zugewiesenen Lokomotiven haben dort ihre preußische Bezeichnung behalten. Auch die in den Jahren 1921 und 1922 unter der Regie der Deutschen Reichsbahn beschafften sieben Maschinen der Gattung T4 haben mecklenburgische Betriebsnummern erhalten. Das war sicher ein Privileg der Großherzoglichen General-Eisenbahndirektion Schwerin.

Die Tender

Mit den ersten Lokomotiven wurden zweiachsige Tender geliefert, deren Fassungsvermögen 4,45 m^3 Wasser und 3 t Kohle betrug. Bemerkenswert ist der Satteltank der Baulokomotive GLÜCK AUF, die auf der Friedrich-Franz-Bahn eingesetzt war.
Bereits Anfang der 60er Jahre war man zum dreiachsigen Tender übergegangen, um entsprechend den gestiegenen Leistungen auch die notwendigen Vorräte unterzubringen. Dazu wurde der dreiachsige Tender bis zu einem Fassungsvermögen von 16,5 m^3 Wasser und 7 t Kohle für die Güterzuglokomotiven im Jahre 1918 entwickelt.
Da die ersten Lokomotiven keine Bremse hatten, waren die Tender von Anfang an damit ausgerüstet. Die in der Bedienung etwas umständliche Spindelbremse wurde sehr bald von der Wurfhebelbremse abgelöst. Damit erzielte man eine schnellere Bremswirkung. Bei der späteren Einführung der Druckluftbremse wurden auch die Tender mit dieser Bremse ausgerüstet.
Bei der Bezeichnung der Tender ist die Betriebsnummer der Lokomotive verwendet worden. Das ist dem Grundsatz nach ein konsequentes Verfahren. Wurde der Tender getauscht, ging die Betriebsnummer der zugehörigen Maschine auch auf den Tender über. Damit war immer eine eindeutige Bezeichnung gewährleistet.
Bei den Tendern 3T7, 9 war im vorderen Teil die Kohle untergebracht, der Wasserbehälter befand sich im hinteren Teil. Der Blechrahmen hatte große Ausschnitte und entsprechende Vertiefungen. Am vorderen und hinteren Ende war der äußere Blechrahmen in einen nach innen weisenden Bogen ausgebildet. Damit ist auch der Tender der äußeren Gestalt der Hartmann-Lokomotiven angepaßt worden. Am hinteren Ende befand sich ein geräumiger Ersatzteil- und Werkzeugkasten. Die Radsatzwellen waren auf jeder Seite mit drei Blattfedern, die in bogenförmigen Ausschnitten des äußeren Rahmens lagen, abgefedert. Die beiden hinteren waren mit einem kurzen Ausgleichhebel verbunden.
Im Jahre 1871 kam ein dreiachsiger Tender mit einem etwas geringeren Fassungsvermögen zum Einsatz.

Zusammenstellung der Tender

Bauart	Wasservorrat (m^3)	Kohlevorrat (t)
2T4,45	4,45	3,0
3T7,5	7,5	3,3
3T7,9	7,9	3,6
3T10,5	10,5	3,6
3T10,5	10,5	4,0
3T12	12,0	4,0
3T12	12,0	5,0
3T16,5	16,5	7,0
4T16	16,0	6,0
4T21,5	21,5	7,0

Der Wasservorrat betrug 7,5 m^3 und der Kohlevorrat 3,3 t. Noch immer war das Wasser im hinteren und die Kohle im vorderen Teil des Tenders untergebracht. Eine grundsätzlich konstruktive Änderung wurde Anfang der 80er Jahre wirksam. Mit dem Einsatz der Tender 3 T 10,5 war die Kohle nun auf der nach vorn geneigten Wasserkastendecke untergebracht. Diese Tender in Trapezform haben natürlich dem Heizer das Feuern wesentlich erleichtert.
Mit der Eröffnung der Eisenbahn-Hochseefähre Warnemünde–Gedser kamen die Lokomotiven der Gattung P 4^2 zum Einsatz. Die ersten drei wurden mit einem dreiachsigen Tender geliefert, der nur 12 m^3 Wasser faßte. Dieser Vorrat reichte jedoch bei weitem nicht für die Fahrt von Neustrelitz nach Rostock aus. Notwendig waren vierachsige Tender mit einem Wasservorrat von mindestens 16,0 m^3. In diesem Zusammenhang entstand ein Kuriosum in der Tenderbeschaffung. Die Lokomotiven der Gattung P 3^1 mit den Betriebsnummern 135, 136 und 138 wurden bei Linke mit einem Tender 4 T 16 bestellt und mit diesem in den Jahren 1904 und 1905 ausgeliefert. Die dreiachsigen Tender der Lokomotiven der Gattung P 4^2 mit den Betriebsnummern 201 bis 203 wurden mit den vierachsigen Tendern dieser Lokomotiven der Gattung P 3^1 ausgetauscht.
Über das zahlenmäßige Verhältnis der Schlepptenderlokomotiven zu den Tendern liegen keine Angaben vor. Auf jeden Fall ist die Anzahl der Tender geringer gewesen als die der Lokomotiven. Da die Reparaturen an den Tendern nicht so lange dauerten, kam man mit einem geringeren Bestand aus.
Ab 1903 ist bei den Lokomotiven der Gattung P 4^2 und ab 1914 bei denen der Gattung P 8 der vierachsige Tender zum Einsatz gekommen. Mit Vorräten von 21,5 m^3 Wasser und 7,0 t Kohle entsprachen sie den Einsatzbedingungen bei der Beförderung von Schnellzügen.

Einsatzgebiete der Lokomotiven

Die Lokomotiven verblieben von Anfang an auf dem Streckennetz, für das sie beschafft worden waren. Für die mecklenburgischen Eisenbahnen ergaben sich daraus Besonderheiten, die für andere Länderbahnen nicht typisch waren.
Von jeder Eisenbahngesellschaft sind für die Betriebsführung die notwendigen Lokomotiven beschafft und auf den eigenen Strekken eingesetzt worden. So von der Mecklenburgischen Eisenbahngesellschaft, der Friedrich-Franz-Bahn, der Lloydbahn Neustrelitz–Warnemünde und auch von den anderen Eisenbahngesellschaften. Aus Gründen der Zugbespannung konnte es schon einmal vorkommen, daß auf einer kurzen Strecke der Einsatz auf einer benachbarten Eisenbahngesellschaft erfolgte.
Von der Mecklenburgischen Eisenbahngesellschaft liegen detaillierte Angaben über den Streckeneinsatz der Lokomotiven vor. Im Personenzugdienst waren auf der Hauptstrecke Hagenow–Rostock die Lokomotiven MARSCHALL VORWÄRTS, SCHWAAN, NEBEL, WARNOW, OSTSEE, HERTHA, FREYA und HULDA eingesetzt. Gemischte Züge wurden von den Lokomotiven WARNOW, MAGDEBURG und STRELITZ gezogen, während die Beförderung der Güterzüge von den Lokomotiven RADEGAST, NICLOT, WODAN und THOR übernommen wurde. Auf der Zweigbahn Kleinen–Wismar verkehrten ROSTOCK, WISMAR, GÜSTROW, SCHWERIN, LUDWIGSLUST und MECKLENBURG. Die Lokomotiven HERCULES, DREI HUNDERT, OBOTRIT und SWANTEWIT waren auf der Strecke Bützow–Güstrow eingesetzt.
Das Einsatzgebiet der Lokomotiven der Friedrich-Franz-Bahn war ausschließlich der Streckenbereich Güstrow–Strasburg.
Mit der ersten Verstaatlichung der Eisenbahngesellschaften im Jahre 1873 ist auch der gebundene Streckeneinsatz einzelner Lokomotiven aufgehoben worden. Es kam zur Herausbildung eines größeren zusammenhängenden Netzes, was nicht ohne Auswirkungen auf einen universellen Einsatz im gesamten Streckenbereich geblieben ist. Mit der zweiten Verstaatlichung im Jahre 1890 ergaben sich neue Einsatzbedingungen für die Lokomotiven. Hinzu kam in den folgenden Jahren die Weiterentwicklung des Verkehrs auf den Hauptstrecken.
Bis zum Jahre 1903 waren auf dem Streckenabschnitt Neustrelitz–Warnemünde Maschinen der Gattung P 3^1 eingesetzt. Gleichzeitig bewältigten diese Lokomotiven den Personenzugdienst bis zum Jahre 1914 auf der Strecke Lübeck–Neubrandenburg.
Mit der Eröffnung der Eisenbahn-Hochseefähre Warnemünde–Gedser wurde 1903 der Einsatz der Lokomotiven der Gattung P 4^2 auf dem Streckenabschnitt Neustrelitz–

Warnemünde erforderlich. Ab 1906 haben diese Maschinen auch den Schnellzugdienst von Lübeck nach Strasburg übernommen. In den folgenden Jahren wurden von diesen Lokomotiven auch die Schnellzüge bis nach Berlin und Stettin befördert. Später sind die Maschinen der Gattung P 4^2 in den Personenzugdienst auf die Nebenbahnen Rostock–Tribsees, Rostock–Wismar und Ludwigslust–Neubrandenburg abgewandert. Die Aufgaben im Schnellzugdienst wurden dann von den Maschinen der Gattung P 8 übernommen.

Die Tenderlokomotiven der Gattungen XI (alt) bis XIV (alt) wurden in den Jahren 1890 bis 1894 von privaten Eisenbahngesellschaften übernommen. Es waren Maschinen in der Bauart B n2t, die für den Nebenbahndienst gebaut worden waren und sich an ältere Vorbilder angelehnt hatten. Diese Lokomotiven waren fast immer nur auf ihr besonderes Aufgabengebiet zugeschnitten. Bei den gleichen Betriebsverhältnissen auf den einzelnen Bahnen glichen sich die Maschinen im grundsätzlichen Aufbau und waren nur in den Abmessungen voneinander verschieden.

Eine jede von ihnen konnte ein typisches Einsatzgebiet nachweisen. Sie waren bis zu diesem Zeitpunkt nicht über ihre Einsatzstrecke hinausgekommen. Erst mit dem Einsatz der Maschinen der Gattung T 4 ab 1907 sind sie vom Nebenbahn- in den Rangierdienst abgewandert.

Als Lokomotiven mit einem speziellen Einsatzgebiet sollen die der Gattungen XI (alt), T 4, XVIII (alt), XIX (alt) und T 7 aufgeführt werden.

Die Tenderlokomotiven der Gattung XI (alt) waren im Vorortverkehr Rostock–Warnemünde eingesetzt und pendelten täglich hin und her. Der für eine Tendermaschine ungewöhnlich große Treibraddurchmesser von 1530 mm war diesem Einsatzzweck angepaßt.

Auf den Nebenbahnen waren in den letzten Jahren der Länderbahnzeit fast nur noch die Lokomotiven der Gattung T 4 anzutreffen, die das Eisenbahnzeitalter auf diesen Strecken geprägt haben. Eine derart typische Nebenbahnlokomotive ist wohl kaum noch bei einer anderen Eisenbahn-Verwaltung anzutreffen gewesen. Letztlich sind noch die Trambahnlokomotiven der Gattungen XVIII (alt), XIX (alt) und T 7 zu nennen, die auf der Strecke Doberan–Arendsee (Kühlungsborn) eingesetzt werden. Diese Bahn, liebevoll „Molly“ genannt, wird heute noch betrieben.

Während der Zeit des Ersten Weltkrieges waren eine ganze Reihe von Lokomotiven den Militär-Eisenbahndirektionen für den Dienst zugeteilt. Bekannt ist der Einsatz der Maschinen der Gattung P 8, Betriebsnummern 261 bis 263. Vermutlich sind sie im Jahre 1917 gleich für diesen Einsatz zur Verfügung gestellt worden und kamen erst gar nicht nach Mecklenburg. Nach dem Ersten Weltkrieg wurden 13 Lokomotiven im Jahre 1919 an Belgien und eine an Frankreich abgegeben. Beteiligt waren die Gattungen P 8, G 5^4 und G 7^2.

Die Beschreibung der Gattungen

Mecklenburg

I (alt)

1 A1 n2
1848 bis 1901
Techn. Daten: Seite 162

Gattung I (alt), Lokomotive Nr. 42 MARSCHALL VORWÄRTS
Foto: Archiv Töpelmann

In der Gattung I (alt) waren alle Lokomotiven mit der Achsfolge 1A1 zusammengefaßt. Man kann sie ohne weiteres als „bunte" Gattung bezeichnen. Neben den vier Standardmaschinen von Borsig waren auch zwei Einzelgänger, die Lokomotiven MARSCHALL VORWÄRTS und HULDA, mit eingereiht worden.
Die Maschinen waren in der Leistung recht unterschiedlich: mit einer Rostfläche zwischen 0,80 m^2 und 1,15 m^2 und einer Heizfläche von 54,59 m^2 und 74,11 m^2.
Anfangs genügten die Lokomotiven den Anforderungen aus dem Betrieb. Allerdings machten sich die ungenügenden Rostleistungen immer stärker bemerkbar. Da bis zur Hinterachse nicht immer genügend Platz zu einer Vergrößerung der Feuerbüchse vorhanden war, wurde der Rost nach vorn schräg abfallend ausgelegt. Mit einer schrägen Unterkante konnte die Feuerbüchse nach hinten etwas über die Laufachse hinaus verlängert werden.
In einer solchen Ausführung wurde die Lokomotive HULDA mit einer recht respektablen Leistung gebaut. Bemerkenswert waren bei dieser Maschine als erster in Deutschland die Schraubenumsteuerung mit einfachem Gewinde sowie ferner die hinten unter der Laufachse liegende Querblattfeder.
Die Leistung der Lokomotiven war für die fast ebenen Strecken ausreichend. Vereinzelte stärkere Stei-

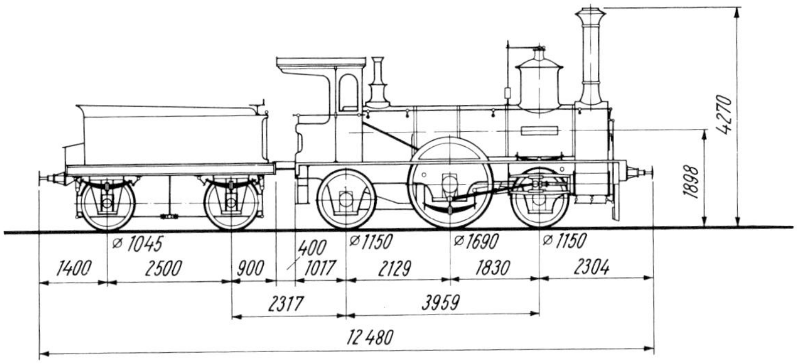

Gattung I (alt), Lokomotive HULDA

gungen wurden noch gut bewältigt. In den Anfangsjahren waren die Maschinen vorwiegend im Personenzugdienst auf der Hauptstrecke Hagenow–Rostock eingesetzt. Gelegentlich wurden mit diesen Lokomotiven auch gemischte Züge gefahren.

Daß die Lokomotive HULDA erst im Jahre 1901 als eine der letzten Maschinen dieser Bauart bei den deutschen Bahnen ausgemustert wurde, spricht einmal mehr für ihre Bewährung im Betrieb.

Konstruktive Merkmale

K e s s e l: Langkessel mit zwei oder drei Schüssen. Großer Dampfdom auf vorderem oder mittlerem Kesselschuß. Lokomotiven SCHWAAN und NEBEL runder Stehkessel nach oben halbrund abgeschlossen mit Dampfdom und Sicherheitsventil. Feuerbüchse nach hinten über die Laufachse verlängert.

Gattung I (alt), Lokomotive Nr. 57 HULDA
Foto: Sammlung Lohr/Thielmann

Bahnnummer	Name	Hersteller	Baujahr	Fabriknummer	Bemerkungen	Ausmusterung
42	MARSCHALL VORWÄRTS	Wöhlert	1848	1	[1])	1900
45	SCHWAAN	Borsig	1850	251	[2])	1898
46	NEBEL	Borsig	1850	253		1890
55	HERTHA	Borsig	1860	1115		1894
56	FREYA	Borsig	1860	1116	[3])	1899
57	HULDA	Hanomag	1863	206	[4])	1901

[1]) 1866 neuer Kessel; 1895 Bahnnummer 1
[2]) 1895 Bahnnummer 3
[3]) 1895 Bahnnummer 4
[4]) 1895 Bahnnummer 5

Rohrlänge 3,000 m bis 3,331 m, Rostfläche 0,80 m² bis 1,13 m², Heizfläche 54,59 m² bis 74,11 m², Kesselüberdruck 6,58 bar bis 7,89 bar.
Langer zylindrischer Schornstein. Lokomotive MARSCHALL VORWÄRTS mit konischem Schornstein.
Rahmen: Gabelrahmen, innenliegend.
Triebwerk: Zweizylinder-Naßdampftriebwerk. Waagerecht angeordnete Zylinder. Innenliegende Schieberkästen. Lokomotiven SCHWAAN und NEBEL schrägliegende Zylinder, außen an Rauchkammer befestigt. Obenliegende Schieberkästen. Zweischienige Kreuzkopfführung.
Steuerung: Stephenson-Steuerung, innenliegend. Bei Lokomotiven SCHWAAN und NEBEL außenliegend. Lokomotive HULDA mit Schraubenumsteuerung.
Laufwerk: Treibräder Durchmesser 1535 mm bis 1700 mm. Untenliegende Blattfedern durch Ausgleichshebel mit der Blattfeder der vorderen Laufachse verbunden. Laufräder Durchmesser 1015 mm bis 1142 mm. Vordere Laufachse obenliegende Blattfedern. Hintere Laufachse starr gelagert. Lokomotive HULDA Querblattfeder unter der hinteren Laufachse. Achsstand von vorn 1830 mm, 2135 mm.
Bremse: Schraubenbremse am Tender.
Sonstige Einrichtungen: Lokomotive MARSCHALL VORWÄRTS mit Sandkasten vor den Treibrädern auf dem Umlauf.
Tender: 2T4,45

II (alt)

1B n2

1849 bis 1903

Techn. Daten: Seite 162

Zwischen Schwerin und Rostock mußten ab Mai 1851 besonders schwere Güterzüge gefahren werden. Die vorhandenen 1A1-Lokomotiven waren nicht in der Lage, diese Beförderungsaufgaben zu übernehmen, da die Reibungsmasse von 12 t bei weitem nicht ausreichend war. Damit ergab sich die dringende Notwendigkeit zur Beschaffung von Maschinen in der Achsfolge 1B. Von der Lokomotivfabrik Borsig wurden bis 1856 fünf Lokomotiven an die Mecklenburgische Eisenbahngesellschaft geliefert. Nach dem älteren Nummernplan sind HERCULES, OBOTRIT, SWANTEWIT und RADEGAST übernommen worden. Da die Staatsbahn

Gattung II (alt), Umbau Bauart 1A1

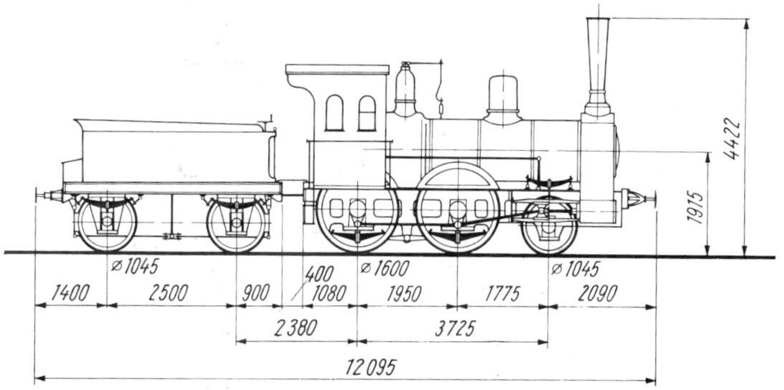

bereits eine Lokomotive RADEGAST besaß, machte sich die Änderung des Namens in KIEL notwendig.
Weiterhin sind noch fünf Umbauten aus 1A1-Lokomotiven in dieser Gattung nachgewiesen worden, bei denen die Hauptkenndaten stark voneinander abwichen. Mit einer Reibungsmasse zwischen 15 t und 22 t waren die Lokomotiven in der Lage, die schweren Güterzüge ohne weiteres zu befördern.
Die Maschinen waren außer auf der Hauptstrecke Schwerin–Rostock noch auf der Zweigbahn von Bützow nach Güstrow im Einsatz. Dabei wurden insbesonere die Lokomotiven HERCULES, OBOTRIT und SWANTEWIT erwähnt.

Bahnnummer	Name	Hersteller	Baujahr	Fabriknummer	Bemerkungen	Ausmusterung
43	BERLIN	Borsig	1849	206	[1])	1894
44	BÜTZOW	Borsig	1849	247	[2])	1897
47	WARNOW	Borsig	1850	252	[3])	1901
48	MAGDEBURG	Borsig	1850	255	[4])	1894
49	STRELITZ	Borsig	1851	254	[5])	1903
50	HERCULES	Borsig	1851	284	[6])	1896
51	OBOTRIT	Borsig	1853	449		1893
52	SWANTEWIT	Borsig	1853	450		1893
53	RADEGAST	Borsig	1856	749	[7])	1891

[1]) Umbau aus 1A1
[2]) Umbau aus 1A1; 1895 Bahnnummer 2
[3]) Umbau aus 1A1; 1895 Bahnnummer 6
[4]) Umbau aus 1A1
[5]) Umbau aus 1A1; 1895 Bahnnummer 7
[6]) 1895 Bahnnummer 8
[7]) Nach 1870 KIEL

Konstruktive Merkmale

Kessel: Langkessel mit drei Schüssen. Dampfdom auf mittlerem Kesselschuß. Stehkessel mit überhöhter Feuerbüchsdecke und Sicherheitsventil. Kurze erweiterte Rauchkammer. Rohrlänge 2,794 m bis 4,193 m, Rostfläche 0,99 m^2 bis 1,07 m^2, Heizfläche 53,87 m^2 bis 86,15 m^2, Kesselüberdruck 5,85 bar bis 8,19 bar.
Langer, kegeliger Schornstein.
Rahmen: Gabelrahmen, innenliegend.
Triebwerk: Zweizylinder-Naß-

Gattung II (alt), Lokomotive Nr. 52 SWANTEWIT im Bahnhof Bützow
Foto: Sammlung Schultz

dampftriebwerk. Waagerecht angeordnete Zylinder. Innenliegende Schieberkästen. Antrieb auf erste Kuppelachse. Zweischienige Kreuzkopfführung.
Steuerung: Stephenson-Steuerung, innenliegend.
Laufwerk: Treibräder Durchmesser 1 535 mm. Untenliegende Blattfedern, zwischen beiden Kuppelachsen durch Ausgleichhebel verbunden. Laufräder Durchmesser 1 015 mm. Über dem Umlauf liegende Blattfedern. Achsstand von vorn 1 880 mm, 1 750 mm.
Bremse: Schraubenbremse am Tender.
Sonstige Einrichtungen: Geräumiges Führerhaus mit zwei Seitenfenstern.
Tender: 2 T 4,45; 3 T 7,90

III (alt)

1B n2
1864 bis 1911
Techn. Daten: Seite 163

Für den Betrieb auf der Strecke von Güstrow nach Neubrandenburg waren leistungsfähige Lokomotiven erforderlich, da die Streckenführung durch die Mecklenburgische Schweiz reich an Steigungen und Krümmungen war. Deshalb schieden von vornherein Maschinen in der Bauart 1A1 aus. Es wurden „großrädrige" 1B-Maschinen beschafft, die sich im Streckeneinsatz gut bewährten. Die Treibräder hatten einen Durchmesser von 1 870 mm und gußeiserne Naben.
Äußerlich auffällig ist der markante Baustil der Maschinen. Dabei kann man durchaus von einer besonderen Stilform der Hartmann-Lokomotiven sprechen. Sie waren sorgfältig durchgebildet; das äußere Erscheinungsbild ist dabei nicht vernachlässigt worden. Der große Dampfdom auf der Mitte des Langkessels war ausgewogen gestaltet und mit Messingringen verziert; kunstvoll das Schild mit den Namen der Lokomotiven zu beiden Seiten des Langkessels und der Rauchkammer. Das Führerhaus war geräumig. Rückwärtig stützte sich das Führerhausdach auf zwei schlanke Säulen. Die lichte Höhe des Dampfdomes stimmte mit der des Schornsteins überein. Ein äußerst seltener Anblick bei Lokomotiven.
Zur Erhöhung der Leistungsfähigkeit wurde mit der dritten Lieferung der Kesselüberdruck auf 8,77 bar erhöht.
Eine der Lokomotiven des Baujahres 1866 war im darauffolgenden Jahr auf der Weltausstellung in Paris zu sehen, ehe sie durch das mecklenburgische Land dampfte.

Gattung III (alt), Lokomotiven SCHÖNBERG bis LÜBECK

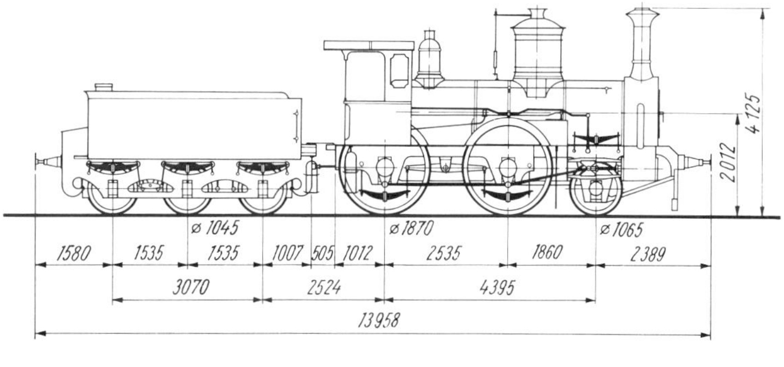

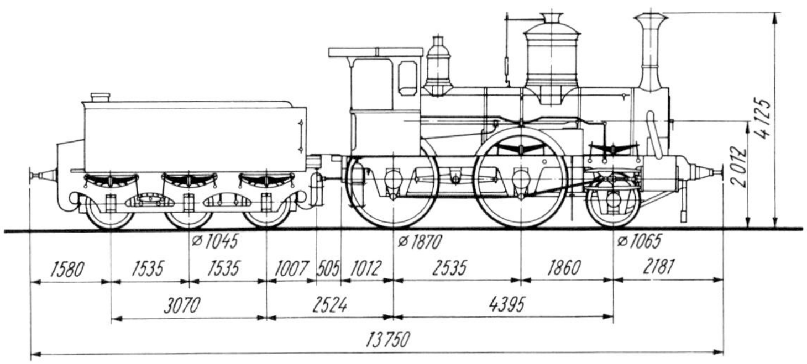

Gattung III (alt), Lokomotiven LELKENDORF bis OERTZENHOF

Konstruktive Merkmale

Kessel: Langkessel mit drei Schüssen. Großer Dampfdom auf mittlerem Kesselschuß. Stehkessel mit Sicherheitsventil im besonderen Ventilaufsatz. Außenliegende Ausströmrohre.

Rohrlänge 3,111 m, Rostfläche 1,25 m², Heizfläche 79,42 m² bis 84,40 m², Kesselüberdruck 7,31 bar bis 8,77 bar.

Kurzer zylindrischer Schornstein.

Rahmen: Gabelrahmen, innenliegend.

Triebwerk: Zweizylinder-Naßdampftriebwerk. Waagerecht angeordnete Zylinder. Innenliegende Schieberkästen. Antrieb auf erste Kuppelachse. Zweischienige Kreuzkopfführung.

Steuerung: Stephenson-Steuerung, innenliegend. Gekreuzte Exzenterstangen.

Laufwerk: Treibräder Durchmesser 1 870 mm. Blattfedern über Treibachse und Ausgleichhebel über der zweiten Kuppelachse mit langem Ausgleichhebel in Höhe der Achslager verbunden. Lokomotiven SCHÖNBERG bis LÜBECK unterhalb der Kuppelachsen liegende Blattfedern zwischen beiden Achsen durch langen Ausgleichhebel verbunden. Laufräder 1 065 mm Durchmesser. Über dem Rahmen liegende Blattfedern. Achsstand von vorn 1 860 mm, 2 535 mm.

Bremse: Druckluftbremse Bauart Schleifer.

Sonstige Einrichtungen: Sandkasten vor dem Radkasten der Treibachse sandete diese von vorn. Später Dampfheizeinrichtung und Läutewerk.

Tender: 3T7,9

Gattung III (alt), Lokomotive Nr. 19
ZWEI HUNDERT
Werkfoto Hartmann, Archiv Töpelmann

Bahn-nummer	Name	Hersteller	Baujahr	Fabrik-nummer	Bemer-kungen	Ausmusterung
12	LELKENDORF	Hartmann	1864	201	[1])	1906
13	NEUBRANDENBURG	Hartmann	1864	202		1910
14	MALCHIN	Hartmann	1864	203		1903
15	FRIEDLAND	Hartmann	1864	208		1905
16	TETEROW	Hartmann	1864	209		1906
17	NEUSTRELITZ	Hartmann	1864	210		1907
18	JÜRGENSDORF	Hartmann	1864	211		1901
19	ZWEI HUNDERT	Hartmann	1864	200		1903
20	SCHWERIN	Hartmann	1866	273		1909
21	GÜSTROW	Hartmann	1866	274		1905
22	STARGARD	Hartmann	1866	275		1904
23	OERTZENHOF	Hartmann	1866	272		1910
24	SCHÖNBERG	Hartmann	1869	399		1910
25	VIER HUNDERT	Hartmann	1869	400		1910
26	KLEINEN	Hartmann	1869	401		1904
27	GREVESMÜHLEN	Hartmann	1869	402		1907
28	STAVENHAGEN	Hartmann	1869	403		1903
29	STRASBURG	Hartmann	1869	404		1908
30	LÜBECK	Hartmann	1869	398		1911

[1]) Die Bahnnummern der Lokomotiven LELKENDORF bis LÜBECK haben sich nach 1895 nicht verändert.

IV (alt)

1B n2

1871 bis 1912

Techn. Daten: Seite 164

Die erfolgreiche Serie der Hartmann-Lokomotiven wurde mit denen der Gattung IV (alt) fortgeführt. Im äußeren Aussehen war eine weitgehende Übereinstimmung mit den bereits vorhandenen Maschinen festzustellen. Ab Lokomotive SECHS HUNDERT wurde der große Dampfdom auf den hinteren Kesselschuß gerückt.

Gattung IV (alt), Lokomotive Nr. 33
SECHS HUNDERT
Werkfoto Hartmann, Archiv Töpelmann

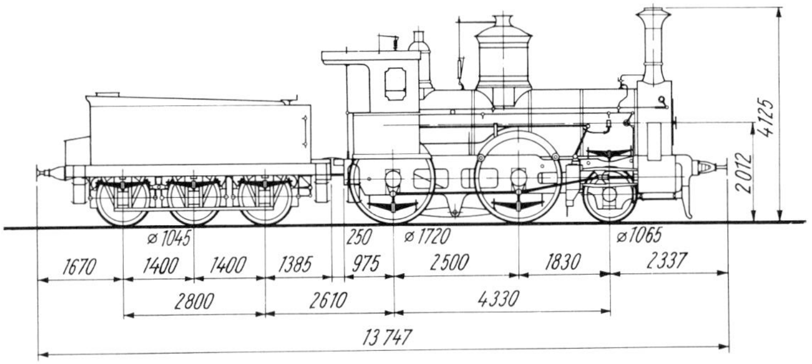

Gattung IV (alt), Lokomotiven SECHS HUNDERT bis WAREN

Der große Treibraddurchmesser von 1 870 mm hatte sich offensichtlich doch nicht so gut bewährt. Mit einem kleineren Treibraddurchmesser von 1 720 mm wurden die Maschinen den Streckenverhältnissen besser angepaßt. Lediglich die Lokomotive WAREN als letzte dieser Gattung hatte wieder größere Treibräder. Es wurde davon gesprochen, daß sie aus Ersatzteilen zusammengebaut worden sei, da ein Weiterbau von Maschinen dieser Gattung überhaupt nicht beabsichtigt war. Unter diesen Umständen sind wahrscheinlich vorhandene größere Radsätze verwendet worden.

Mit einem schräg nach vorn geneigten und verbreiterten Rost wurde die beachtliche Fläche von 1,5 m^2 erzielt. Der Kesselüberdruck war bis auf 9,0 bar erhöht worden. Damit hatte man die Leistungsfähigkeit der Maschinen zur Bewältigung der Beförderungsaufgaben auf der Hauptstrecke weiter ausgebaut.

Bei den Lieferungen ab 1872 lag die Kuppelachse unter dem Stehkessel

Gattung IV (alt), Lokomotive Nr. 31 WISMAR
Werkfoto Hartmann, Sammlung Lohr/Thielmann

und verlieh damit den Maschinen ein modernes Aussehen.
Auch bei diesen Lokomotiven wurde die schmucke Ausführung in gewohnter Weise beibehalten, wie sie für die Maschinen der Lokomotivfabrik Hartmann bereits typisch geworden war.

Konstruktive Merkmale

Kessel: Langkessel mit drei Schüssen. Großer Dampfdom auf hinterem Kesselschuß. Lokomotiven WISMAR und HAGENOW großer Dampfdom auf mittlerem Kesselschuß. Glatt durchgehender Kesselscheitel. Erweiterte Rauchkammer. Stehkessel mit Sicherheitsventil der Bauart Ramsbottom. Außenliegende, verkleinerte Ausströmrohre.
Rohrlänge 3,415 m, Rostfläche 1,50 m^2, Heizfläche 87,41 m^2, Kesselüberdruck 8,77 bar bis 9,00 bar. Kurzer, zylindrischer Schornstein.
Rahmen: Vollblechrahmen, innenliegend.
Triebwerk: Zweizylinder-Naßdampftriebwerk. Waagerecht angeordnete Zylinder. Innenliegende Schieberkästen. Antrieb auf erste Kuppelachse. Zweischienige Kreuzkopfführung.
Steuerung: Allan-Steuerung, innenliegend. Gekreuzte Exzenterstangen.
Laufwerk: Treibräder Durchmesser 1720 mm bis 1870 mm. Blattfedern tiefliegend unterhalb der Kuppelachsen mit langem Ausgleichhebel zwischen beiden Achsen verbunden. Laufräder 1065 mm Durchmesser. Über dem Rahmen liegende Blattfedern. Achsstand von vorn 1830 mm, 2500 mm.
Bremse: Druckluftbremse Bauart Schleifer.
Sonstige Einrichtungen: Sandkasten vor der Treibachse in Höhe der Achslager sandet diese von vorn. Später Dampheizeinrichtung.
Tender: 3T7,5

Bahnnummer	Name	Hersteller	Baujahr	Fabriknummer	Bemerkungen	Ausmusterung
31	WISMAR	Hartmann	1871	518	[1]	1907
32	HAGENOW	Hartmann	1871	519		1908
33	SECHS HUNDERT	Hartmann	1872	600		1908
34	STERNBERG	Hartmann	1872	601		1911
35	ROSTOCK	Hartmann	1873	651		1905
36	BRÜEL	Hartmann	1873	652		1910
37	WARIN	Hartmann	1873	653		1909
38	BLANKENBERG	Hartmann	1873	654		1911
39	WOLDEGK	Hartmann	1873	655		1912
40	DOBERAN	Hartmann	1873	656		1908
41	WAREN	Hartmann	1879	1061		1908

[1]) Die Bahnnummern der Lokomotiven WISMAR bis WAREN haben sich nach 1895 nicht geändert.

P 2 (V alt)

1B n2	
1884 bis 1922	
Techn. Daten: Seite 165	

In der Gattung P 2 wurden alle 1B-Lokomotiven zusammengefaßt, die einen Kesselüberdruck von 10,0 bar hatten. Eine Ausnahme machte lediglich die Lokomotive Nr. 66, die einen solchen von 11,0 bar aufwies.
Dazu gehörten auch die Maschinen, die im Jahre 1894 von der Lloydbahn Neustrelitz–Warnemünde übernommen worden waren. Zu dem Zeitpunkt hatten sie auf dieser Bahn schon zehn Jahre Dienst getan.
Man hatte weitgehend auf kostspielige Eigenentwicklungen verzichtet. Ohne ein Risiko einzugehen, wurden bewährte Lokomotivtypen übernommen und erfolgreich eingesetzt. Es lag nahe, daß dabei die preußischen Maschinen zum Vorbild genommen wurden. Mit den Maschinen der Gattung P 2 lagen in Preußen schon gute Erfahrungen vor.
Man behauptete immer wieder, daß die Lokomotiven bei ihrer Beschaffung schon veraltet waren, weil sie den preußischen Normalien von 1877 entsprachen, und die Preußische Staatsbahn bereits eine verbesserte 1B-Maschine mit einem Kesselüberdruck von

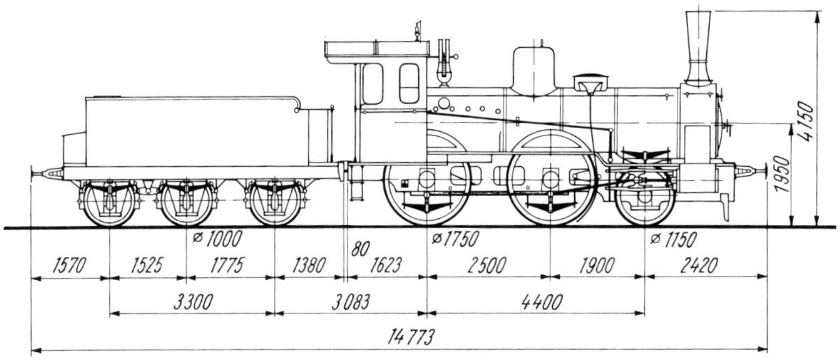

Gattung P 2 (V alt), Lokomotiven Nr. 60 bis Nr. 65

12,0 bar in Betrieb genommen hatte. Die Leistungen der Lokomotiven waren jedoch während ihrer ganzen Betriebszeit überaus zufriedenstellend. Nicht umonst bildeten die Maschinen der Bauart 1B das Rückgrat im Personenzugdienst.
Die äußere Gestalt der Lokomotive war in ihrer Einfachheit und Übersichtlichkeit ansprechend.
Vier Lokomotiven waren noch im vorläufigen Umzeichnungsplan 1923 der Deutschen Reichsbahn-Gesellschaft enthalten. Sie waren jedoch schon 1922 ausgemustert worden, so daß sie der Umzeichnungsplan von 1925 nicht mehr enthält.

Konstruktive Merkmale

Kessel: Langkessel mit drei Schüssen. Glatt durchgehender Kesselscheitel. Erweiterte Rauchkammer. Dampfdom auf hinterem Kesselschuß. Stehkessel mit Sicherheitsventil der Bauart Ramsbottom. Rohrlänge 3,724 m, Rostfläche 1,74 m² bis 1,87 m², Heizfläche 91,79 m² bis 103,10 m², Kesselüberdruck 10,0 bar bis 11,0 bar. Kegeliger Prüsmann-Schornstein.
Rahmen: Vollblechrahmen, innenliegend.

Gattung P 2 (V alt), Lokomotiven Nr. 60 bis Nr. 72
Foto: Sammlung Lohr/Thielmann

Bahn-nummer	Hersteller	Baujahr	Fabrik-nummer	Bemer-kungen	Ausmusterung
60	Borsig	1884	4032	[1]) [2])	1922
61	Borsig	1884	4033	[2])	1921
62	Borsig	1884	4034	[2])	1922
63	Borsig	1884	4035	[2])	1922
64	Borsig	1885	4133	[2])	1922
65	Borsig	1885	4134	[2])	1922
66	Hanomag	1884	1678	[3]) [4])	1919
67	Hanomag	1884	1679	[3]) [4])	1921
68	Hanomag	1884	1680	[3]) [4])	1921
69	Hanomag	1884	1681	[3]) [4])	1914
70	Hanomag	1884	1682	[3]) [4])	
71	Hanomag	1884	1683	[3]) [4])	1922
72	Henschel	1887	2318	[3]) [4])	1922

[1]) Vier Lokomotiven waren mit den DRG-Nummern 347201 bis 7204 im vorläufigen Umzeichnungsplan von 1923 enthalten.

[2]) Die Bahnnummern der Lokomotiven Nr. 60 bis Nr. 65 haben sich nach 1895 nicht geändert.

[3]) Lokomotiven Nr. 66 bis Nr. 72 wurden 1894 von der Lloydbahn Neustrelitz–Warnemünde übernommen. Sie hatten dort die Bahnnummern 1 bis 7

[4]) Lokomotiven Nr. 66 bis Nr. 72 hatten bis 1895 die Bahnnummern 99 bis 105.

Triebwerk: Zweizylinder-Naßdampftriebwerk. Waagerecht angeordnete Zylinder. Innenliegende Schieberkästen. Lokomotiven Nr. 66 bis Nr. 72 außenliegende Schieberkästen. Antrieb auf erste Kuppelachse. Zweischienige Kreuzkopfführung.

Steuerung: Allan-Steuerung, innenliegend. Gekreuzte Exzenterstangen. Lokomotiven Nr. 66 bis Nr. 72 Allan-Steuerung, außenliegend.

Laufwerk: Treibräder Durchmesser 1750 mm. Blattfedern tiefliegend unterhalb der Achslager. Laufräder 1150 mm Durchmesser. Blattfedern oberhalb der Achslager. Achsstand von vorn 1 900 mm, 2 500 mm.

Bremse: Druckluftbremse Bauart Schleifer.

Sonstige Einrichtungen: Sandkasten auf zweitem Kesselschuß sandet Treibachse von vorn. Dampfheizeinrichtung. Geschwindigkeitsmesser Bauart Haußhälter. Zentralschmierung Vakuum-Lubrikator.

Tender: 3 T 10,5

$P\,3^1$ (VI alt)

DRG-Baureihe 34^{73}
(→ EFA 1.1)

1B n2

1888 bis 1930

Techn. Daten: Seite 165

Mit den Lokomotiven der Gattung P 2 waren als Grundtyp für die Bauart 1B seit 1877 in Preußen genügend Erfahrungen gesammelt worden. Nach einer ausgiebigen Auswertung der vorliegenden Betriebsergebnisse wurden die Maschinen weiterentwickelt, die man dann als Gattung $P\,3^1$ bezeichnete. Gegenüber den Lokomotiven der Gattung P 2 wurden deutliche Veränderungen vorgenommen: Erhöhung des Kesselüberdruckes von 10,0 bar auf 12,0 bar, Verringerung des Zylinderdurchmessers von 420 mm auf 400 mm und des Kolbenhubes von 600 mm auf 560 mm. Die Feuerbüchse wurde von 1 700 mm auf 1 800 mm verlängert, wobei sich

Gattung $P\,3^1$ (VI alt), Lokomotiven Nr. 101 bis Nr. 141

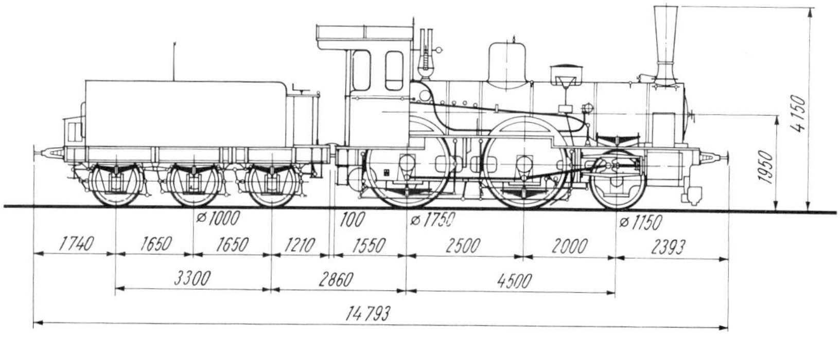

eine vergrößerte Rostfläche von 1,87 m^2 ergab. In Abstimmung dazu wurde die Kesselleistung verbessert. Damit vergrößerte sich auch der feste Achsstand von 4400 mm auf 4500 mm. Nicht vorteilhaft war das Tieferlegen der Kesselmitte um 65 mm. Die Zylinder mußten wiederum, wie bei der Gattung P 2, vor die Laufachse gelegt werden. Der Achslastausgleich zwischen Laufachse und erster Kuppelachse mußte wegen der innenliegenden Allan-Steuerung über einen Winkelhebel erfolgen. Die Masse der dienstbereiten Lokomotive war bei den einzelnen Lieferungen recht unterschiedlich und betrug bis zu 40,20 t.

Abweichend vom preußischen Vorbild hatten die Lokomotiven Nr. 101 bis Nr. 118 eine Händelumsteuerung, die folgenden wieder eine

Bahnnummer	Name	DRG-Nummer	Hersteller	Baujahr	Fabriknummer	Bemerkungen	Ausmusterung
101			Henschel	1888	2560	1) 2)	1921
102			Henschel	1888	2736	2)	1921
103			Henschel	1888	2737	2)	1922
104			Henschel	1888	2738	2)	1922
105			Henschel	1890	3332	2)	1922–25
106			Henschel	1890	3333	2)	1922
107			Henschel	1891	3334	2)	1922–25
108			Henschel	1891	3338	2)	1922–25
109	FRITZ REUTER	34 7302	Henschel	1892	3510	2)	
110	PRIBISLAV		Henschel	1892	3646		1922–25
111	BORWIN		Henschel	1892	3647		1922–25
112	BALDER	34 7303	Henschel	1892	3648		
113	TROLL	34 7304	Henschel	1892	3649		
114	OEDUR		Henschel	1892	3650		1922–25
115	ARMIN		Henschel	1893	3900	2)	1922–25
116	MOLTKE		Henschel	1893	3901	2)	1922–25
117	BERLIN	34 7305	Henschel	1894	4111	2)	
118	MAGDEBURG	34 7306	Henschel	1894	4112	2)	
119		34 7301	Henschel	1891	3485	2) 3)	
120			Henschel	1891	3486	2) 3)	
121	OBOTRIT	34 7351	Schichau	1896	837		
122	HERKULES		Schichau	1896	838		1922–25
123	BÜTZOW	34 7352	Henschel	1897	4638		
124	PARCHIM		Henschel	1897	4639		1922–25
125	LÜBZ	34 7353	Henschel	1897	4640		
126	KAROW	34 7354	Henschel	1897	4641		
127			Henschel	1899	5056		
128		34 7355	Henschel	1899	5057		
129		34 7307	Henschel	1899	5066		
130			Schichau	1899	1044		1923/24
131		34 7357	Linke	1901	75		

Gattung P 3^1 (VI alt), Lokomotive Nr. 138 mit vierachsigem Tender
Foto: Sammlung Lohr/Thielmann

Bahnnummer	Name	DRG-Nummer	Hersteller	Baujahr	Fabriknummer	Bemerkungen	Ausmusterung
132		34 7358	Linke	1901	76		
133		34 7356	Henschel	1901	5814		
134			Linke	1903	171		1922–25
135		34 7359	Linke	1904	269		
136		34 7360	Linke	1904	270		
137		34 7308	Linke	1905	296		
138		34 7361	Linke	1905	297		
139		34 7362	Linke	1907	498		
140		34 7363	Linke	1907	499		
141		34 7364	Linke	1907	500		

1) Lokomotiven waren mit den DRG-Nummern 34 7301 bis 7318, 34 7351 bis 7366 und 34 7370 bis 7377 im vorläufigen Umzeichnungsplan von 1923 enthalten.

2) Lokomotiven Nr. 101 bis Nr. 104 hatten bis 1895 die Bahnnummern 67 bis 70; die Lokomotiven Nr. 105 bis Nr. 109 die Bahnnummern 73 bis 77; die Lokomotiven Nr. 115 und Nr. 116 die Bahnnummern 90 und 91; die Lokomotiven Nr. 117 und Nr. 118 die Bahnnummern 97 und 98 sowie die Lokomotiven Nr. 119 und Nr. 120 die Bahnnummern 106 und 107.

3) Lokomotiven wurden 1894 von der Lloydbahn Neustrelitz–Warnemünde übernommen. Sie hatten dort die Bahnnummern 8 und 9.

normale Umsteuerung mittels Schraube.

Die Maschinen waren hauptsächlich im Personenzugdienst eingesetzt und erbrachten dort den Löwenanteil der Leistungen. Bis zum Jahre 1903 beförderten sie auch Schnellzüge auf der Strecke Neustrelitz–Warnemünde.

Die Lloydbahn hatte 1894 bei Übernahme in die Staatsbahn auch noch zwei Lokomotiven in die Gattung P 3^1 eingebracht.

In den Umzeichnungsplan 1925 der Deutschen Reichsbahn-Gesellschaft wurden noch 22 Maschinen aufgenommen. Sie waren jedoch ausschließlich im Rangierdienst im Einsatz. Um 1930 standen die letzten Lokomotiven noch beim Bahnhof Schwerin im Dienst.

P 3^2

1B n2v

1888 bis 1925

Techn. Daten: Seite 165

Als Schwesterbauart der P 3^1 war die Gattung P 3^2 mit einem Zweizylinder-Verbundtriebwerk ausgestattet.

Die Zylinder waren hinter der Laufachse angeordnet, um möglichst geringe überhängende Massen zu erhalten. Mit der Zurücklegung der Zylinder war es auch notwendig geworden, die Treibachse nach hinten zu verlegen. Der Achsstand wurde damit auf 5 200 mm vergrößert und der Überhang des Stehkessels verringerte sich deutlich auf 200 mm. Insgesamt wurde eine gleichmäßige Lastverteilung auf die Achsen erreicht. Der Kessel wurde unverändert von den Maschinen der Gattung P 3^1 übernommen. Die bisher

Gattung P 3^2, Lokomotiven Nr. 151 bis Nr. 153

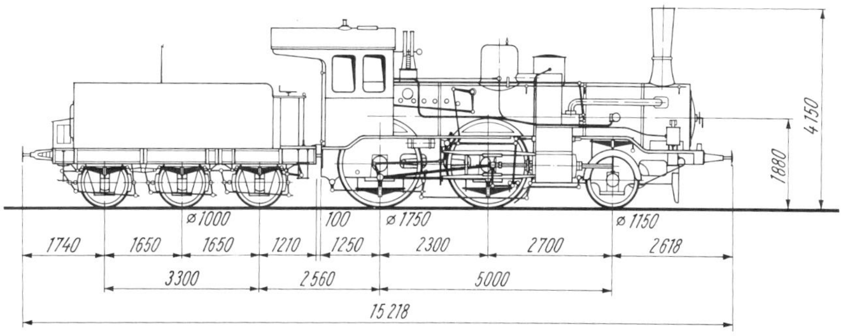

Bahnnummer	Hersteller	Baujahr	Fabriknummer	Bemerkungen	Ausmusterung
151	Hanomag	1888	1969	1) 2)	1924
152	Hanomag	1888	1971	1) 2)	1923/24
153	Hanomag	1897	2834	1) 2)	1923/24

1) Lokomotiven wurden 1920 aus dem Bestand der Preußischen Staatsbahn überwiesen. Sie waren dort eingereiht als Cassel 1753, 1755 und 1762.

2) Im vorläufigen Umzeichnungsplan 1923 der Deutschen Reichsbahn-Gesellschaft mit den Betriebsnummern 34 7351 bis 7353 enthalten.

sehr kurze Rauchkammer vergrößerte man von 713 mm auf 1 100 mm. Das Einströmrohr führte vom Dom außen am Kessel entlang in die Zylinder. Das Verbinderrohr zum Niederdruckzylinder lag parallel zum Einströmrohr um den Kessel herum. Beide Rohre waren mit einer Blechbekleidung versehen.

Bei Verbundlokomotiven haben sich anfangs immer wieder Probleme beim Anfahren ergeben, die bei den Maschinen dieser Gattung mit der Einführung der Wechselventile bereits beseitigt waren.

Im Vergleich zur Leistung hat sich bei Versuchsfahrten ein günstiger Kohleverbrauch ergeben, der zum Teil unter dem der Lokomotiven der Gattung $P\,4^1$ lag.

Im Jahre 1920 wurden drei Maschinen in den Bestand der Mecklenburgischen Staatsbahn überwiesen. Im vorläufigen Umzeichnungsplan 1923 waren sie noch mit den Betriebsnummern 34 7351 bis 34 7353 enthalten. Der Umzeichnungsplan 1925 hat diese Lokomotiven schon nicht mehr aufgeführt. Damit waren sie in Mecklenburg noch nicht einmal fünf Jahre im Einsatz.

Konstruktive Merkmale

Kessel: Langkessel mit drei Schüssen. Glatt durchgehender Kesselscheitel. Stark geneigte Rostfläche. Dampfdom auf letztem Kesselschuß. Stehkessel mit Sicherheitsventil der Bauart Ramsbottom. Außenliegendes Ausströmrohr.

Rohrlänge 3,800 m, Rostfläche 1,86 m^2, Heizfläche 104,04 m^2, Kesselüberdruck 12,0 bar.

Gattung $P\,4^1$, Lokomotiven Nr. 181 bis Nr. 186
Foto: Hubert

Kegeliger Schornstein.
Rahmen: Blechrahmen, innenliegend.
Triebwerk: Zweizylinder-Naßdampftriebwerk. Außenliegende, waagerecht angeordnete Zylinder zwischen Laufachse und erster Kuppelachse. Obenliegende Schieberkästen. Antrieb auf zweite Kuppelachse. Zweischienige Kreuzkopfführung.
Steuerung: Heusinger-Steuerung, außenliegend.
Laufwerk: Treibräder 1750 mm Durchmesser. Unterhalb der Achslager liegende Blattfedern. Laufräder 1150 mm Durchmesser. Starr gelagerte Laufachse. Blattfedern oberhalb der Achslager. Achsstand von vorn 2700 mm, 2300 mm.
Bremse: Druckluftbremse Bauart Schleifer wirkt einseitig von vorn auf beide Kuppelachsen.
Sonstige Einrichtungen: Sandkasten auf Mitte Langkessel sandet erste Kuppelachse von vorn. Dampfheizeinrichtung.
Tender: 3 T 10,5

P 4^1

2'B n2

1894 bis 1925

Techn. Daten: Seite 165

Im Jahre 1920 wurden aus dem Bestand der Preußischen Staatsbahn sechs Lokomotiven der Gattung P 4^1 übernommen. Die Mecklenburgische Staatsbahn war bereits in die Deutsche Reichsbahn-Gesellschaft übergegangen. Die Umverteilung der Maschinen im Netz entsprach dem notwendigen Bedarf zur Bewältigung der Beförderungsleistungen. Neubeschaffungen wurden nicht mehr vorgenommen.
Die Lokomotiven hatten sich schon seit Anfang der 90er Jahre im Schnell- und Personenzugdienst bei der Preußischen Staatsbahn bewährt. Mit der Übernahme auf die mecklenburgischen Strecken waren sie jedoch schon in den Personenzugdienst abgedrängt worden. Von den Maschinen wurden in der Ebene 310 t mit 70 km/h und auf 5 ‰ nach 330 t mit 40 km/h gezogen.
Die Lokomotiven sind noch im vorläufigen Umzeichnungsplan der Deutschen Reichsbahn-Gesellschaft von 1923 enthalten. In den endgültigen Plan von 1925 ist jedoch keine mehr übernommen worden.

Konstruktive Merkmale

Kessel: Langkessel mit drei Schüssen. Dampfdom mit Sicherheitsventil auf zweitem Kesselschuß. Zwischen die Rahmenbleche eingezogener Stehkessel. Ramsbottom-Sicherheitsventile.
Rohrlänge 3,900 m, Rostfläche 2,27 m², Heizfläche 117,97 m², Kesselüberdruck 12,0 bar.
Kegeliger Schornstein.
Rahmen: Blechrahmen, innenliegend, genietet und geschraubt. Blechstärke 25 mm.
Triebwerk: Zweizylinder-Naß-

Gattung P 4^1, Lokomotiven Nr. 181 bis Nr. 186

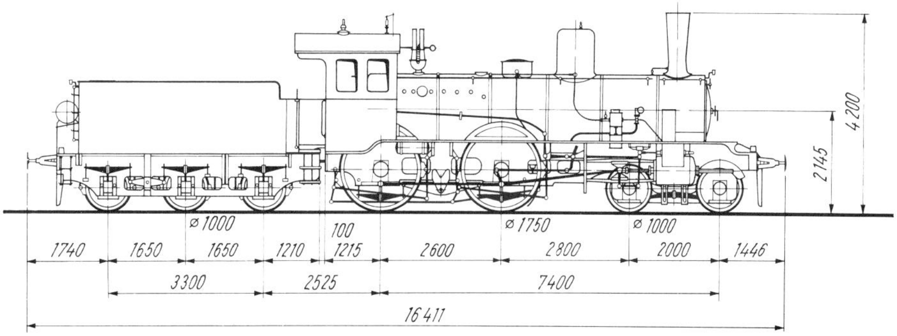

Bahn-nummer	Hersteller	Baujahr	Fabrik-nummer	Bemer-kungen	Ausmusterung
181	Henschel	1894	4022	[1] [2]	1922–24
182	Hanomag	1896	2698	[1]	1922–24
183	Hanomag	1896	2699	[1]	1922–24
184	Henschel	1896	4504	[1]	1922–24
185	Hanomag	1896	2697	[1]	1922–24
186	Hanomag	1894	4032	[1]	1922–24

[1]) Lokomotiven wurden 1920 aus dem Bestand der Preußischen Staatsbahn überwiesen. Sie waren dort eingereiht als Cassel 1827, 1831, 1832, 1835 und 1830 sowie Elberfeld 1822.

[2]) Zwei Lokomotiven waren mit den Betriebsnummern 36 7201 und 7202 noch im vorläufigen Umzeichnungsplan der Deutschen Reichsbahn-Gesellschaft von 1923 enthalten.

P 4² (VII alt)

DRG-Baureihe 36⁶ (→ EFA 1.1)

2'B n2v

1903 bis 1931

Techn. Daten: Seite 165

dampftriebwerk. Außenliegende, waagerecht angeordnete Zylinder. Obenliegende Schieberkästen. Antrieb auf erste Kuppelachse. Zweischienige Kreuzkopfführung.
Steuerung: Heusinger-Steuerung, außenliegend. Entlastete Flachschieber.
Laufwerk: Treibräder 1 750 mm Durchmesser. Unterhalb der Achslager liegende Blattfedern durch Ausgleichhebel verbunden. Laufräder 1 000 mm Durchmesser. Führendes zweiachsiges Drehgestell. Achsstand von vorn 2 000 mm, 2 800 mm, 2 600 mm.
Bremse: Druckluftbremse Bauart Knorr wirkt beidseitig auf die Kuppelachsen.
Sonstige Einrichtungen: Viereckiger Sandkasten auf hinterem Kesselschuß sandet Treibachse von vorn. Dampfheizeinrichtung.
Tender: 3 T 12

Die Schnellzüge von Berlin nach Warnemünde gewannen um die Jahrhundertwende immer mehr an Bedeutung, zuerst als „Bäderzüge" mit starker Besetzung und später noch mit der Beistellung von Kurswagen nach Kopenhagen. Mit den vorhandenen Lokomotiven der Bauart 1B waren diese Aufgaben nicht mehr zu bewältigen. Wegen des hügeligen Geländes hatte man sich folgerichtig für die Übernahme von Maschinen der preußischen Bauart P 4² entschieden. Mit der vorgegebenen Fahrzeit von 112 Minuten für die Strecke Neustrelitz–Rostock war eine Fahrgeschwindigkeit von 75 km/h ausreichend. Die Lokomotiven erbrachten diese Leistungen

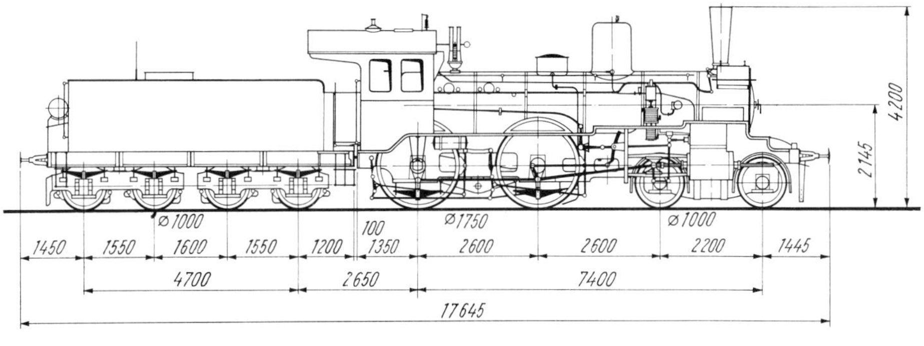

Gattung P 4², (VII alt), Lokomotiven Nr. 201 bis Nr. 232

und verfügten darüber hinaus noch über Reserven.
Bei der Verbundausführung waren gegenüber den Zwillingsmaschinen eine Reihe von Verbesserungen wirksam geworden, die insbesondere das Drehgestell und die Steuerung betrafen. Sie hatten auch durchweg ein größeres Führerhaus. Mit dem Dultzschen Wechselventil war eine brauchbare Anfahrvorrichtung gefunden worden.
Die Lokomotiven Nr. 201 bis 203 waren anfangs nur mit einem Tender der Bauart 3 T 12 ausgerüstet. Die mitgeführten Vorräte reichten jedoch nicht aus. Mit den Maschinen Nr. 135, 136 und 138 der Bauart P 3^1 wurden die vierachsigen Tender ausgetauscht. Die Lieferungen ab 1905 hatten von vornherein einen solchen Tender.

Bahn-nummer	DRG-Nummer	Hersteller	Baujahr	Fabrik-nummer	Bemer-kungen	Ausmusterung
201	36 602	Henschel	1903	6246		
202	36 603	Henschel	1903	6247		
203	36 604	Henschel	1903	6365		
204	36 605	Henschel	1905	7066		
205	36 651	Henschel	1906	7602		
206	36 652	Henschel	1906	7603		
207	36 653	Henschel	1906	7604		
208	36 606	Henschel	1906	7605		
209	36 607	Henschel	1906	7714		
210	36 608	Henschel	1907	8194		
211	36 654	Henschel	1907	8195		
212	36 609	Henschel	1907	8196		
213	36 655	Humboldt	1908	493		
214	36 610	Humboldt	1908	494		
215	36 611	Humboldt	1908	495		
216	36 612	Humboldt	1908	496		
217	36 656	Humboldt	1909	597		
218	36 657	Humboldt	1909	598		1931
219	36 658	Linke	1909	688		
220	36 659	Linke	1909	689		
221	36 613	Linke	1910	770		
222	36 614	Linke	1910	771		
223	36 615	Humboldt	1910	662		
224	36 616	Humboldt	1910	663		
225	36 617	Humboldt	1911	748		

Gattung P 4^2 (VII alt), Lokomotive Nr. 220
Foto: Sammlung Harder

Bahn-nummer	DRG-Nummer	Hersteller	Baujahr	Fabrik-nummer	Bemer-kungen	Ausmusterung
226	36618	Humboldt	1911	749		
227	36619	Linke	1911	835		
228	36620	Linke	1911	836		1931
229	36660	Linke	1912	923		
230	36661	Linke	1912	924		
231	36662	Linke	1912	925		
232	36601	Henschel	1900	5295	[1])	

[1]) Lokomotive Nr. 232 wurde von der Preußischen Staatsbahn übernommen. Sie führte dort die Bezeichnung Osten 1919 und ist im Umzeichnungsplan 1925 der Deutschen Reichsbahn-Gesellschaft noch mit der DRG-Nummer 36024 enthalten.

Ab 1906 wurde auch noch der Schnellzugdienst von Lübeck nach Strasburg übernommen. Später sind die Lokomotiven sogar bis Berlin und Stettin durchgefahren. Über zehn Jahre hinweg haben diese Maschinen zuverlässig ihren Dienst versehen.
Alle Lokomotiven waren im Umzeichnungsplan von 1925 enthalten und wurden von der Deutschen Reichsbahn-Gesellschaft übernommen.

P 8

DRG-Baureihe 38^{15-36} (→ EFA 1.1)

2'C h2

1914 bis 1966

Techn. Daten: Seite 166

Die Lokomotiven der Gattung $P\,4^2$ bewältigten schon über ein Jahrzehnt den Schnellzugdienst. Von Jahr zu Jahr hatte sich der Fährverkehr von Warnemünde aus nach Dänemark stärker entwickelt. Im Jahre 1913 war ein Höhepunkt erreicht, und man mußte sich Gedanken über den Einsatz einer leistungsfähigeren Maschine machen. Mit der Übernahme der verbesserten Bauart der preußischen Gattung P 8 war die richtige Lokomotive gefunden. Diese wurde bereits seit dem Jahre 1906 für die Preußische Staatsbahn gebaut. Gleichzeitig waren es mit die ersten Heißdampfmaschinen, die zum Einsatz gekommen sind.
Die betrieblichen Anforderungen

Gattung P 8, Lokomotiven Nr. 251 bis Nr. 266

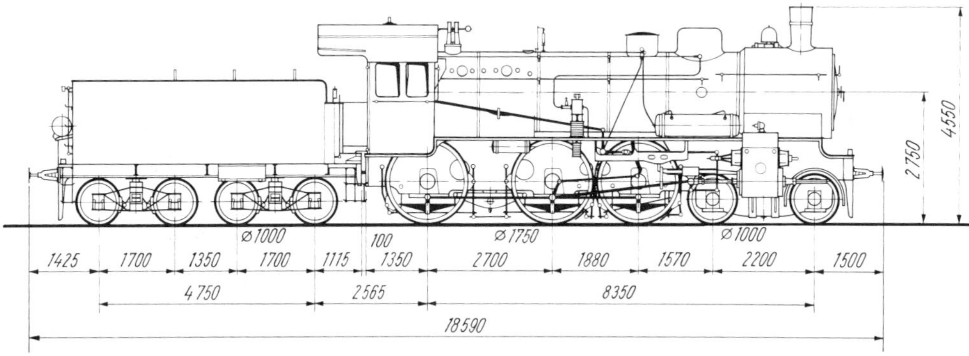

wurden von den Lokomotiven ohne Probleme erfüllt. Sie waren leistungsfähig und haben über Jahre hinweg den Schnellzugdienst zur Zufriedenheit bewältigt. Dabei wurden in der Ebene 300 t mit 100 km/h und 370 t auf 10 ‰ mit 40 km/h befördert.
Die Maschinen sind auf den Strekken Rostock–Berlin und Lübeck–Stettin zum Einsatz gekommen.
Drei Lokomotiven wurden im Jahre 1920 als Reparationsleistung an Belgien abgegeben. Die übrigen Maschinen wurden nach dem Umzeichnungsplan 1925 von der Deutschen Reichsbahn-Gesellschaft übernommen.

Bahnnummer	DRG-Nummer	Hersteller	Baujahr	Fabriknummer	Bemerkungen	Ausmusterung
251	38 1573	Humboldt	1914	966		
252	38 1574	Humboldt	1914	967		
253	38 1575	Humboldt	1914	968		
254	38 1750	Humboldt	1914	1020		
255	38 1751	Humboldt	1915	1021		
256	38 1791	Humboldt	1915	1115		
257	38 1792	Humboldt	1915	1116		
258		Humboldt	1915	1917	[1]	
259		Humboldt	1916	1210	[1]	1966
260		Humboldt	1916	1211	[1]	1966
261	38 2023	Humboldt	1917	1239	[2]	1960
262	38 2026	Humboldt	1917	1245	[2]	1936
263	38 2119	Humboldt	1917	1284	[2] [3]	
264	38 3674	Henschel	1922	18989		
265	38 3675	Henschel	1922	18990		
266	38 3676	Henschel	1922	18991		

[1]) Abgabe 1920 als Reparationsleistung an Belgien, eingereiht als B 6400, B 6401 und B 6431.
[2]) Lokomotiven Nr. 264 bis Nr. 266 wurden einer Serie für die Preußische Staatsbahn entnommen. Ursprünglich waren die Nummern Essen 2457, Essen 2463 und Essen 2476 vorgesehen.
[3]) Kriegsverlust im Zweiten Weltkrieg.

Gattung P 8, Lokomotive Nr. 256, mit DR-Betriebsnummer 38 1791
Foto: Hubert

Ohne Gattungsbezeichnung

1B n2; B1 n2

1859 bis 1905

Techn. Daten: Seite 167

Bereits ein Jahr nach Betriebseröffnung hatte sich auf der Strecke Schwerin–Rostock der Verkehr so entwickelt, daß man täglich einen besonderen Güterzug fahren mußte. Dafür waren zunächst die Lokomotiven der Gattung II (alt) in der Bauart 1B mit einem Treibraddurchmesser von 1 535 mm beschafft worden, die die Aufgaben zufriedenstellend bewältigten. Im Jahre 1859 kam zu dieser Serie noch eine reine Güterzugmaschine mit einem Treibraddurchmesser von nur 1 370 mm. Es war ein Einzelgänger. Die Lokomotive NICLOT unterschied sich im äußeren Erscheinungsbild und in den Hauptkenndaten nicht von den Maschinen der Gattung II (alt). Von Egestorff wurden 1866 und 1868 noch je eine Lokomotive in der doch selteneren Bauart B1 für den Güterzugdienst beschafft. Die Lokomotiven WODAN und THOR hatten Treibräder mit einem Durchmesser von 1 450 mm und einen einfachen Innenrahmen mit unter-

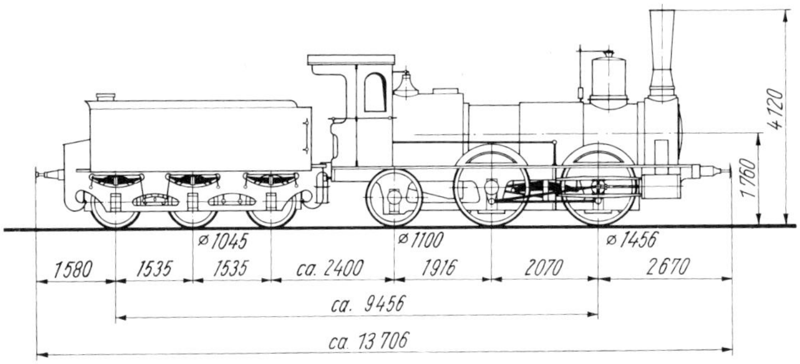

Ohne Gattungsbezeichnung, Lokomotiven WODAN und THOR

Lokomotive Nr. 302 WODAN (ohne Gattungsbezeichnung)
Foto: Sammlung Lohr/Thielmann

stützter Feuerbüchse. Die Rostfläche war entsprechend den vorhandenen Möglichkeiten vergrößert. Durch Einschaltung von Wickelfedern in die Endgehänge war die Aufhängung der gekuppelten Achsen verbessert worden.
Im Geschäftsbericht der Mecklenburgischen Eisenbahngesellschaft wird 1869 bestätigt, daß alle drei Maschinen im Güterzugdienst auf der Strecke Hagenow–Rostock eingesetzt sind. Aus dem Güterzugdienst auf den Hauptstrecken wurden sie erst gedrängt, als dreifach gekuppelte Lokomotiven zur Verfügung standen. Bis nach der Jahrhundertwende arbeiteten sie dann noch im untergeordneten Streckendienst sowie im Rangierdienst.

Konstruktive Merkmale

Kessel: Langkessel mit drei Schüssen. Dampfdom mit Sicherheitsventil auf vorderem Kesselschuß. Stehkessel mit überhöhter Feuerbüchsdecke. Erweiterte Rauchkammer.
Rohrlänge 3,547 m, Rostfläche 1,52 m², Heizfläche 82,60 m², Kesselüberdruck 8,19 bar.
Kegeliger Schornstein.
Rahmen: Blechrahmen, innenliegend.
Triebwerk: Zweizylinder-Naßdampftriebwerk. Waagerecht angeordnete Zylinder. Innenliegende Schieberkästen. Antrieb auf zweite Kuppelachse. Zweischienige Kreuzkopfführung.
Steuerung: Allan-Steuerung, innenliegend.
Laufwerk: Treibräder Durchmesser 1450 mm. Zwischen den Kuppelrädern in Höhe der Achslager liegende große Blattfedern. Über den Kuppelrädern liegende Ausgleichhebel sind mit Blattfedern verbunden. Laufräder Durchmesser 1015 mm mit querliegender Blattfeder. Achsstand von vorn 2070 mm, 1916 mm.
Bremse: Schraubenbremse am Tender.
Sonstige Einrichtungen: Geräumiges und nach vorn geschlossenes Führerhaus. Handbetätigter Sandstreuer sandet Treibachse von vorn.
Tender: 3T7,9

Bahnnummer	Name	Hersteller	Baujahr	Fabriknummer	Bemerkungen	Ausmusterung
301	NICLOT	Borsig	1859	1046	¹)	1902/03
302	WODAN	Egestorff	1866	244	¹)	1903/04
303	THOR	Egestorff	1868	324	¹)	1904/05

¹) Lokomotiven hatten bis 1895 die Bahnnummer 54, 58 und 59.

G 2 (VIII alt)

C n2
1864 bis 1919
Techn. Daten: Seite 167

Mit der Eröffnung der Strecke Güstrow–Neubrandenburg bestand die Notwendigkeit für den Einsatz stärkerer Lokomotiven im Güterzugdienst. Die Strecke durch die Mecklenburgische Schweiz war steigungs- und krümmungsreich. Lokomotiven in der Bauart 1B waren daher für diesen Einsatz ungeeignet, auch wenn sie über einen kleineren Treibraddurchmesser verfügten.
Die Wahl der dreifach gekuppelten Maschinen war die richtige. Dabei wurde Mut bewiesen, denn die Nachbarbahnen verfügten zu diesem Zeitpunkt nur über Lokomotiven der Bauart 1B. Damit waren diese Maschinen gleichzeitig die ersten dreifach gekuppelten in Norddeutschland.
Äußerlich auffällig war wiederum die schmucke Ausführung der Lokomotiven. Der große Dampfdom auf dem ersten Kesselschuß reichte in der Höhe fast bis zum Schornstein und war mit Messingbändern reich verziert.
Die Leistungsfähigkeit der Maschinen war so zufriedenstellend, daß man sich in den 90er Jahren noch zu einem Umbau entschlossen hat. Von den zwölf vorhandenen Loko-

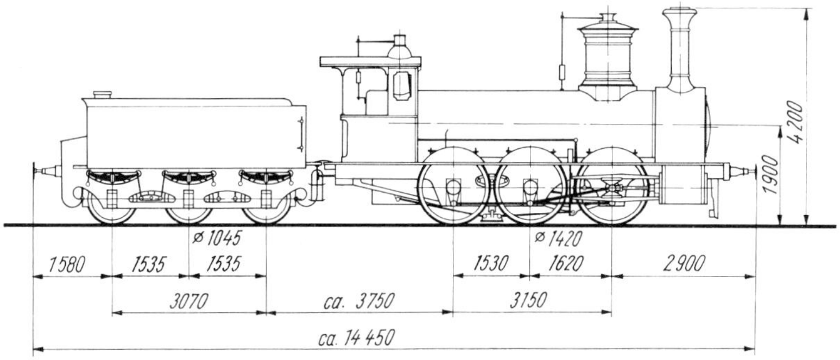

Gattung G 2 (VIII alt), Lokomotiven ELBE bis ODER

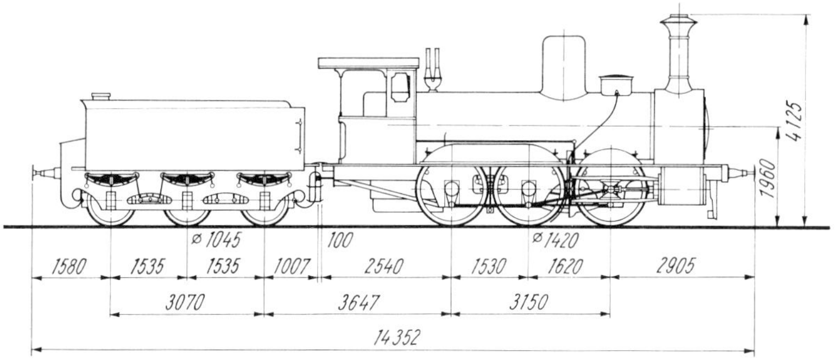

Gattung G 2 (VIII alt), Lokomotiven nach Umbau (Mitte)

motiven wurden elf umgebaut. Sie erhielten neue Kessel und neue Triebwerke. Der Dampfdom kam auf den zweiten Kesselschuß und auf dessen ursprüngliche Stelle setzte man einen Sandkasten. Der Stehkessel erhielt ein Ramsbottom-Sicherheitsventil. Die Umbauten verteilten sich auf Schwartzkopff, Egestorff und Vulcan. Mit dem Umbau wurde die Leistungsfähigkeit der Maschinen den erhöhten Anforderungen angepaßt. Die letzten Lokomotiven wurden erst in den Jahren 1918/19 ausgemustert.

Konstruktive Merkmale

Kessel: Langkessel mit drei Schüssen. Großer Dampfdom mit Sicherheitsventil auf vorderem Kesselschuß. Nach Umbau auf mittlerem Kesselschuß versetzt. Stehkessel mit Sicherheitsventil. Erweiterte Rauchkammer.
Rohrlänge 4,234 m, Rostfläche 1,26 m^2, Heizfläche 107,71 m^2, Kesselüberdruck 10,0 bar.
Kurzer, zylindrischer Schornstein.
Rahmen: Gabelrahmen, innenliegend.
Triebwerk: Zweizylinder-Naßdampftriebwerk. Waagerecht ange-

Bahnnummer	Name	Hersteller	Baujahr	Fabriknummer	Bemerkungen	Ausmusterung
310	ELBE	Hartmann	1864	207	[1] [2]	1917
311	NORDSEE	Hartmann	1866	277	[1] [2]	1913
312	HAMBURG	Hartmann	1866	279	[1] [2]	1913
313	STEPENITZ	Hartmann	1869	406	[1] [2]	1912/13
314		Hartmann	1885	1419	[1]	1909
315	BRÄSIG	Hartmann	1864	213	[1] [3]	1916
316	HAVERMANN	Hartmann	1866	278	[1] [3]	1919
317	SLEIPNER	Hartmann	1866	276	[1] [3]	1913
318	FRITHJOF	Hartmann	1869	407	[1] [3]	
319	SIEGMUND	Hartmann	1869	403	[1] [3]	1918
320	PEENE	Hartmann	1864	212	[1] [3]	1916
321	ODER	Hartmann	1864	206	[1] [3]	1915

[1] Lokomotiven hatten bis 1895 die Bahnnummern 3, 6, 7, 10, 66, 2 (TOLLENSEE), 8 (STETTIN), 5 (OSTSEE), 11 (RADEGAST), 9 (WESER), 4 und 1.
[2] Lokomotiven haben nach dem Umbau in den Jahren 1896/1897 die Bahnnummern 322, 324, 323 und 325 erhalten.
[3] Lokomotiven wurden in den Jahren 1892 bis 1894 umgebaut.

ordnete Zylinder. Innenliegende Schieberkästen. Antrieb auf zweite Kuppelachse. Zweischienige Kreuzkopfführung.
Steuerung: Gooch-Steuerung, innenliegend. Gekreuzte Exzenterstangen. Umsteuerung durch Hebel.
Laufwerk: Treibräder Durchmesser 1420 mm. Obenliegende Blattfedern, zwischen zweiter und dritter Kuppelachse durch kurzen Ausgleichhebel in Höhe der Achslager verbunden. Achsstand von vorn 1620 mm, 1530 mm.
Bremse: Dampfschlittenbremse und Handbremse. Später Treibradbremse mit Dampf wirkt von oben auf die beiden hinteren Kuppelachsen.
Sonstige Einrichtungen: Sandkasten auf vorderem Kesselschuß sandet Treibachse von vorn. Dampfheizeinrichtung. Zentralschmierung Vakuum-Lubrikator.
Tender: 3T 7,9; 3T 10,5

G 3 (IX alt)

C n2

1892 bis 1924

Techn. Daten: Seite 167

Die Lokomotiven der Gattung G 3 haben den Bestand an dreifach gekuppelten Maschinen weiter aufgefüllt, so daß um die Jahrhundertwende, einschließlich der umgebauten dreifach gekuppelten Maschinen von Hartmann, insgesamt zwanzig leistungsstarke Güterzuglokomotiven zur Verfügung standen. Damit wurde die Beförderung der Güterzüge im Streckendienst bewältigt.
Mit einer Rostfläche von 1,53 m² und einer Heizfläche von 124,79 m² waren das schon große Güterzuglokomotiven, die den modernen Anfordernungen entsprachen. Der Umbau der Maschinen der Gattung G 2 (VIII alt) von Hartmann ab Baujahr 1864 in den 90er Jahren erbrachte dagegen nur eine Rostfläche von 1,26 m² und eine Heizfläche von 107,71 m².
Das äußere Erscheinungsbild zeigt einen tiefliegenden Kessel und kurzen Radstand. Der Kessel hatte immerhin eine Rohrlänge von fast 4,5 m. Charakteristisch sind die vorn und hinten auffälligen überhängenden Massen. Das Ausfahren der angegebenen Höchstgeschwindigkeit hat bei den Maschinen sicher einen sehr unruhigen Lauf verursacht.
Mit einer Reibungsmasse von 39 t erreichten die Lokomotiven eine respektable Leistung.
Sie beförderten 460 t auf 2 ‰ mit 40 km/h, 310 t auf 10 ‰ und noch 105 t auf 25 ‰ mit 20 km/h. Von den acht Lokomotiven waren fünf mit den Betriebsnummern 53 7701 bis 53 7705 im vorläufigen Umzeichnungsplan von 1923 enthalten. In den Bestand der Deutschen Reichsbahn-Gesellschaft wurde jedoch keine der Maschinen mehr übernommen.

Gattung G 3 (IX alt), Lokomotiven Nr. 350 bis Nr. 357

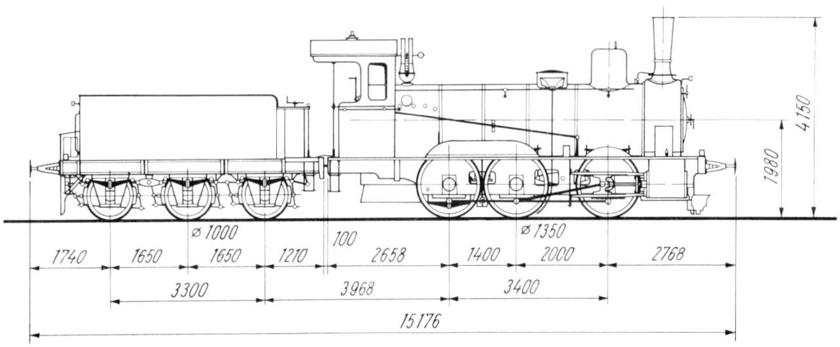

Konstruktive Merkmale

Kessel: Langkessel mit drei Schüssen. Glatt durchgehender Kesselscheitel. Erweiterte Rauchkammer. Dampfdom auf vorderem Kesselschuß. Stehkessel mit Sicherheitsventil.
Rohrlänge 4,450 m, Rostfläche 1,53 m^2, Heizfläche 124,79 m^2, Kesselüberdruck 10,0 bar.
Kurzer, kegeliger Schornstein.
Rahmen: Blechrahmen, innenliegend.
Triebwerk: Zweizylinder-Naßdampftriebwerk. Waagerecht angeordnete Zylinder. Innenliegende Schieberkästen. Antrieb auf zweite Kuppelachse. Zweischienige Kreuzkopfführung.
Steuerung: Allan-Steuerung, innenliegend. Gekreuzte Exzenterstangen.
Laufwerk: Treibräder Durchmesser 1 350 mm. Erste und zweite Kuppelachse mit obenliegenden Blattfedern zwischen beiden Achsen durch langen Ausgleichhebel verbunden. Dritte Kuppelachse mit untenliegender Blattfeder. Achsstand von vorn 2 000 mm, 1 400 mm.
Bremse: Handbremse. Lokomotiven Nr. 350 bis Nr. 353 zusätzlich Treibradbremse mit Dampf wirkt von oben auf die beiden hinteren Kuppelachsen.
Sonstige Einrichtungen: Sandkasten auf mittlerem Kesselschuß sandet Treibachse von vorn. Dampfheizeinrichtung. Lokomotiven Nr. 350, 352 und 353 mit Dampfläutewerk. Zentralschmierung Bauart De Limon oder Vakuum-Lubrikator.
Tender: 3 T 10,5; 3 T 12,0

Bahnnummer	Name	Hersteller	Baujahr	Fabriknummer	Bemerkungen	Ausmusterung
350		Schwartzkopff	1892	1905	[1] [2]	1921
351	HANNE NÜTE	Schwartzkopff	1892	2036	[2]	1922
352	SIEGFRIED	Schwartzkopff	1892	2037	[2]	1922
353		Schwartzkopff	1894	2184	[2]	
354		Henschel	1887	2316	[3]	1922
355		Henschel	1887	2317	[3]	
356		Egestorff	1895	2738		
357		Egestorff	1895	2739		

[1]) Fünf Lokomotiven waren mit den DRG-Nummern 53 7701 bis 7705 im vorläufigen Umzeichnungsplan 1923 enthalten.
[2]) Die Lokomotien hatten bis 1895 die Bahnnummern 78, 85, 86 und 96.
[3]) Lokomotiven Nr. 354 und Nr. 355 wurden 1894 von der Lloydbahn übernommen. Sie hatten dort die Bahnnummern 15 und 16.

G 4^2 (X alt)

C n2v

1901 bis 1924

Techn. Daten: Seite 167

Um die Jahrhundertwende machte sich ein erhöhter Bedarf an leistungsstarken Güterzuglokomotiven bemerkbar. Daraufhin wurden die Verbundmaschinen der Gattung G 4^2 beschafft. Im wesentlichen glichen sie den Zwillingsmaschinen der Gattung G 3. Konstruktiv war wenig geändert worden. Die Größe des Kessels und der Feuerbüchse wurde beibehalten. Von vornherein waren die Maschinen für einen Kesselüberdruck von 12,0 bar ausgelegt.
Äußerlich sind jedoch einige Veränderungen auffällig. Der Dampfdom befand sich auf dem hinteren Kesselschuß und die Rauchkammer war von 769 mm auf 1 100 mm verlängert worden. Geblieben sind die vorn und hinten überhängenden Massen. Mit der Verlängerung der Rauchkammer wurde der vordere Überhang noch augenfälliger. Die Maschinen hatten das große preußische Führerhaus.
Es waren die ersten Verbundlokomotiven, die auf den Strecken zum Einsatz gekommen sind. Sie zogen in der Ebene 670 t mit 55 km/h, 800 t auf 3 ‰ mit 30 km/h und noch 580 t auf 6 ‰ mit 25 km/h. Neben den Aufgaben im Streckendienst waren von den Maschinen auch die für

den Rangierdienst auf den Unterwegsbahnhöfen zu bewältigen.
Im Jahre 1920 wurde noch eine weitere Lokomotive dieser Gattung aus dem Bestand der Preußischen Staatsbahn überführt. Damit waren insgesamt sechs Maschinen in dieser Gattung zusammengefaßt. Sie wurden vollständig mit den Betriebsnummern 53 401 bis 53 405 und 53 451 im vorläufigen Umzeichnungsplan 1923 aufgeführt. Die Lokomotive Nr. 405 war bereits 1923 ausgemustert worden. Auch die übrigen erlebten nicht mehr die Übernahme in den Bestand der Deutschen Reichsbahn-Gesellschaft.

Konstruktive Merkmale

Kessel: Langkessel mit drei Schüssen. Glatt durchgehender Kesselscheitel. Dampfdom auf hinterem Kesselschuß. Gewichtsbela-

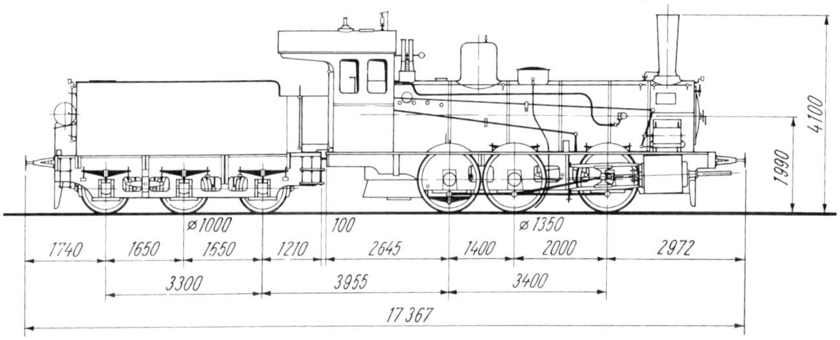

Gattung G 4^2 (X alt), Lokomotiven Nr. 401 bis Nr. 406

Gattung G 4^2, Lokomotive Nr. 405
Werkfoto Linke-Hofmann, Archiv Töpelmann

Bahn-nummer	Hersteller	Baujahr	Fabrik-nummer	Bemer-kungen	Ausmusterung
401	Henschel	1901	5841	[1])	
402	Henschel	1902	6212	[1])	
403	Henschel	1904	6846	[1])	
404	Henschel	1904	6847	[1])	
405	Linke	1905	298	[1])	1923
406	Schichau	1897	744	[2])	

[1]) Lokomotiven waren mit den DRG-Nummern 53401 bis 53405 im vorläufigen Umzeichnungsplan enthalten.

[2]) Lokomotive Nr. 406 wurde 1920 aus dem Bestand der Preußischen Staatsbahn überwiesen. Sie war dort eingereiht als Berlin 3801. Im Umzeichnungsplan 1923 noch mit der DRG-Nummer 53451 enthalten.

stetes Sicherheitsventil auf Stehkessel.
Rohrlänge 4,450 m, Rostfläche 1,53 m², Heizfläche 116,03 m², Kesselüberdruck 12,0 bar.
Kegeliger Schornstein.
Rahmen: Blechrahmen, innenliegend.
Triebwerk: Zweizylinder-Naßdampf-Verbundtriebwerk. Waagerecht angeordnete Zylinder. Innenliegende Schieberkästen. Antrieb auf zweite Kuppelachse. Zweischienige Kreuzkopfführung.
Steuerung: Allan-Steuerung, innenliegend. Gekreuzte Exzenterstangen.
Laufwerk: Treibräder 1350 mm Durchmesser. Erste und zweite Kuppelachse mit obenliegenden Blattfedern, zwischen beiden Achsen durch langen Ausgleichhebel verbunden. Dritte Kuppelachse mit untenliegenden Blattfedern. Achsstand von vorn 2000 mm und 1400 mm.
Bremse: Handbremse.
Sonstige Einrichtungen: Sandkasten auf mittlerem Kesselschuß sandet Treibachse von vorn. Geräumiges Führerhaus. Dampfheizeinrichtung. Zentralschmierung Bauart De Limon. Dampfläutewerk auf erstem Kesselschuß, bei Lokomotive Nr. 405 auf Führerhaus.
Tender: 3T12

G 5²

DRG-Baureihe 54³
(→ EFA 1.2)

1'C n2v

1904 bis 1930

Techn. Daten: Seite 168

Im Jahre 1920 wurden fünf Lokomotiven aus dem Bestand der ehemaligen Reichseisenbahn Elsaß-Lothringen nach zwischenzeitlichem Kriegseinsatz überwiesen und gleichfalls in der Gattung G 5² zusammengefaßt. Es war die Verbundausführung der Zwillingsmaschinen der G 5¹, die auf den mecklenburgischen Strecken noch nicht zum Einsatz gekommen waren.
Die Verbundmaschinen waren sparsam im Kohleverbrauch, was sich insbesondere in solchen Einsatzgebieten auszahlte, die weitab von den Brennstoffvorkommen lagen. Laufwerk und Kesselabmessungen stimmten mit denen der Zwillingsmaschinen überein. Der Kesselüberdruck war auf 12,0 bar festgelegt, der Dom saß auf dem zweiten Kesselschuß und der viereckige Sandkasten unmittelbar dahinter. Weiterhin hatten die Lokomotiven das preußische Führerhaus. Als Anfahrvorrichtung erhielten die Maschinen das Wechselventil der Bauart Dultz; rechts unterhalb des Schornsteins an der Rauchkammer erkennbar. Mit diesem Wechselventil war auch ein dauernder Zwillingsbetrieb möglich. Die Hand- oder Dampfbremse war durch eine Druckluftbremse der Bauart

Westinghouse ersetzt worden, womit auch ein Einsatz im Personenzugdienst möglich war. Die vorn und hinten überhängenden Massen waren weitgehend beseitigt. Die Zylinder lagen zwischen Lauf- und erster Kuppelachse. Unterhalb der Feuerbüchse mit schrägliegendem Rost war die hintere Kuppelachse angeordnet.
Die Maschinen beförderten 790 t in der Ebene mit 50 km/h, 470 t auf 5 ‰ mit 35 km/h und 375 t auf 10 ‰ noch mit 25 km/h.
Nach dem Umzeichnungsplan 1925 wurden alle fünf Lokomotiven in den Bestand der Deutschen Reichsbahn-Gesellschaft übernommen, wurden jedoch schon mit Beginn der 30er Jahre wieder ausgemustert.

Bahnnummer	DRG-Nummer	Hersteller	Baujahr	Fabriknummer	Bemerkungen	Ausmusterung
440	54 370	Schwartzkopff	1904	3321	1)	
441	54 379	Grafenstaden	1906	5578	1)	
442	54 380	Grafenstaden	1906	5587	1)	
443	54 371	Hartmann	1904	2894	1) 2)	
444	54 381	Henschel	1907	8403	1)	

1) Lokomotiven wurden 1920 von den ehemaligen Reichseisenbahnen Elsaß-Lothringen übernommen. Sie waren dort eingereiht als E. L. 4064, später Nr. 1464 MERCH; E. L. 4118, später Nr. 1518 KISSINGEN; E. L. 4127, später Nr. 1527 MARBACH; E. L. 4125, später Nr. 1525 LUDWIGSHAFEN und E. L. 4164, später Nr. 1564 WISMAR.
2) 1906 Kessel Grafenstaden Nr. 5585

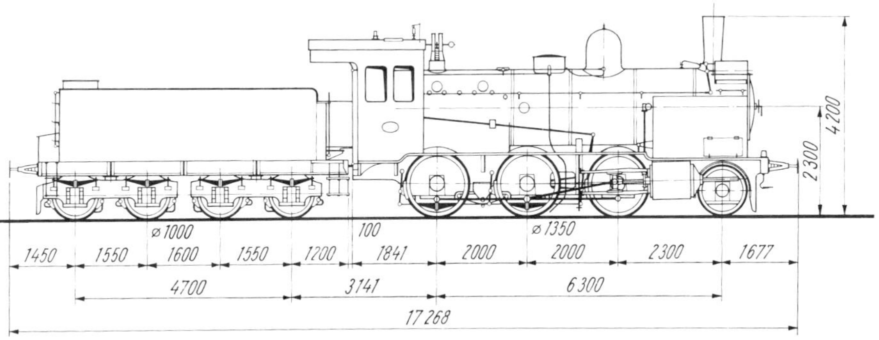

Gattung G 5^2, Lokomotiven Nr. 440 bis Nr. 444

Gattung G 5^2, Lokomotiven Nr. 440 bis Nr. 444
Foto: Hubert

G 5^4 (XX alt)

DRG-Baureihe 54^{12} (→ EFA 1.2)

1'C n2v

1906 bis 1940

Techn. Daten: Seite 168

Bahnnummer	DRG-Nummer	Hersteller	Baujahr	Fabriknummer	Bemerkungen	Ausmusterung
451		Linke	1906	372	1)	
452		Linke	1906	373	1)	
453		Linke	1907	501		
454	54 1201	Linke	1907	502		
455		Linke	1908	587	1)	
456	54 1202	Linke	1908	588		
457		Linke	1912	926	1)	
458	54 1203	Linke	1912	927		
459		Linke	1913	1079	1)	

1) Die Lokomotiven Nr. 451, 452, 455, 457 und 459 wurden 1919 als Reparationsleistung an Belgien abgegeben. Sie waren dort eingereiht als B 7400 bis B 7404.

Nach den nordischen Staaten erfuhr der Fährverkehr eine immer größer werdende Bedeutung. Stärkere Güterzuglokomotiven wurden dringend notwendig. Die Wahl fiel wieder auf eine preußische Verbundlokomotive. Im Zeitraum von 1906 bis 1913 wurden insgesamt neun Maschinen beschafft. Der Einsatz erfolgte im schweren Güterzugdienst auf den Strecken in Richtung Warnemünde. Gegenüber den Lokomotiven der Gattung G 5^2 waren die Veränderungen nicht sehr umfangreich. Der Kessel rückte von 2170 mm auf 2300 mm über Schie-

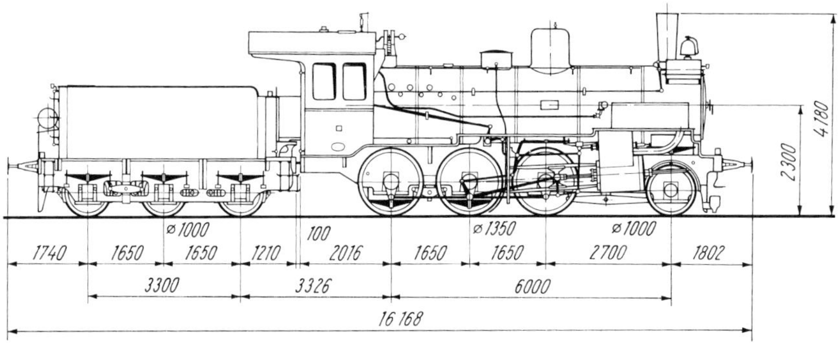

Gattung G 5^4 (XX alt), Lokomotiven Nr. 451 bis Nr. 459

Gattung G 5^4, Lokomotive Nr. 458
Foto: Archiv Töpelmann

nenoberkante und hatte eine Marcotty-Rauchverbrennung. Wesentlich verringert wurde der Achsstand der Maschinen von 6300 mm auf 6000 mm. Als Anfahrvorrichtung diente wiederum das Dultzsche Wechselventil.

Die vordere Laufachse war als Adamsachse ausgebildet, während die preußischen Lokomotiven ein Krauss-Helmholtz-Gestell hatten. Bei den mecklenburgischen Lokomotiven wurde das abgelehnt, weil man eine schnellere Abnutzung des Radreifens und eine nachteilige Einwirkung auf den Oberbau befürchtete. Auch die Preußische Staatsbahn hat 1910 noch 20 Maschinen in dieser Bauart beschafft, die als Gattung G 5^5 bezeichnet wurden. Die Mecklenburgische Staatsbahn reihte diese Lokomotiven aber in die Gattung G 5^4 ein.

Die Maschinen beförderten 790 t in der Ebene mit 50 km/h, 470 t auf 5 ‰ mit 35 km/h und 375 t auf 10 ‰ noch mit 25 km/h. Fünf Lokomotiven wurden 1919 als Reparationsleistung an Belgien abgegeben. Sie waren bis 1940 ausgemustert. Nach dem Umzeichnungsplan 1925 wurden noch drei Maschinen in den Bestand der Deutschen Reichsbahn-Gesellschaft übernommen, um schon bald danach ausgemustert zu werden.

G 7^2

DRG-Baureihe 55^{57}
(→ EFA 1.2)

D n2v

1914 bis 1940

Techn. Daten: Seite 168

Die Verbundlokomotiven der Gattung G 7^2 waren auf den preußischen Strecken vielseitig erprobte Maschinen. Wegen der veralteten Werkstätten und der damit in Zusammenhang stehenden Probleme der künftigen Unterhaltung konnte man sich noch nicht für eine Heißdampflokomotive entscheiden und griff auf diese bewährte Bauart zurück, um den gestiegenen Anforderungen im Güterzugdienst zu entsprechen.

Äußerlich auffällig war die lange Rauchkammer. Die Zylinder waren leicht geneigt angeordnet, damit

Gattung G 7^2, Lokomotive Nr. 468 mit Knorr-Abdampfvorwärmer
Foto: Archiv Töpelmann

das Umgrenzungsprofil nicht überschritten wurde. Die Kreuzköpfe wurden einschienig geführt. Als Anfahrvorrichtung wurde wiederum das bewährte Wechselventil der Bauart Dultz verwendet. Das Wechselventil lag unterhalb des Schornsteins an der Rauchkammer. Damit war ein problemloses Anfahren der Verbundlokomotiven möglich. Die Maschinen waren alle mit einem flachen Abdampfvorwärmer der Bauart Knorr ausgerüstet, der seitlich links auf dem Langkessel hinter dem Dampfdom angebracht war. Dadurch waren sie etwas schwerer als die preußischen Lokomotiven der Gattung G 7^2.

Im Streckendienst erreichten die Maschinen günstige Verbrauchswerte. Waren unterwegs bei den Nahgüterzügen noch Rangierarbeiten zu erledigen, griff man auf die Lokomotiven der Gattung G 3 zurück, die dann als Zwillingsmaschinen wirtschaftlicher arbeiteten.

Die Maschinen zogen 1400 t in der Ebene mit 40 km/h, 690 t auf 5 ‰ mit 30 km/h und 465 t auf 10 ‰ noch mit 25 km/h. Das war schon ein respektables Leistungsprogramm.

Sechs Lokomotiven wurden 1919 als Reparationsleistung abgegeben; fünf an Belgien und eine an Frankreich. Sie wurden bis 1940 ausgemustert. Die restlichen fünf Maschinen sind nach dem Umzeichnungsplan 1925 in den Bestand der Deutschen Reichsbahn-Gesellschaft übernommen worden; wenig später wurden sie bereits ausgemustert.

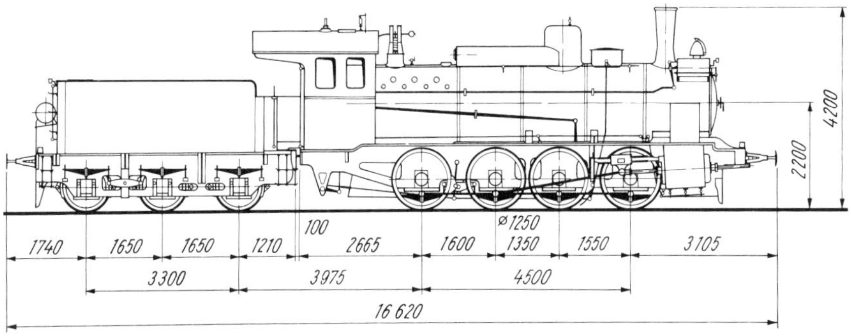

Gattung G 7^2, Lokomotiven Nr. 466 bis Nr. 476

Bahn-nummer	DRG-Nummer	Hersteller	Baujahr	Fabrik-nummer	Bemer-kungen	Ausmusterung
466		Linke	1914	1170	¹)	
467	55 5701	Linke	1914	1171		
468	55 5702	Linke	1914	1172		
469	55 5703	Linke	1915	1226		
470		Linke	1915	1227	²)	
471	55 5704	Linke	1915	1228		
472		Linke	1916	1232	¹)	
473		Linke	1916	1233	¹)	
474		Linke	1916	1234	¹)	
475		Linke	1916	1363	¹)	
476	55 5705	Linke	1916	1364	³)	

¹) Lokomotiven Nr. 466 und Nr. 472 bis Nr. 475 wurden 1919 als Reparationsleistung an Belgien abgegeben. Sie waren dort eingereiht als B 7295 bis B 7299.

²) Lokomotive Nr. 470 wurde 1919 an Frankreich als Reparationsleistung abgegeben. Sie kam zur Französischen Nordbahn und erhielt die Bezeichnung 4.1076.

³) Lokomotive Nr. 476 wurde 1919 umgenummert in 472.

G 7^3

DRG-Baureihe 56^2
(→ EFA 1.2)

1D n2v
1917 bis 1927
Techn. Daten: Seite 169

Gattung G 7^3, Lokomotive von Lokführerseite
Foto: Hubert

Nach dem Ersten Weltkrieg hatte sich mit der Abgabe von fünf Maschinen der Gattung G 5^4 und sechs der Gattung G 7^2 ein empfindlicher Lokomotivmangel bemerkbar gemacht. Es waren Überlegungen anzustellen, wie dem Mangel abzuhelfen sei. Aus Heeresbeständen wurden deshalb über den Althandel die fünf Maschinen der Gattung G 7^3 erworben. Die Lokomotiven entstammten einem Nachbau von insgesamt 70 Maschinen, der 1917 von einigen süddeutschen Lokomotivfabriken ausgeführt worden war.
Der Nachbau erfolgte in verstärkter und verbesserter Ausführung mit einem Kesselüberdruck von 14,0 bar. Leicht geneigt angeordnete Zylinder und einschienig geführte Kreuzköpfe wurden beibehalten. Statt der Dampfbremse erhielten die Maschinen eine Druckluftbremse der Bauart Westinghouse. Ebenfalls eingebaut war das Dultzsche Wechselventil und ein Abdampfvorwärmer der Bauart Knorr. Damit erhöhte sich die Achsfahrmasse der Adamsachse von 6,10 t auf 8,00 t. Die Laufachse hatte kaum Führungskräfte übernommen und neigte wegen der vorher zu geringen Achsfahrmasse schon immer zu Entgleisungen, was damit weitgehend beseitigt war. Von der linken Seite des Führerhauses gelangte man durch eine Tür auf den Umlauf der Maschine. Alle fünf Lokomotiven wurden nach dem Umzeichnungsplan 1925 in den Bestand der Deutschen Reichsbahn-Gesellschaft übernommen, aber schon bald danach ausgemustert.

Gattung G 7^3, Lokomotive von Heizerseite
Foto: Hubert

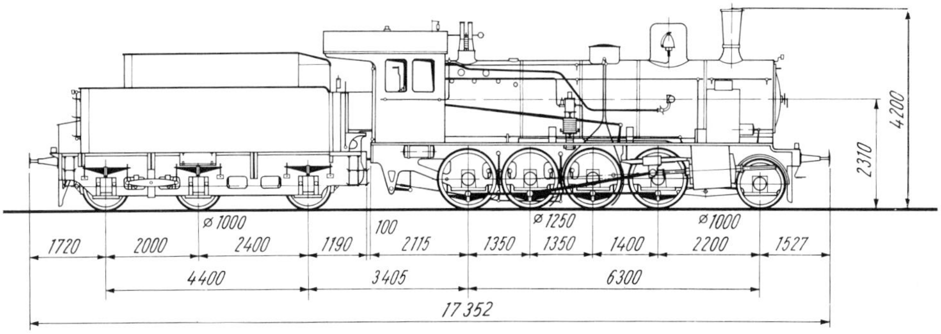

Gattung G 7^3, Lokomotiven Nr. 474 bis Nr. 478

Bahn-nummer	DRG-Nummer	Hersteller	Baujahr	Fabrik-nummer	Bemer-kungen	Ausmusterung
474	56 201	Maffei	1917	4712	¹)	
475	56 202	Maffei	1917	4714		
476	56 203	Maffei	1917	4723		
477	56 204	Krauss	1917	7231		
478	56 205	Krauss	1917	7232		

¹) Lokomotiven wurden nach dem Ersten Weltkrieg aus Heeresbeständen übernommen. Sie waren vorher der Militäreisenbahndirektion Warschau mit den Nummern 4408, 4410, 4419, 4443 und 4444 zugeteilt gewesen.

G 8[1]

DRG-Baureihe 55^{38} (→ EFA 1.2)

D h2

1918 bis 1951

Techn. Daten: Seite 169

Bahn-nummer	DRG-Nummer	Hersteller	Baujahr	Fabrik-nummer	Bemer-kungen	Ausmusterung
481	55 5801	Linke	1918	1703		
482	55 5802	Linke	1918	1704		
483	55 5803	Linke	1918	1705		
484	55 5804	Humboldt	1918	1385		
485	55 5805	Humboldt	1918	1386		
486	55 5806	Humboldt	1919	1472		
487	55 5807	Humboldt	1919	1475		
488	55 5808	Humboldt	1919	1476		1931
489	55 5809	Humboldt	1919	1477		1931
490	55 5810	Henschel	1919	17368		
491	55 5851	Hanomag	1917	8164	[1])	1951
492	55 5852	Hanomag	1917	8166	[1])	1926

[1]) Lokomotiven Nr. 491 und Nr. 492 wurden 1920 von der Preußischen Staatsbahn übernommen. Sie waren dort eingereiht als Münster 5346 und Münster 5348.

Für den Einsatz von Heißdampflokomotiven hatte man sich sehr spät entschieden. Mit den Maschinen der Gattungen G 4, G 5 und G 7 standen zwar Güterzuglokomotiven zur Verfügung, aber sie konnten über eine längere Zeit nicht den Anforderungen entsprechen.

Die Maschinen der Gattung G 8[1] waren eine der erfolgreichsten Güterzuglokomotiven, die sich über Jahrzehnte im Streckendienst bei der Beförderung mittelschwerer Züge bewährt haben.

Mit der Seitenbeweglichkeit der vierten Kuppelachse von 3 mm und der Schwächung der Spurkränze der zweiten und dritten Kuppelachse um 15 mm waren gute Einsatzbedingungen für die mecklenburgischen Strecken gegeben.

Alle Maschinen waren mit dem Rauchrohrüberhitzer der Bauart Schmidt ausgerüstet. Der Kessel war für einen Kesselüberdruck von 14,0 bar ausgelegt und hatte einen Speisewasservorwärmer der Bauart Knorr, der auf dem linken Umlaufblech montiert war.

Von den Lokomotivfabriken Linke, Humboldt und Henschel waren die letzten Maschinen der Gattung G 8[1] für die Mecklenburgische Staatsbahn gebaut worden. Sie hatten sämtlich eiserne Feuerbüchsen und entgingen damit der Reparationsleistung. Zwei Lokomotiven der Gattung G 8[1] wurden im Jahre 1920 noch von der Preußischen Staatsbahn übernommen.

Die Maschinen beförderten 1 150 t in der Ebene mit 55 km/h, 735 t auf 5 ‰ mit 40 km/h und noch 650 t auf 10 ‰ mit 25 km/h. Alle zwölf Lokomotiven wurden nach dem Umzeichnungsplan 1925 in den Bestand der Deutschen Reichsbahn-Gesellschaft übernommen.

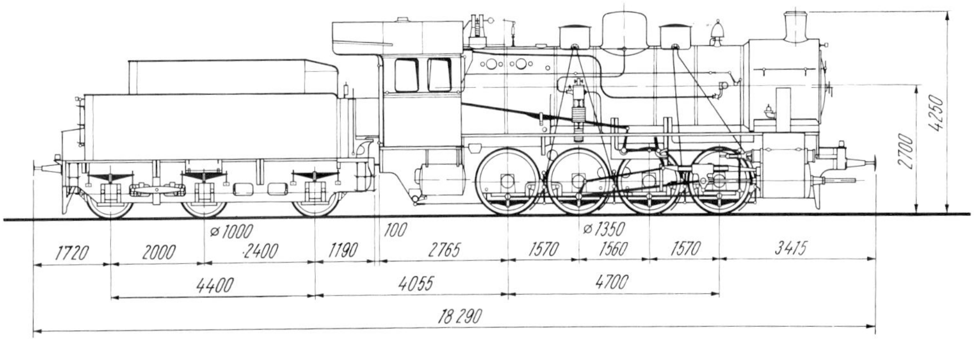

Gattung G 8[1], Lokomotiven Nr. 481 bis Nr. 492

XI (alt)

B n2t

1884 bis 1922

Techn. Daten: Seite 169

Gattung XI (alt), Lokomotive Nr. 113, ab 1895 Lokomotive Nr. 504
Foto: Sammlung Lohr/Thielmann

Die vier Tenderlokomotiven der Gattung XI (alt) wurden im Jahre 1894 von der Lloydbahn Neustrelitz–Warnemünde übernommen. Sie erhielten zunächst die Bahnnummern 110 bis 113, wurden aber bald darauf mit Einführung des neuen Nummernplanes in 501 bis 504 umgenummert. Für diese vier Maschinen mußte eine besondere Gattung gebildet werden, da sie eine eigene Bauart darstellten und in keiner anderen Gattung untergebracht werden konnten.

Auffällig ist der große Treibraddurchmesser von 1530 mm; für zweiachsige Tenderlokomotiven doch etwas ungewöhnlich. Solche großrädrigen Maschinen waren bei den deutschen Bahnen selten. Im Dienst standen sie nur noch bei der Nachbarbahn, der Eutin-Lübecker Eisenbahn. Charakteristisches Kennzeichen dieser Lokomotiven ist der Kraussche Wasserkastenrahmen, der über der Hinterachse liegende Stehkessel mit runder Decke (nach der Bauart Crampton) und das außenliegende Triebwerk.

Das Einsatzgebiet der Lokomotiven war der Vorortverkehr Rostock–Warnemünde, weil sie für Vor- und Rückwärtsfahrt auf kurzen Strekken besonders geeignet waren. Dabei wurden kurze Wagenzüge in rascher Zugfolge befördert. Der Kessel gewährleistete eine gute Dampfentwicklung. Die Vorräte waren mit 3,0 m^3 Wasser und 0,80 t

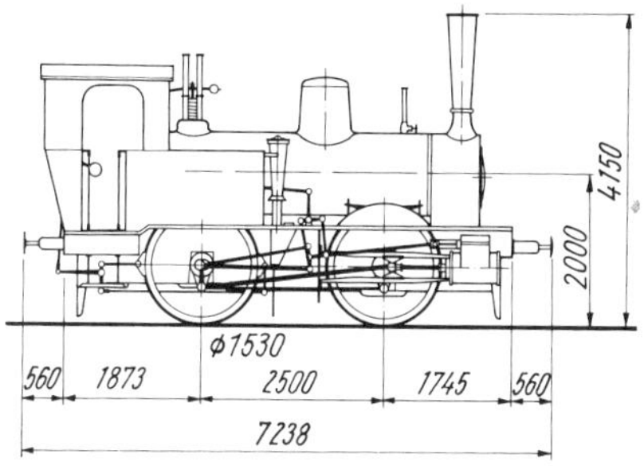

Gattung XI alt, Lokomotiven Nr. 501 bis Nr. 504

Kohle für diese kurzen Strecken ausreichend.

Konstruktive Merkmale

Kessel: Langkessel mit zwei Schüssen. Dampfdom auf dem hinteren Teil des ersten Kesselschusses. Sicherheitsventil auf Stehkessel.
Rohrlänge 3,120 m, Rostfläche 0,68 m^2, Heizfläche 43,59 m^2, Kesselüberdruck 10,0 bar.
Hoher, kegeliger Schornstein.
Rahmen: Wasserkastenrahmen, innenliegend. Einfüllstutzen auf rechter Seite vor dem Kohlebehälter.
Triebwerk: Zweizylinder-Naßdampftriebwerk. Waagerecht angeordnete Zylinder. Darüberliegende Schieberkästen. Antrieb auf hintere Kuppelachse. Zweischienige Kreuzkopfführung.
Steuerung: Allan-Steuerung, außenliegend. Gekreuzte Exzenterstangen.
Laufwerk: Treibräder 1530 mm Durchmesser. Obenliegende Blattfedern. Achsstand 2500 mm.
Bremse: Wurfhebelbremse beidseitig auf die Treibräder wirkend. Heberleinbremse später ausgebaut.
Sonstige Einrichtungen: Sandkasten vor den Treibrädern unter dem Umlaufblech sandet diese von vorn. Dampfheizeinrichtung. Dampfläutewerk. Kohlebehälter zu beiden Seiten vor dem Führerstand.

Bahn-nummer	Hersteller	Baujahr	Fabrik-nummer	Bemer-kungen	Ausmusterung
501	Egestorff	1884	1685	[1] [2]	1921
502	Egestorff	1884	1686		1917
503	Egestorff	1884	1687		1922
504	Egestorff	1884	1688		1921

[1]) Lokomotiven wurden 1894 von der Lloydbahn Neustrelitz–Warnemünde übernommen. Sie hatten dort die Bahnnummern 21 bis 24.
[2]) Lokomotiven hatten bis 1895 die Bahnnummern 110 bis 113.

XII (alt)

B n2t
1882 bis 1919
Techn. Daten: Seite 169

Die Gattung XII (alt) wurde mit den Tenderlokomotiven gebildet, die 1890 von der Güstrow-Plauer Eisenbahn kamen. Sie trugen dort die Bahnnummern 1 bis 3, nach dem älteren Nummernplan dann die Bahnnummern 114 bis 116 und ab 1895 die Bahnnummern 505 bis 507.
Mit einer Höchstgeschwindigkeit von 60 km/h waren es Maschinen, deren typisches Einsatzgebiet im Nebenbahndienst lag. Äußerlich auffällig ist der Langkessel ohne Dom. Im Innern des Kessels lag ein Dampfsammelrohr. Der Regler befand sich auf dem vorderen Kesselschuß, das Reglergestänge verlief

Gattung XII alt, Lokomotiven Nr. 505 bis Nr. 507

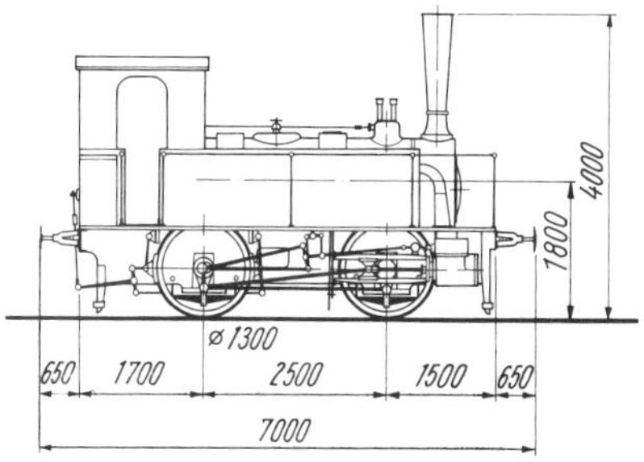

Bahnnummer	Hersteller	Baujahr	Fabriknummer	Bemerkungen	Ausmusterung
505	Vulcan	1882	868	[1] [2]	1916
506	Vulcan	1882	869		1916
507	Vulcan	1882	870		1919

[1]) Lokomotiven wurden 1890 von der Güstrow-Plauer Eisenbahn übernommen. Sie hatten dort die Bahnnnummern 1 bis 3.
[2]) Lokomotiven hatten bis 1895 die Bahnnummern 114 bis 116.

über dem Langkessel. Auf die Ausbildung des Rahmens mit Wasserkasten hatte man verzichtet. Alle Vorräte wurden zu beiden Seiten des Langkessels untergebracht. Dadurch mußten die Vorratsbehälter bis zur Rauchkammer vorgezogen werden. Mit 3,00 m^3 Wasser und 0,80 t Kohle sind bei dieser kleinen Maschine doch beachtliche Vorräte untergebracht worden, die für das ursprüngliche Einsatzgebiet der Güstrow-Plauer Eisenbahn mit rund 70 km Streckenlänge ausreichten. Der Umlauf zu beiden Seiten mit einem Geländer und der Übergang an der Führerhausrückwand ermöglichten auch eine Einmann-Bedienung der Lokomotive.

Gattung XII (alt), Lokomotiven Nr. 505 bis Nr. 507
Foto: Sammlung Lohr/Thielmann

Konstruktive Merkmale

Kessel: Langkessel mit zwei Schüssen. Innenliegendes Dampfsammelrohr. Regler auf vorderem Kesselschuß. Äußere Einströmrohre.
Rohrlänge 2,550 m, Rostfläche 0,68 m^2, Heizfläche 37,90 m^2, Kesselüberdruck 12,0 bar.
Langer, kegeliger Schornstein.
Rahmen: Blechrahmen, innenliegend.
Triebwerk: Zweizylinder-Naßdampftriebwerk. Waagerecht angeordnete Zylinder. Darüberliegende Schieberkästen. Antrieb auf hintere Kuppelachse. Zweischienige Kreuzkopfführung.
Steuerung: Allan-Steuerung,

außenliegend. Gekreuzte Exzenterstangen.
Laufwerk: Treibräder 1300 mm Durchmesser. Unter den Achslagern liegende Blattfedern. Achsstand 2500 mm.
Bremse: Handbremse beidseitig auf die Treibräder wirkend. Heberleinbremse wurde später ausgebaut.
Sonstige Einrichtungen: Sandkasten im seitlichen Wasserbehälter sandet zwischen die Kuppelachsen. Dampfläutewerk. Kohlebehälter zu beiden Seiten vor dem Führerhaus. Davorliegende Wasserkästen bis an die Rauchkammer vorgezogen. Umlauf zu beiden Seiten mit Geländer. Übergang an der Führerhausrückwand.

XIII (alt)
B n2t
1880 bis 1919
Techn. Daten: Seite 169

Im Jahre 1894 wurde die Parchim-Ludwigsluster Eisenbahn und mit ihr zwei Tenderlokomotiven vom Staat übernommen. Beide Maschinen gehörten noch zu den ersten Betriebslokomotiven, mit denen die Bahn eröffnet wurde.
Für ihre Größe verkörperten sie recht kräftige Tenderlokomotiven. Besonders zu erwähnen ist der leistungsfähige Kessel mit einer Rostfläche von 0,94 m² und einer Heizfläche von rund 50 m². Eine solche Leistung erzielten noch nicht einmal die großrädrigen Tendermaschinen der Lloydbahn. Die Größe der Rostfläche wurde mit einem schräg liegenden Rost erreicht. Beachtlich sind auch die mitgeführten Vorräte; 3,5 m³ Wasser und 1,00 t

Gattung XIII (alt), Lokomotiven Nr. 508 und Nr. 509
Foto: Sammlung Lohr/Thielmann

Bahn-nummer	Hersteller	Baujahr	Fabrik-nummer	Bemer-kungen	Ausmusterung
508	Borsig	1880	3725	[1])	1915
509	Borsig	1880	3726		1919

[1]) Lokomotiven wurden 1894 von der Parchim-Ludwigsluster Eisenbahn übernommen. Sie hatten dort die Namen FRIEDRICH FRANZ II und MOLTKE.

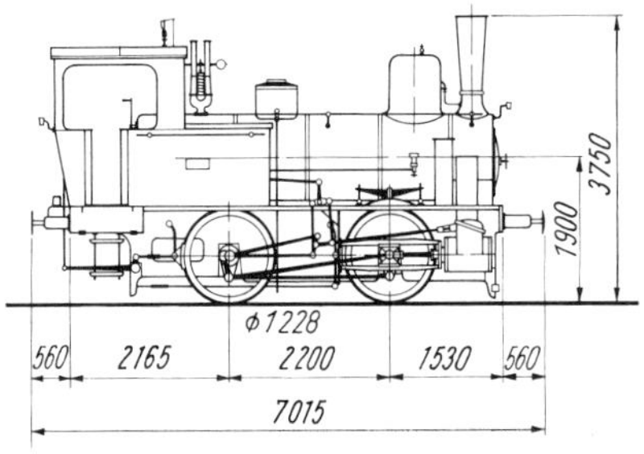

Gattung XIII alt, Lokomotiven Nr. 508 und Nr. 509

Kohle für die nur 26 km lange Strecke von Parchim nach Ludwigslust.
Wie eine ganze Reihe anderer Tenderlokomotiven wurden auch sie nach 40jähriger Dienstzeit bis 1919 ausgemustert und durch dreifach gekuppelte Tendermaschinen ersetzt.

Konstruktive Merkmale

Kessel: Langkessel mit zwei Schüssen. Großer Dampfdom auf vorderem Kesselschuß. Stehkessel mit Sicherheitsventil.
Rohrlänge 3,000 m, Rostfläche 0,94 m^2, Heizfläche 50,11 m^2. Kesselüberdruck 10,0 bar.
Kegeliger Schornstein.
Rahmen: Wasserkastenrahmen, innenliegend.
Triebwerk: Zweizylinder-Naßdampftriebwerk. Waagerecht angeordnete Zylinder. Darüberliegende Schieberkästen. Antrieb auf hintere Kuppelachse. Zweischienige Kreuzkopfführung.
Steuerung: Allan-Steuerung, außenliegend. Gekreuzte Exzenterstangen.
Laufwerk: Treibräder 1 228 mm Durchmesser. Über den Achslagern liegende Blattfedern mit Einzelaufhängung für jede Kuppelachse. Achsstand 2 200 mm.
Bremse: Handbremse wirkt einseitig von hinten auf beide Kuppelräder. Heberleinbremse später ausgebaut.
Sonstige Einrichtungen: Sandkasten auf hinterem Kesselschuß sandet Treibachse von vorn. Dampfläutewerk. Kohlebehälter zu beiden Seiten vor dem Führerhaus.

XIV (alt)

B n2t

1883 bis 1918

Techn. Daten: Seite 170

Für die Güstrow-Plauer-, Wismar-Rostocker- und Teterow-Gnoiener-Eisenbahnen wurden in den Jahren 1881 bis 1885 von der Lokomotivfabrik Vulcan Tenderlokomotiven gebaut, die 1890 mit der Übernahme dieser Strecken zur Staatsbahn kamen. Alle Maschinen sind in der Gattung XIV alt zusammengefaßt worden. Grundlage dazu waren die weitgehend übereinstimmenden technischen Daten. Lediglich die Lokomotive Nr. 515 bildete eine Ausnahme. Sie war vor ihrem Einsatz auf der Wismar-Rostocker Eisenbahn bei der Altdamm-Kolberger Eisenbahn im Einsatz gewesen und paßte deshalb nicht so ganz in diese Gattung, da die Rost- und Heizfläche etwas kleiner war. Weiterhin war die Rauchkammer kürzer und die Bremse wirkte beidseitig auf die Treibräder.
Die Maschinen entsprachen mit ihren konstruktiven Merkmalen dem Aufgabengebiet. Deshalb ergab sich bei den gleichen Betriebsverhältnissen auf den einzelnen Nebenbahnen, daß die Lokomotiven sich im Aufbau grundsätzlich glichen, aber in den einzelnen Abmessungen voneinander sehr verschieden waren. Die Maschinen wurden

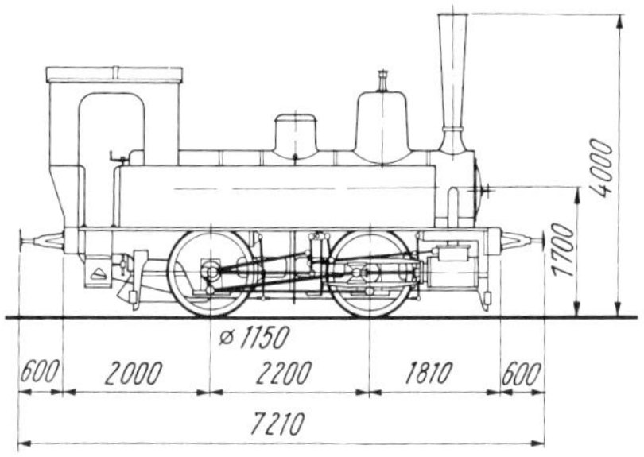

Gattung XIV alt, Lokomotiven Nr. 510 bis Nr. 514 und Nr. 516 bis Nr. 518

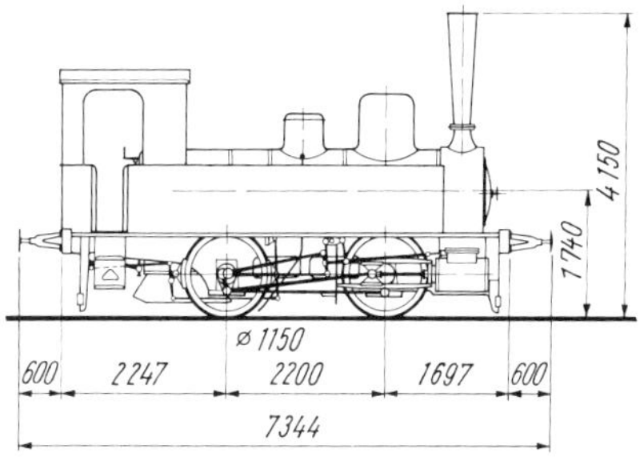

Gattung XIV alt, Lokomotive Nr. 515

bis 1918 ausgemustert und durch dreifach gekuppelte Tenderlokomotiven ersetzt.

Konstruktive Merkmale

Kessel: Langkessel mit zwei Schüssen. Großer Dampfdom auf vorderem Kesselschuß mit Sicherheitsventil.
Rohrlänge 3,150 mm bis 3,220 mm, Rostfläche 0,78 m^2 bis 0,80 m^2, Heizfläche 47,11 m^2 bis 50,20 m^2, Kesselüberdruck 10,0 bar.
Langer, kegeliger Schornstein.
Rahmen: Blechrahmen, innenliegend.
Triebwerk: Zweizylinder-Naßdampftriebwerk. Außenliegende, waagerecht angeordnete Zylinder. Darüberliegende Schieberkästen. Antrieb auf hintere Kuppelachse. Zweischienige Kreuzkopfführung.
Steuerung: Allan-Steuerung, außenliegend. Gekreuzte Exzenterstangen.
Laufwerk: Treibräder 1 150 mm Durchmesser. Über den Achslagern liegende Blattfedern mit Einzelaufhängung für jede Kuppelachse. Achsstand 2 200 mm.
Bremse: Druckluftbremse Bauart Schleifer wirkt einseitig von vorn auf beide Kuppelräder; bei Lokomotive Nr. 515 beidseitig auf die Treibachse. Einige Lokomotiven mit Handbremse ausgerüstet. Heberleinbremse später ausgebaut.
Sonstige Einrichtungen: Sandkasten auf hinterem Kesselschuß sandet zwischen beide Kuppelachsen. Dampfheizeinrichtung. Dampfläutewerk. Kohlebehälter zu beiden Seiten vor dem Führerhaus. Davorliegende Wasserkästen bis an die Rauchkammer vorgezogen.

Bahnnummer	Hersteller	Baujahr	Fabriknummer	Bemerkungen	Ausmusterung
510	Vulcan	1883	870	1)	1918
511	Vulcan	1883	875	2)	1913
512	Vulcan	1883	876	2)	1911
513	Vulcan	1883	877	2)	
514	Vulcan	1883	878	2)	1916
515	Vulcan	1881	807	2)	1914
516	Vulcan	1884	898	3)	1911
517	Vulcan	1884	901	3)	1918
518	Vulcan	1885	902	3)	1915

1) Lokomotive Nr. 510 wurde 1890 von der Güstrow-Plauer Eisenbahn übernommen. Sie hatte dort die Bahnnummer 4 und wurde bis 1895 unter der Bahnnummer 117 geführt.
2) Lokomotiven Nr. 511 bis Nr. 515 wurden 1890 von der Wismar-Rostocker Eisenbahn übernommen. Sie hatten dort die Bahnnummern 1 bis 4 und 1a. Bis 1895 wurden sie unter den Bahnnummern 120 bis 124 geführt. Lokomotive Nr. 124 stammte von der Altdamm-Kolberger Eisenbahn und war zuletzt auf der Wismar-Rostocker Eisenbahn eingesetzt.
3) Lokomotiven Nr. 516 bis Nr. 518 wurden 1890 von der Teterow-Gnoiener Eisenbahn übernommen.

T 3a (XV alt und XVI alt)

DRG-Baureihe 89[80]
(→ EFA 1.3)

C n2t
1884 bis 1931
Techn. Daten: Seite 170

In der Gattung T 3a waren die Lokomotiven des Nachbaus der älteren Ausführung der preußischen Gattung T 3 und die von den Privatbahnen übernommenen Maschinen zusammengefaßt.
Die Lokomotiven hatten auf dem vorderen Kesselschuß einen Regleraufsatz anstelle des Dampfdoms und ab Nr. 550 äußere Einströmrohre. Sie entsprachen in allen wichtigen Abmessungen der ersten Ausführung der preußischen Gattung T 3. Im unteren Teil war die Führerhausrückwand eingezogen. Das Dampfläutewerk Bauart Latowski befand sich auf dem Dach des Führerhauses. Ein handbetätigter Sandstreuer sandete zwischen die erste und zweite Kuppelachse. Später wurde auf dem letzten Kesselschuß ein Sandkasten mit zwei Fallrohren angebracht, mit dem die Treibachse beidseitig gesandet wurde.
Es ist erklärlich, daß entsprechend der Vielfalt der in dieser Gattung zusammengefaßten Maschinen auch die Hauptkenndaten voneinander abwichen. Die Rostflächen betrugen 1,30 m^2 bis 1,35 m^2 und die Heizflächen schwankten zwischen 59,90 m^2 und 61,19 m^2. Beachtlich waren die Vorräte mit 4,00 m^3 Wasser und 1,00 t Kohle. Der Wasservorrat war im Rahmenwasserkasten untergebracht und der Kohlevorrat befand sich rechts und links vor dem Führerhaus am Langkessel. Die Maschinen zogen 430 t auf 2 ‰ und 255 t auf 5 ‰ mit 30 km/h sowie 180 t auf 10 ‰ mit 25 km/h.
Von den insgesamt 51 Lokomotiven der Gattung T 3a sind nach dem Umzeichnungsplan 1925 noch 24 Maschinen in den Bestand der Deutschen Reichsbahn-Gesellschaft übernommen worden.

Gattung T 3a, Lokomotive Nr. 581
Foto: Harder

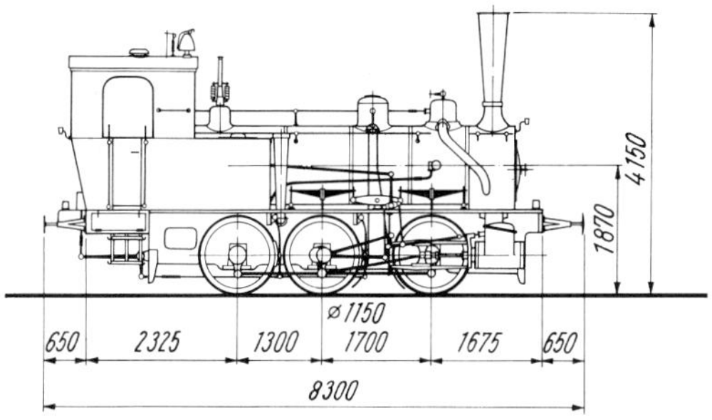

Gattung T 3a (XV alt und XVI alt), Lokomotiven Nr. 530 bis Nr. 535

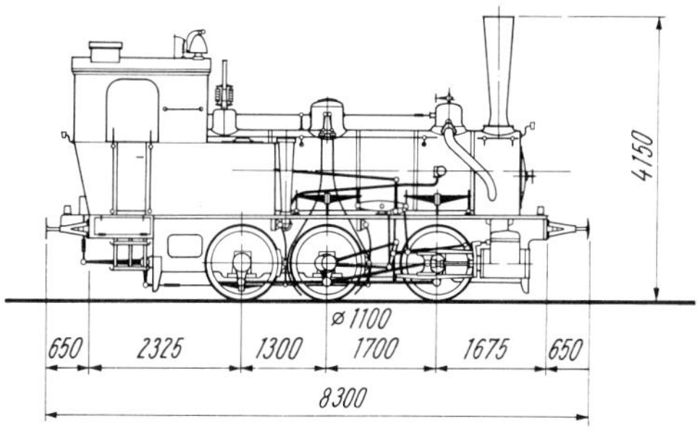

Gattung T 3a (XV alt und XVI alt), Lokomotiven Nr. 550 bis Nr. 594

1) Lokomotiven Nr. 530 und Nr. 531 wurden 1890 von der Güstrow-Plauer Eisenbahn übernommen. Sie hatten dort die Bahnnummern 5 und 6. Bis 1895 wurden sie unter den Bahnnummern 118 und 119 geführt.

2) Lokomotiven Nr. 532 bis Nr. 535 wurden 1897 von der Wismar-Karower Eisenbahn übernommen.

3) Lokomotiven Nr. 550 bis Nr. 554 hatten bis 1895 die Bahnnummern 71, 72, 79, 89 und 92.

4) Lokomotiven PARCHIM bis NEUBRANDENBURG wurden 1894 von der Mecklenburgischen Südbahn Parchim–Neubrandenbrug übernommen und unter den Bahnnummern 555 bis 561 zugeführt.

5) Lokomotive LUDWIGSLUST wurde 1894 von der Parchim-Ludwigsluster Eisenbahn übernommen und erhielt die Bahnnummer 562.

6) Lokomotive NEUSTADT wurde 1894 von der Mecklenburgischen Südbahn Parchim-Neubrandenburg übernommen und erhielt die Bahnnummer 563.

7) Lokomotiven Nr. 564 bis Nr. 569 hatten bis 1895 die Bahnnummern 125 bis 130.

8) Lokomotiven Nr. 571 und Nr. 572 haben die DRG-Nummern 89 8008 und 8009 erhalten.

9) Lokomotiven Nr. 580 bis Nr. 582 erhielten der DRG-Nummern 89 8013 bis 8015.

10) Lokomotive Nr. 584 hat die DRG-Nummer 89 8016 erhalten.

11) Lokomotiven Nr. 587 und Nr. 588 haben die DRG-Nummern 89 8017 und 8018 erhalten. Lokomotive 89 8018 wurde 1931 ausgemustert.

12) Die Lokomotiven Nr. 591 und Nr. 592 sind nach dem Umzeichnungsplan 1925 der DRG in die Gattung T 3 b umgezeichnet worden. Die Lokomotiven gehören jedoch zur Gattung T 3 a.

Bahnnummer	Name	DRG-Nummer	Hersteller	Baujahr	Fabriknummer	Bemerkungen	Ausmusterungen
530			Vulcan	1888	1025	1)	
531			Vulcan	1888	1026	1)	1922
532–535			Vulcan	1887	974–77	2)	
550			Egestorff	1888	2017	3)	
551			Egestorff	1888	2018	3)	
552	MINING		Egestorff	1891	2346	3)	
553	LINING		Vulcan	1892	1299	3)	
554	STINING		Vulcan	1893	1346	3)	
555	PARCHIM		Borsig	1884	4080	4)	1923
556	LÜBZ		Borsig	1884	4081	4)	1924
557	KAROW		Borsig	1884	4082	4)	1924
558	MALCHOW	89 8001	Borsig	1884	4083	4)	
559	WAREN	89 8002	Borsig	1884	4084	4)	
560	PENZLIN		Borsig	1884	4085	4)	1923
561	NEUBRANDENBURG		Borsig	1884	4086	4)	1923
562	LUDWIGSLUST	89 8003	Jung	1892	119	5)	1929
563	NEUSTADT		Jung	1892	120	6)	
564	TRINING	89 8004	Hohenzollern	1894	797	7)	1931
565	TRITTELFITZ		Hohenzollern	1894	798	7)	
566	WESPE	89 8005	Hohenzollern	1894	799	7)	
567	BIENE		Hohenzollern	1894	800	7)	
568	HABICHT	89 8006	Hohenzollern	1894	801	7)	
569	FALKE	89 8007	Hohenzollern	1894	802	7)	
570–572			Schichau	1895	761–63	8)	
573			Schichau	1895	801		
574			Schichau	1895	802		
575		89 8010	Güstrow	1895	125		
576		89 8011	Güstrow	1895	131		
577			Egestorff	1896	2855		
578		89 8012	Egestorff	1896	2856		
579–582			Schichau	1897	914–917	9)	
586–588			Henschel	1899	5053–5055	11)	
589		89 8019	Henschel	1899	5070		1931
590		89 8020	Henschel	1899	5071		
591		89 8051	Jung	1899	358	12)	
592		89 8052	Jung	1899	359	12)	
593		89 8021	Henschel	1900	5274		
594		89 8022	Henschel	1900	5275		

T 3b (XVII alt)

DRG-Baureihe 89^{80}
(→ EFA 1.3)

C n2t

1901 bis 1931

Techn. Daten: Seite 171

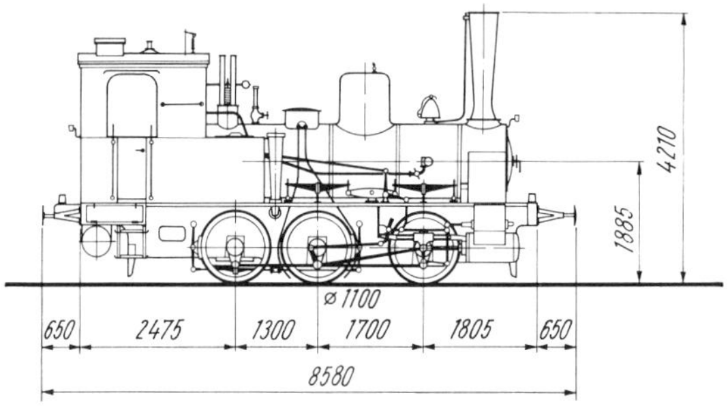

Gattung T 3b (XVII alt), Lokomotiven Nr. 595 und Nr. 596

Ab 1901 wurden dreifach gekuppelte Tenderlokomotiven beschafft, die sich an die spätere Ausführung der preußischen Gattung T 3 anlehnten. Mit diesen Maschinen wurde die Gattung T 3b gebildet. Die Lokomotiven unterschieden sich im äußeren Aussehen grundsätzlich von denen der Gattung T 3a. Sie hatten anstelle des Regleraufsatzes auf dem vorderen Kesselschuß einen größeren Dampfdom auf dem mittleren Kesselschuß. Die Führerhausrückwand war gerade

Gattung T 3b, Lokomotive Nr. 602
Foto: Sammlung Harder

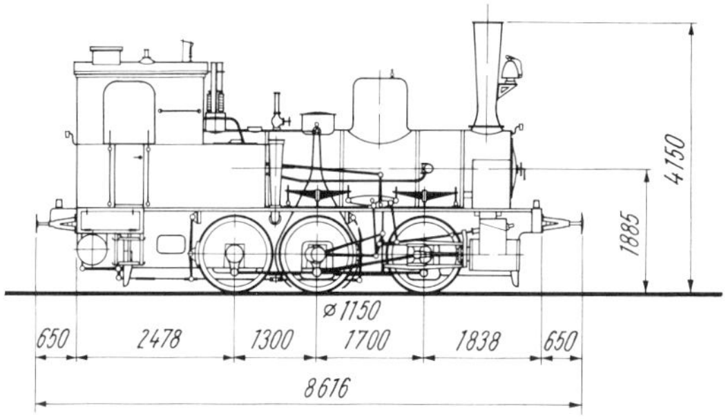

Gattung T 3b (XVII alt), Lokomotiven Nr. 597 bis Nr. 611

ausgebildet. Bei den Lokomotiven Nr. 595 und Nr. 596 befand sich das Dampfläutewerk auf dem vorderen Kesselschuß, bei den folgenden Maschinen saß es auf einer Konsole vor dem Schornstein. Die Lokomotiven hatten eine außenliegende Allan-Steuerung. Eine Ausnahme bildeten wiederum die Lokomotiven Nr. 595 und Nr. 596, die mit einer außenliegenden Heusinger-Steuerung ausgerüstet waren. Der Wasservorrat mit 3,00 m³ war im Rahmenwasserkasten untergebracht und der Kohlevorrat mit 1,00 t befand sich rechts und links vor dem Führerhaus am Langkessel. Der handbetätigte Sandstreuer ist später durch einen Sandkasten, der auf dem letzten Kesselschuß untergebracht war, ersetzt worden. Damit konnte die Treibachse beidseitig gesandet werden.

Das Leistungsprogramm der Maschinen entsprach dem der Gattung T 3a. Von den insgesamt 17 Lokomotiven wurden nach dem Umzeichnungsplan 1925 noch 16 Maschinen in den Bestand der Deutschen Reichsbahn-Gesellschaft übernommen.

Bahn-nummer	DRG-Nummer	Hersteller	Baujahr	Fabrik-nummer	Bemer-kungen	Ausmusterung
595	89 8053	Linke	1901	46		
596	89 8054	Linke	1902	111		
597	89 8055	Henschel	1902	6215	1931	
598	89 8056	Henschel	1903	6373		
599	89 8057	Henschel	1903	6374		
600	89 8058	Linke	1903	172		
601	89 8059	Linke	1903	173	1931	
602	89 8060	Henschel	1904	6844	1931	
603	89 8061	Henschel	1904	6845		
604	89 8062	Henschel	1904	6884		
605	89 8063	Henschel	1904	6899		
606	89 8064	Henschel	1905	7067		
607	89 8065	Henschel	1905	7068		
608		Henschel	1905	7069		
609	89 8066	Linke	1906	374		
610	89 8067	Linke	1906	406		
611	89 8068	Linke	1906	416		

T 4 (XXI alt)

DRG-Baureihe 91^{19}
(→ EFA 1.3)

1'C n2t

1907 bis 1970

Techn. Daten: Seite 171

Die Lokomotiven der Gattung T 4 müssen als eine eigenständige mecklenburgische Entwicklung angesehen werden, auch wenn behauptet wird, daß die preußischen Gattungen G 9^2 und T 9^3 in etwa als Vorbild dienten. Es waren Maschinen für den überwiegenden Einsatz auf Nebenbahnen; im Aufbau und in der Wartung einfach, aber mit einer guten Dampfentwicklung.

Auffällig sind die kleinen Treibräder mit 1 150 mm Durchmesser, die ab Lokomotive Nr. 731 geringfügig auf 1 200 mm vergrößert wurden. Mit dem unsymmetrischen Achsstand der Kuppelachse von 1 615 mm und 1385 mm ergab sich eine bessere Gewichtsverteilung mit einer Kuppelachsfahrmasse von 12,00 t. Die Ausgleichhebel zwischen den Blattfedern der Laufachse und der ersten Kuppelachse waren außergewöhnlich lang und lagen oberhalb des Umlaufbleches. Die Laufachse war als Adamsachse ausgebildet. Wegen des schädlichen Einflusses auf den leichten Oberbau konnte man sich immer noch nicht mit dem Krauss-Helmholtz-Gestell anfreunden. Weit zurückgelegt zwischen Lauf- und erster Kuppelachse befanden sich die Zylinder. Der Sandkasten auf dem letzten

Kesselschluß sandete die erste Kuppelachse von vorn und die Treibachse von hinten. Auf einer Konsole vor dem Schornstein saß das Läutewerk, bei einigen Maschinen auch vor dem Schornstein auf dem Rauchkammerscheitel. Bei den einzelnen Lieferungen gab es geringfügige Unterschiede im Fassungsvermögen der Wasserkästen zwischen 4,30 m^3 und 4,60 m^3. Der Kohlevorrat von 1,50 t befand sich in einem genieteten Kohlekasten hinter dem Führerhaus.
Die Lokomotiven beförderten 720 t in der Ebene mit 45 km/h, 380 t auf 5 ‰ mit 35 km/h und auf 10 ‰ noch mit 20 km/h. Diese kleinen Maschinen waren schon zu beachtlichen Leistungen fähig. Nach dem Umzeichnungsplan von 1925 wurden alle 50 Lokomotiven in den Bestand der Deutschen Reichsbahn-Gesellschaft übernommen.

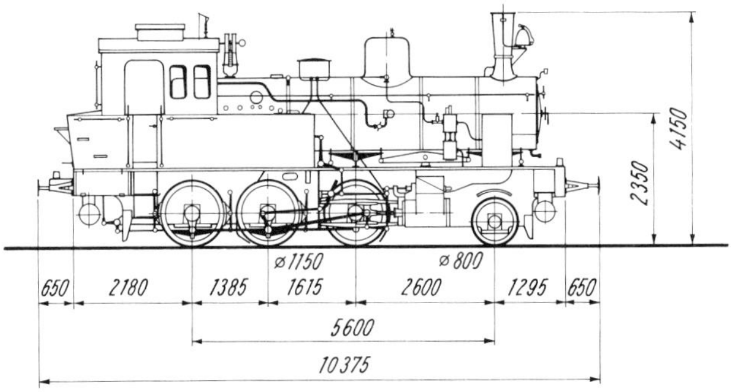

Gattung T 4 (XXI alt), Lokomotiven Nr. 701 bis Nr. 750, ab Lokomotive Nr. 731 Treibraddurchmesser 1200 mm

Gattung T 4, Lokomotive Nr. 714
Foto: Sammlung Lohr/Thielmann

Bahn-nummer	DRG-Nummer	Hersteller	Baujahr	Fabrik-nummer	Bemer-kungen	Ausmusterung
701	91 1901	Henschel	1907	8197		
702	91 1902	Henschel	1907	8198		
703	91 1903	Henschel	1908	8873		
704	91 1904	Henschel	1908	8874		
705	91 1905	Henschel	1908	8927		
706	91 1906	Henschel	1908	8928		
707–710	91 1907–1910	Henschel	1909	9476–9479		
711–713	91 1911–1913	Henschel	1910	9876–9878		
714	91 1914	Orenstein	1910	4000		
715	91 1915	Orenstein	1911	4671		
716	91 1916	Orenstein	1911	4672		
717–720	91 1917–1920	Henschel	1912	11311–11314		
721–723	91 1921–1923	Orenstein	1913	6251–6253		
724–726	91 1924–1926	Orenstein	1914	7701–7703		
727–730	91 1927–1930	Henschel	1914	12896–12899		
731–733	91 1931–1933	Henschel	1915	13573–13575		
734	91 1934	Orenstein	1915	7861		
735	91 1935	Henschel	1916	13979		
736	91 1936	Henschel	1916	13980		
737	91 1937	Henschel	1918	15676		
738	91 1938	Henschel	1918	15677		
739–743	91 1939–1943	Henschel	1919	16292–16296		
744–747	91 1944–1947	Henschel	1921	18276–18279		
748–750	91 1948–1950	Orenstein	1922	9768–9770		

T 9^2

DRG-Baureihe 91^0
(→ EFA 1.3)

1'C n2t

1893 bis 1928

Techn. Daten: Seite 172

Aus dem Bestand der Preußischen Staatsbahn wurden 1920 drei Lokomotiven der Gattung T 9^2 überwiesen. Die Maschinen wurden dringend gebraucht, um die notwendigen Beförderungsaufgaben zu bewältigen. Mit ihrem einfachen Aufbau waren sie für den Einsatz auf Nebenbahnen besonders geeignet.
Mit 1 350 mm waren die Treibräder im Durchmesser deutlich größer als die der Maschinen der Gattung T 4. Das paßte nicht so recht auf die mecklenburgischen Verhältnisse. Auffällig ist der unsymmetrische Achsstand der Kuppelachsen

Gattung T 9^2, Lokomotiven Nr. 772 bis Nr. 774

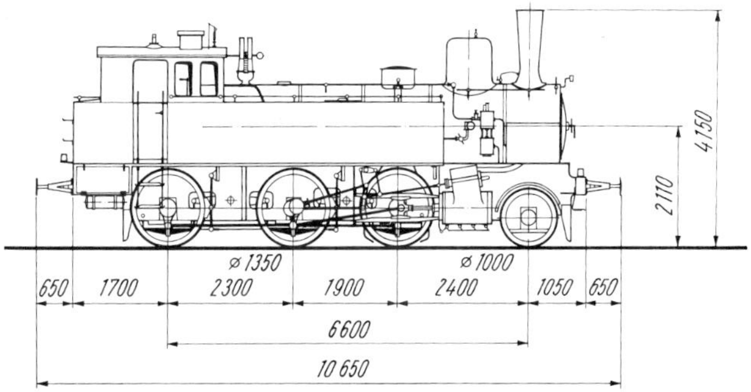

Bahn-nummer	DRG-Nummer	Hersteller	Baujahr	Fabrik-nummer	Bemer-kungen	Ausmusterung
772	91 002	Union	1893	732	[1])	1928
773	91 003	Union	1893	733	[1])	1928
774		Union	1893	734	[1]) [2])	

[1]) Lokomotiven wurden 1920 aus dem Bestand der Preußischen Staatsbahn überwiesen. Sie waren dort eingereiht als Essen 7203 bis 7205.

[2]) 1921 verkauft an die Kleinbahn Nauendorf–Gerlebogk.

mit 1900 mm und 2300 mm, mit dem eine gleichmäßige Gewichtsverteilung erzielt wurde. Die vordere Laufachse war als Adamsachse mit 40 mm Seitenbeweglichkeit ausgebildet. Zwischen der Laufachse und der ersten Kuppelachse befanden sich die waagerecht angeordneten Zylinder mit den schräg aufgesetzten Schieberkästen. Die Maschinen verfügten über gute Laufeigenschaften. In zwei seitlichen Kästen, die bis in die Höhe der Zylinder reichten, waren 5,75 m³ Wasser untergebracht. Der Kohlevorrat mit 2,00 t befand sich hinter dem Führerhaus. Die Maschinen zogen 350 t in der Ebene mit 60 km/h, 315 t auf 5 ‰ mit 40 km/h und 355 t auf 10 ‰ mit 30 km/h.

Zwei Lokomotiven wurden nach dem Umzeichnungsplan 1925 noch in den Bestand der Deutschen Reichsbahn-Gesellschaft übernommen.

T 9³

DRG-Baureihe 91^10, 11, 12 (→ EFA 1.3)

1'C n2t

1908 bis 1935

Techn. Daten: Seite 172

Die drei Lokomotiven der Gattung T 9³ kamen ebenfalls aus dem Bestand der Preußischen Staatsbahn. Es waren Maschinen mit guten Laufeigenschaften, die überwiegend zur Beförderung von Güter- und Personenzügen auf Nebenbahnen eingesetzt wurden.

An den Lokomotiven fällt die hohe Kessellage mit 2500 mm über Schienenoberkante auf. Damit konnte ein im Durchmesser großer Kessel mit tiefer Feuerbüchse untergebracht werden. Ausgewogen ist der symmetrische Achsstand der Kuppelachsen mit der Lage der

Gattung T 9³, Lokomotiven Nr. 780 bis Nr. 782

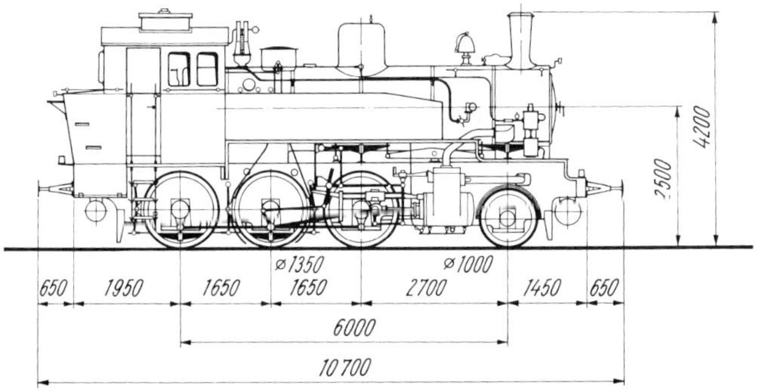

Bahn-nummer	DRG-Nummer	Hersteller	Baujahr	Fabrik-nummer	Bemer-kungen	Ausmusterung
780	91 1012	Hohenzollern	1908	2361	[1])	1935
781	91 1164	Hohenzollern	1909	2442	[1])	
782	91 1205	Hohenzollern	1909	2513	[1])	1935

[1]) Lokomotiven wurden 1920 aus dem Bestand der Preußischen Staatsbahn überwiesen. Sie waren dort eingereiht als Essen 7378, 7062 und 7073.

Zylinder zwischen Lauf- und erster Kuppelachse. Lauf- und erste Kuppelachse bilden ein Krauss-Helmholtz-Drehgestell, womit gegenüber der Adamsachse deutlich bessere Laufeigenschaften erreicht wurden. Die anfänglich zweischienige Kreuzkopfführung wurde in eine einschienige geändert.
Der Wasservorrat von 7,00 m³ war in zwei seitlichen Wasserbehältern und in dem als Wasserkasten ausgebildeten Blechrahmen untergebracht. Der Kohlevorrat mit 2,80 t befand sich hinter dem Führerhaus. Die Lokomotiven beförderten 300 t in der Ebene mit einer Höchstgeschwindigkeit von 65 km/h, 315 t auf 5 ‰ mit 45 km/h und 335 t auf 10 ‰ mit 25 km/h.
Alle drei Maschinen wurden nach dem Umzeichnungsplan 1925 in den Bestand der Deutschen Reichsbahn-Gesellschaft übernommen.

XVIII (alt)

B n2t

1886 bis 1916

Techn. Daten: Seite 172

Im Jahre 1890 wurden von der Doberan-Heiligendammer Eisenbahn (D. H. E.) zwei zweifach gekuppelte Trambahnlokomotiven übernommen. Sie waren als Kastenlokomotiven ausgebildet und hatten einen außenliegenden Blechrahmen. Zwischen dem Rahmen befand sich ein Wasserkasten. Auf dem Dach der Maschine war ein Röhren-Abdampfkondensator angebracht, um die Umweltbelastungen in Doberan bei den Stadtdurchfahrten zu verringern. Der Führerstand war rechts

Gattung XVIII (alt), Lokomotive Nr. 2 der Doberan-Heiligendammer Eisenbahn, ab 1890 Lokomotive Nr. 1002
Foto: Sammlung Harder

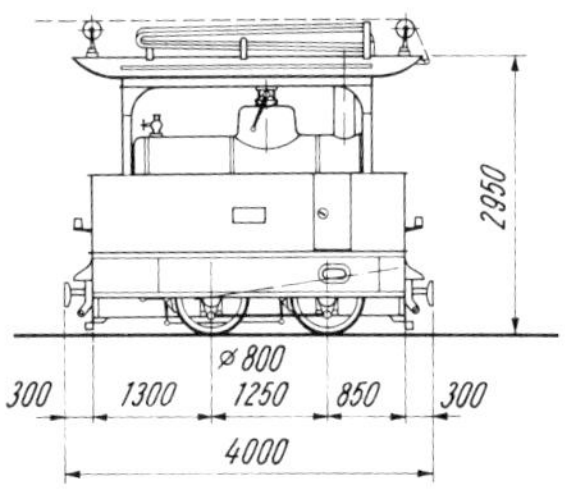

Gattung XVIII (alt), Lokomotiven Nr. 1001 und Nr. 1002

neben dem Kessel angeordnet. Mit dieser Anordnung waren sowohl bei Vorwärts- als auch bei Rückwärtsfahrt gute Sichtverhältnisse gegeben. Die innenliegenden Schieberkästen waren verkleidet, damit keine übermäßige Verschmutzung des Triebwerkes entstand. Das Feuerloch befand sich seitlich rechts am Stehkessel. Auf der Mitte des kleinen Langkessels saß der Dampfdom. Am Dampfdom war der Regler angebracht. Die Umsteuerung erfolgte mit einem Hebel.
Mit der winzigen Rostfläche von 0,36 m² und einer entsprechend kleinen Heizfläche von 13,40 m² bis 15,43 m² verfügten die Maschinen über eine Leistung, die gerade ausreichte, um drei Wagen zu befördern. Zum Wagenzug gehörten ein kombinierter Post-/Gepäckwagen, ein Personenwagen II./III. Klasse und ein Personenwagen III. Klasse. Die mitgeführten Vorräte waren recht bescheiden, genügten aber für eine Hin- und eine Rückfahrt auf der 5,7 km langen Strecke.

Konstruktive Merkmale

Kessel: Liegender Kessel mit zwei Schüssen. Dampfdom mit Regler auf der Mitte des Kessels. Sehr kurze Rauchkammer (420 mm). Stehkessel mit Sicherheitsventil. Seitlich am Stehkessel angeordnetes Feuerloch.
Rohrlänge 1,350 m, Rostfläche 0,36 m², Heizfläche 13,40 m² bis 15,43 m², Kesselüberdruck 12,0 bar. Kurzer, zylindrischer Schornstein.
Rahmen: Blechrahmen, außenliegend. Innenliegender Wasserkasten im Rahmen.
Triebwerk: Zweizylinder-Naßdampftriebwerk. Innenliegende, schräg angeordnete Zylinder. Obenliegende Schieberkästen. Antrieb auf hintere Kuppelachse. Zweischienige Kreuzkopfführung. Verkleidung des Triebwerkes.
Steuerung: Joy-Steuerung, innenliegend mit gekreuzten Exzenterstangen. Umsteuerung durch Hebel an der rechten Seite des Langkessels.
Laufwerk: Treib- und Kuppelräder 800 mm Durchmesser. Über den Achslagern liegende Blattfedern. Achsstand 1 250 mm.
Bremse: Handbremse als Wurfhebelbremse ausgebildet, bremst Treibachse einseitig von hinten. Zusätzlich Heberlein-Bremse.
Sonstige Einrichtungen: Kastenförmiger Aufbau der Lokomotive mit seitlichem Führerstand. Röhren-Abdampfkondensator auf dem Dach der Lokomotive. Seitlicher Führerstand geeignet zur Vor- und Rückwärtsfahrt. Dampfheizeinrichtung.

Bahnnummer	Hersteller	Baujahr	Fabriknummer	Bemerkungen	Ausmusterung
1001	Hohenzollern	1886	304	¹)	1916
1002	Hohenzollern	1887	307	¹)	1916

¹) Lokomotiven wurden 1890 von der Doberan-Heiligendammer Eisenbahn übernommen. Sie hatten dort die Bahnnummern 1 und 2.

T 7 (XIX alt)

C n2t

1891 bis 1924

Techn. Daten: Seite 173

Nach der Eröffnung der Strecke Doberan–Heiligendamm im Jahre 1886 entwickelte sich in den folgenden Jahren ein derartig starker Verkehr, daß die zweifach gekuppelten Trambahnlokomotiven bald nicht mehr den Leistungsanforderungen gewachsen waren. Der nächste Schritt war eine dreifach gekuppelte Maschine, die bei Krauss in München bestellt wurde. Die erste Maschine ist 1891 und die zweite 1898 geliefert worden. Beide Maschinen kamen sofort zur Mecklenburgischen Staatsbahn, denn die Doberan-Heiligendammer Eisenbahn (D. H. E.) war schon 1890 in Staatseigentum übernommen worden.

Die Lokomotiven zeigten typische Konstruktionsmerkmale von Krauss. Der innenliegende Rahmen war als Wasserkasten ausgebildet. Gegenüber den zweifach gekuppelten Trambahnlokomotiven wurde eine wesentliche Leistungssteigerung erreicht. Obwohl die Rostfläche nur geringfügig auf 0,43 m² vergrößert wurde, ergab sich eine Verdopplung der Heizfläche und der Reibungsmasse. Damit waren die Maschinen in der Lage, die neuen Leistungsanforderungen zu bewältigen. Sie haben bis zum Jahre 1911 ihren Dienst zur Zufriedenheit erledigt. Ein Vergleich der entscheidenden Abmessungen zu den neuen Lokomotiven der Gattung T 7 weist kein gesteigertes Leistungsvermögen aus. Nach ihrem Ausscheiden aus dem Staatsbahndienst kamen beide Lokomotiven zur Neubukower Rübenbahn. Diese bestand seit 1894 als eine dem nichtöffentlichen Verkehr dienende Schmalspurbahn. Dort wurden die Maschinen erst in den Jahren 1923/1924 ausgemustert.

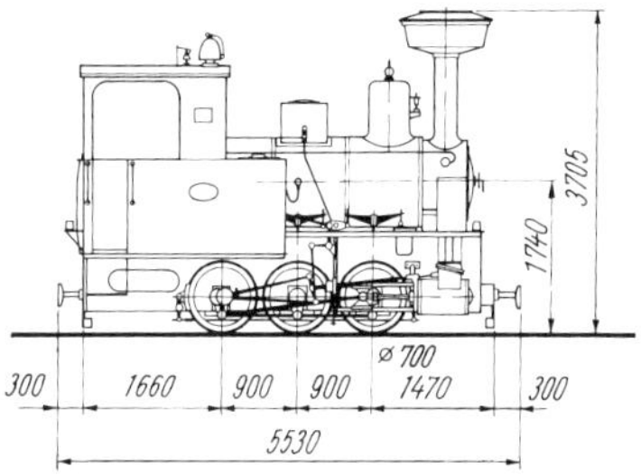

Gattung T 7 (XIX alt), Lokomotiven Nr. 1003 und Nr. 1004

Konstruktive Merkmale

Kessel: Langkessel mit zwei Schüssen. Großer Dampfdom mit Sicherheitsventil auf vorderem Kesselschuß. Glatt durchgehender Kesselscheitel mit verengter Rauchkammer. Rauchkammer sehr kurz (591 mm). Rohrlänge 2,200 m, Rostfläche 0,43 m², Heizfläche 28,93 m², Kesselüberdruck 12,0 bar.

Kegeliger Schornstein mit Kobelfunkenfänger. Später Prüsmann-Schornstein.

Rahmen: Wasserkastenrahmen, innenliegend.

Triebwerk: Zweizylinder-Naßdampftriebwerk. Außenliegende, waagerecht angeordnete Zylinder. Obenliegende Schieberkästen. Antrieb auf hintere Kuppelachse. Zweischienige Kreuzkopfführung.

Steuerung: Stephenson-Steuerung, außenliegend mit gekreuzten Exzenterstangen.

Laufwerk: Treibräder 850 mm Durchmesser. Erste und zweite Kuppelachse mit weit über den Achslagern liegenden Blattfedern, zwischen beiden Kuppelachsen mit kurzem Ausgleichhebel verbunden. Treibachse mit querliegender Blattfeder. Achsstand von vorn 900 mm, 900 mm.

Bremse: Handbremse wirkt einseitig auf erste Kuppelachse von vorn und auf Treibachse von hinten, später Druckluftbremse Bauart Knorr.

Sonstige Einrichtungen: Sandstreuer auf Mitte. Langkessel sandet erste Kuppelachse von vorn und letzte Kuppelachse von hinten. Dampfheizeinrichtung. Dampfläutewerk. Zentralschmierung Bauart De Limon. Triebwerksverkleidung später entfernt.

Bahnnummer	Hersteller	Baujahr	Fabriknummer	Bemerkungen	Ausmusterung
1003	Krauss	1891	2554	[1])	1923
1004	Krauss	1898	3780	[1])	1924

[1]) Einsatz der Lokomotiven ab 1911 auf der Neubukower Rübenbahn.

T 7

DRG-Baureihe 99^{30}
(→ EFA 1.4)

C n2t

1910 bis 1946

Techn. Daten: Seite 173

Im Jahre 1910 wurde die Strecke Doberan–Heiligendamm bis Arendsee, dem heutigen Kühlungsborn, verlängert. Die Streckenlänge betrug nun 15,4 km. Gleichzeitig wurde der Güterverkehr aufgenommen. Den Neubau des Streckenabschnitts nach Arendsee nutzte man für eine Durcharbeitung des schon bestehenden von Doberan nach Heiligendamm und verstärkte dabei den Oberbau. Damit waren neue Einsatzbedingungen für die Lokomotiven erschlossen.
Neue, dreifach gekuppelte Maschinen kamen zum Einsatz. Von 1910 bis 1914 wurden drei Lokomotiven in den Betrieb übernommen. Mit der Übernahme der zweiten Maschine im Jahre 1911 wanderten die

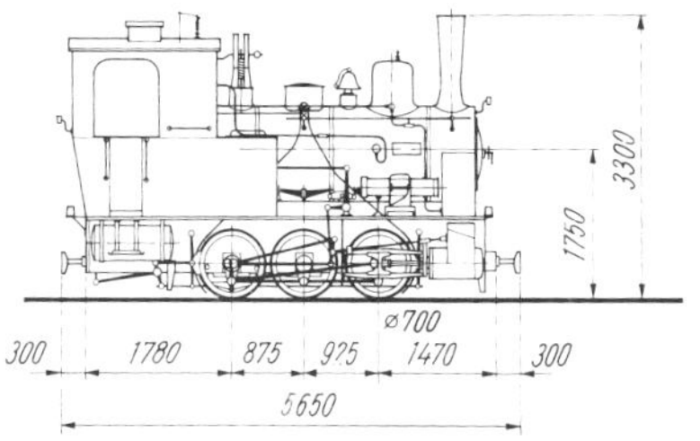

Gattung T 7, Lokomotiven Nr. 1005 bis Nr. 1007

Gattung T 7, Lokomotive Nr. 1007 mit Triebwerksverkleidung
Foto: Sammlung Harder

bis dahin eingesetzten von Krauss auf die Neubukower Rübenbahn ab.

Das Leistungsvermögen der Maschinen war gegenüber dem der Lokomotiven von Krauss nur geringfügig verbessert worden. Die Rostfläche war auf 0,56 m^2 und die Heizfläche auf 30,50 m^2 vergrößert worden. Damit stand allerdings eine Zunahme der Rostfläche um 24 % einer der Heizfläche um 5 % gegenüber, was sich natürlich auf eine Verbesserung der Dampfentwicklung ausgewirkt hat. Der genietete Blechrahmen war als Wasserkasten ausgebildet und faßte 1,70 m^3. Rechts und links vor dem Führerhaus waren in kleinen Vorratsbehältern 0,75 t Kohle untergebracht. Die Triebwerksverkleidung wurde nach 1920 entfernt. Die Lokomotive Nr. 1007 hatte eine um 150 mm höhere Kessellage.

Von der Deutschen Reichsbahn-Gesellschaft wurden alle drei Maschinen in den Umzeichnungsplan 1925 übernommen.

Bahn-nummer	DRG-Nummer	Hersteller	Baujahr	Fabrik-nummer	Bemer-kungen	Ausmusterung
1005	99 301	Henschel	1910	9845	[1])	1946
1006	99 302	Henschel	1911	10699	[2])	1933
1007	99 303	Henschel	1914	12884	[1])	1946

[1]) Einsatz der Lokomotiven ab 1924 auf der Neubukower Rübenbahn.
[2]) Lokomotive Nr. 1006 verblieb nach 1924 als Reservelokomotive beim Bahnhof Bad Doberan.

Verzeichnis der Lokomotivfabriken

Berliner Maschinenbau-A.-G. vormals L. Schwartzkopff, Berlin
Borsig-Lokomotivwerke GmbH, Hennigsdorf b. Berlin
Elsässische Maschinenbaugesellschaft Grafenstaden, Strassburg
F. Schichau, Maschinen- und Lokomotivfabrik, Elbing
F. Wöhlert'sche Maschinenbau-Anstalt und Eisengießerei-Aktiengesellschaft, Berlin
HANOMAG, Hannoversche Maschinenbau-Aktiengesellschaft, vormals Georg Egestorff, Hannover-Linden
Henschel & Sohn, Cassel
Hohenzollern A.-G. für Lokomotivbau, Grafenberg-Düsseldorf
J. A. Maffei, München
Jung Lokomotivfabrik GmbH, Jungenthal b. Kirchen a. d. Sieg
Krauss & Comp., München
Linke-Hofmann-Werke, Breslau
Maschinenbau-Anstalt Humboldt, Cöln-Kalk
Orenstein & Koppel – Arthur Koppel, Aktiengesellschaft, Drewitz bei Potsdam
Sächsische Maschinenfabrik, vorm. Richard Hartmann Aktiengesellschaft, Chemnitz
Stettiner Maschinenbau-A.-G. Vulcan, Stettin-Bredow
Union-Gießerei, Lokomotivfabrik und Maschinen-Bau-Anstalt in Königsberg
Waggonfabrik Güstrow

Literaturverzeichnis

Bildliches Verzeichnis des Lokomotivparkes der Großherzoglichen General-Eisenbahndirektion Schwerin, 1909

Bombe, H.: Mecklenburgische Friedrich-Franz-Eisenbahn. – Unveröffentlichte Skizzen

Harder, K.-H.; Kobschätzky, H.: Die Großherzoglichen Staatseisenbahnen in Mecklenburg und Oldenburg. – Stuttgart, 1978

Helmholtz, R. von; Staby, W.: Die Entwicklung der Lokomotive; I. Band 1835–1880. – München und Berlin, 1930

Maedel, K.-E.: Die deutschen Dampflokomotiven gestern und heute. – Berlin, 1965

Mayer, A. von: Geschichte und Geographie der deutschen Eisenbahnen; Reprint. – Berlin, 1981

Mecklenburgische Eisenbahn: Jahresbericht der Direktion an die Aktionäre. – Schwerin, 1846–1870

Merkbuch für die Fahrzeuge der Reichsbahn; I. Dampflokomotiven und Tender (Regelspur). – Berlin, 1924

Reichsbahnzentralamt; Metzeltin, E.: Die Entwicklung der Lokomotive; II. Band 1880–1920. – München und Berlin, 1937

Schultz, L.: Eisenbahnen in Mecklenburg. – Berlin, 1986

Statistik der im Betriebe befindlichen Eisenbahnen Deutschlands. – Berlin, 1880 bis 1897

Stegemann, O. Mecklenburgische Eisenbahnverhältnisse. – Schwerin, 1910

Töpelmann, J.: Lokomotiven der mecklenburgischen Staatsbahnen. – Unveröffentlichte Skizzen

Umzeichnungsplan 1925 der Deutschen Reichsbahn-Gesellschaft. – Berlin 1983

Weisbrod, M.; Müller, H.; Petznick, W.: Dampflok-Archiv; Band 1 bis Band 4. – Berlin, 1976 bis 1981

Die Entwicklung der oldenburgischen Eisenbahnen

Die politischen und geographischen Verhältnisse in Oldenburg zu Beginn des Eisenbahnbaus

Auch in Oldenburg wurde – wie in allen anderen deutschen Bundesstaaten auch – mit großer Energie und Zielstrebigkeit an der Entwicklung eines Eisenbahnnetzes gearbeitet. Die politischen Verhältnisse boten dazu jedoch nicht die besten Voraussetzungen, denn das Großherzogtum Oldenburg war kein geschlossenes Staatengebilde. Das Herzogtum, zwischen Nordsee und Hannover gelegen, umfaßte nach dem Stand von 1860 eine Fläche von 5379 km^2 mit etwa 250000 Einwohnern. Auf Grund einer wechselvollen Geschichte gehörten noch die Fürstentümer Lübeck-Eutin an der Ostseeküste und das Fürstentum Birkenfeld weit im Süden Deutschlands in den Bergen des Hunsrück zum Großherzogtum.
Politisches, wirtschaftliches und kulturelles Zentrum des Großherzogtums war die traditionsreiche Stadt Oldenburg. Von hier wurden die Geschicke der drei Landesteile gelenkt.
Das Herzogtum Oldenburg wurde fast gänzlich vom Königreich Hannover umschlossen, lediglich im Osten grenzte es an das Gebiet der Hansestadt Bremen. Diese unmittelbare Nachbarschaft zu Bremen sollte von großer Bedeutung für den Eisenbahnbau werden.
Die Machtbestrebungen Preußens machten sich auch im Großherzogtum bemerkbar. So trat Oldenburg im Jahre 1853 ein Gebiet zu beiden Seiten der Jademündung an der Nordsee an Preußen gegen Zahlung einer Summe von 1,5 Millionen Mark ab. Damit kam – politisch gesehen – noch ein dritter Nachbar hinzu. Das blieb natürlich nicht ohne Auswirkungen auf die Gestaltung des Eisenbahnnetzes. Preußen übernahm vertraglich die Verpflichtung zum militärischen Schutz der Nordseeküste Oldenburgs. Dafür gestattete Oldenburg den Bau einer Eisenbahn über Varel und Oldenburg mit Anschluß an die südlich gelegene Köln-Mindener Eisenbahn unter der Bedingung, selbst Zweigbahnen von und nach dieser Strecke zu bauen.
Preußen verfolgte mit dem Erwerb des Gebietes an der Nordsee ein politisches Ziel, die Anlage eines Marinehafens. Mit den Hansestädten Hamburg und Bremen war ein solcher Vertrag wegen der gegensätzlichen politischen Auffassungen nicht möglich; deshalb kam nur Oldenburg für einen solchen Vertrag in Frage. Auch noch zu anderen Gelegenheiten hatte sich die Zusammenarbeit Preußens mit Oldenburg im politischen Bereich gezeigt. Ein im preußischen Besitz befindlicher Landstreifen im Fürstentum Lübeck-Eutin wurde an Oldenburg abgetreten, wobei man im Gegenzug auf die Erbfolge für das Herzogtum Holstein verzichtete.
Die geographische Lage bot gleichermaßen Vor- wie Nachteile für den Eisenbahnbau. Von der Nordseeküste bis in den Raum Osnabrück erstreckt sich das Land auf einem schmalen Geestrücken zwischen den Niederungen der Weser im Osten und denen der Ems im Westen. Damit war Oldenburg theoretisch der Mittelpunkt des Ost-West-Verkehrs zwischen Holland und dem nordöstlichen Deutschland, aber es reichte nicht so weit nach dem Süden, um direkten Anschluß an die dort liegenden Industriegebiete zu haben.
Der Handel und die Wirtschaft waren sehr eng mit der östlich des Herzogtums liegenden Hansestadt Bremen verbunden. Das Herzogtum Oldenburg verfügte an der Seeküste und an den Ufern der Flüsse über Weide- und Ackerland als Grundlage für eine ausgeprägte Landwirtschaft. Dazwischen lagen noch größere Flächen Ödlandes und ausgedehnte Moore.

Im Fürstentum Lübeck-Eutin waren fruchtbares Ackerland und ausgedehnte Waldungen vorherrschend, währenddessen im Fürstentum Birkenfeld bereits eine schwach entwickelte Industrie bestand und Bergbau zur Gewinnung von Eisen betrieben wurde.
Wichtige Handelsplätze und damit künftige Knoten eines Eisenbahnnetzes waren neben Oldenburg die Städte Brake, Varel und Jever. Oldenburg verfügte über ein gut ausgebautes Straßennetz. Auf den schiffbaren Flüssen Weser und Hunte waren Dampfschiffsverbindungen, sogar mit Personenbeförderung, aufwärts bis Oldenburg eingerichtet.
Das Gebiet war ein typisches Flachland mit Agrarstruktur. Eine kaum entwickelte Industrie bewirkte Kapitalmangel und ein nur schwach vorhandenes Verkehrsbedürfnis. Für Privatunternehmen waren aus einem Eisenbahnbetrieb keine Gewinne zu erwarten. Deshalb gab es auch keine privaten Gesellschaften, die Interesse am Bahnbau zeigten, so daß sämtliche Strecken auf Kosten des Staates gebaut werden mußten.

Erste Eisenbahnstrecken in Oldenburg

Die beschriebenen Verhältnisse bewirkten, daß Oldenburg somit recht spät den Anschluß an das deutsche Eisenbahnnetz gefunden hat. Erst im Jahre 1867, also 32 Jahre nach der Eröffnung der ersten deutschen Eisenbahn, wurde die Strecke zwischen Oldenburg und Bremen in Betrieb genommen. Die Oldenburger Zeitung schrieb dazu am 14. Juli 1867: „... wir werden damit in das Eisenbahnnetz hineingewebt sein ...". Gemeint war das bereits um Oldenburg herum bestehende Netz der Eisenbahnlinien im Königreich Hannover und der Anschluß an Bremen, das bereits seit 1850 von Berlin aus erreichbar war.
Bis zum Aufbau eines Eisenbahnnetzes in Oldenburg war es aber noch ein weiter Weg. Nach wirtschaftlichen Gesichtspunkten ausgearbeitete Projekte für einzelne Eisenbahnstrecken lagen in genügender Anzahl vor. So auch für Verbindungen aus dem Westen, von Holland ausgehend, in östlicher Richtung durch Oldenburg bis nach Bremen, Hamburg und Lübeck. Ein vom Königreich Hannover betriebener Bau einer Strecke von Leer nach Hannover wurde um oldenburgisches Gebiet herumgeführt, obwohl der kürzere Weg durch das Herzogtum führte. So reihte sich ein Versuch an den anderen.
Erst der Vertrag mit Preußen im Jahre 1853 sollte die ersten Aussichten auf die Verwirklichung des Bahnbaus bringen, zumal sich Preußen darin verpflichtete, die Strecke von Heppens, später Wilhelmshaven, über Oldenburg mit Anschluß an die Köln-Mindener-Eisenbahn auf eigene Kosten zu bauen. Der beabsichtigte Bahnbau zögerte sich jedoch noch Jahre hinaus.
Im Jahre 1864 wurde mit Bremen ein Vertrag zum Bau der Strecke Oldenburg – Delmenhorst – Bremen abgeschlossen. Da hinter diesem Bau handfeste wirtschaftliche Interessen standen, ging er auf Staatskosten zügig voran. Am 15. Juli 1867 wurde diese Strecke als erste oldenburgische eröffnet. Nur wenig später, am 3. September 1867 folgte die Strecke Oldenburg–Wilhelmshaven. Damit war entgegen der ursprünglich geplanten Linienführung der Anschluß von Wilhelmshaven über Oldenburg und Bremen nach Preußen geschaffen worden.
Ermutigt vom raschen Fortschritt des Bahnbaus und den beträchtlichen Kosteneinsparungen wurde als nächstes Projekt die Verlängerung der Strecke Bremen–Oldenburg in Richtung Westen nach Leer vorgesehen, um den Verkehr Ostfrieslands auf oldenburgisches Gebiet zu führen. Schon Jahre zuvor war darüber vergeblich mit dem Königreich Hannover als direktem Nachbarn verhandelt worden. Erst mit dem Jahre 1866, als das Königreich Hannover Provinz im preußischen Staatengebilde wurde, konnten die Verhandlungen mit Erfolg fortgeführt werden. Dazu kam 1867 ein Vertrag mit Preußen zustande. Bereits 1869 wurde die Strecke von Oldenburg nach Leer in Betrieb genommen. 1876 erfolgte dann der Anschluß in Neuschanz an das holländische Eisenbahnnetz.
Bedeutungsvoll war von jeher der Bau einer Strecke in Nord-Süd-Richtung, in der längsten Ausdehnung des Landes. Damit rückten auch die bedeutenden Rohstoffvorkommen näher, insbesondere die westfälische Kohle. In der Gegenrichtung konnten Absatzmärkte in den industriellen Ballungsgebieten für die oldenburgische Landwirtschaft erschlossen werden. Es war also eine im doppelten Sinn bedeutungsvolle Streckenführung. Einen weiteren Verkehrszuwachs erhoffte man sich aus dem Transitverkehr über diese Strecke nach den nörd-

lich liegenden Häfen Bremen und Hamburg. Damit wurde der Bau der Strecke Oldenburg–Osnabrück zum bedeutsamsten in der Geschichte des Bahnbaus überhaupt. Nach einer Bauzeit von nur drei Jahren wurde die Strecke 1876 dem Verkehr übergeben.

Die Strecken Bremen–Oldenburg–Leer–Neuschanz in der Ost-West-Richtung und Wilhelmshaven–Oldenburg–Osnabrück in der Nord-Süd-Richtung waren die Keimzellen des oldenburgischen Eisenbahnnetzes. Damit wird im Jahre 1876 auch gleichzeitig die erste Periode der Entwicklung des Eisenbahnnetzes mit einer Streckenlänge von 339 km abgeschlossen.

Der oldenburgische Staat hat beim Bau der Hauptstrecken gleichzeitig Land für einen zweigleisigen Ausbau erworben. Es dauerte jedoch noch Jahre, bis dieser Ausbau der Hauptstrecken in Angriff genommen wurde.

Eine Eigenart, die sich besonders auf die Entwicklung der oldenburgischen Lokomotiven auswirkte, war das Verlegen der Gleise in Sandbettung, da Steinschotter und grober Kies im eigenen Land nicht zur Verfügung standen. Bei den niedrigen Etats für die Anlage der Strekken konnten diese Baumaterialien nicht über weite Entfernungen herangeführt werden. Niedrige zulässige Achsfahrmassen waren die Folge. Das Verlegen der Gleise in Steinschotter wurde streckenweise erst später begonnen und hat sich bis in die 20er Jahre hingezogen.

Es bleibt noch nachzutragen, daß das Fürstentum Birkenfeld seit 1858 vom Bahnhof Neubrücke der Rhein-Nahe-Eisenbahn aus (unter preußischer Verwaltung der Direktion Köln, linksrheinisch bzw. Saarbrücken) und durch die Birkenfelder Kreisbahn erschlossen wurde.

Im Fürstentum Lübeck-Eutin bestanden Linien der Preußischen Staatsbahn und ab 1873 auch die einer Privatbahn, der Eutin-Lübekker Eisenbahn.

Damit ergaben sich jedoch keine Auswirkungen auf die Entwicklung der oldenburgischen Lokomotiven.

Die Entwicklung der Oldenburgischen Staatsbahn

Im Vergleich zu anderen Ländern, wie beispielsweise Baden und Württemberg, hat Oldenburg bei der Entwicklung des Streckennetzes eine besondere Stellung eingenommen. Mit Abschluß der ersten Periode des Bahnbaus – etwa 1875 – war der Anschluß an die Nachbarländer endlich vollzogen und die Erschließung des eigenen Landes mit dem Grundnetz grobmaschig eingeleitet. Die anderen Länder begannen damit durchweg erst in der zweiten Periode. Daraus ist auch zu erklären, daß ab 1876 in den folgenden neun Jahren der weitere Ausbau des oldenburgischen Eisenbahnnetzes stockte. Im Bewußtsein des späten Beginns – im Vergleich zu den anderen Ländern – war ein Tempo im Bahnbau vorgelegt worden, das nach einer Verschnaufpause verlangte. Die Staatsfinanzen mußten sich erholen, und die vorhandenen Projekte für den weiteren Ausbau der Strekken waren tiefgründig zu prüfen und für die Ausführung vorzubereiten. Dabei stand der weitere Bau von Stich- und Verbindungsbahnen im Vordergrund.

Bestätigt wurde diese Haltung durch die nicht hohen, aber sich beständig entwickelnden Einnahmen. Mit dem Überschuß auf Jahre hinaus konnten neue Pläne auf einer soliden Basis verwirklicht werden.

Der weitere Netzausbau wurde mit der Strecke Ahlhorn–Vechta im Jahre 1885 fortgeführt. Von nun an wurde von den Gemeinden die unentgeltliche Bereitstellung von Grund und Boden verlangt. Damit war eine wesentliche Voraussetzung für den beschleunigten Ausbau des Nebenbahnnetzes geschaffen. Im Jahre 1898 folgte die Strecke Delmenhorst–Wildeshausen–Vechta. In der Weiterführung der Strecke wurde im Jahre 1900 in Hesepe die Strecke nach Osnabrück erreicht.

Im Gebiet um die Stadt Varel entstand ein Netz von Querverbindungen und Stichbahnen mit einer Streckenlänge von 35 km, das bis zum Jahre 1905 vollendet wurde.

Mit der Strecke Oldenburg–Brake, dem Verkehr 1896 übergeben, verbindet sich der Überlieferung nach die Bezeichnung „Gummibahn". Mit einem großen Aufwand an Sand-Injektionen war das Moor zum Stillstand zu bringen und für eine stabile Streckenlage herzurichten. Bei solchen natürlichen Bedingungen des Untergrundes für den Streckenbau ist es durchaus erklärlich, daß an den Einsatz von Lokomotiven mit einer hohen Achsfahrmasse nicht gedacht werden konnte. Diese Streckenverhältnisse haben deshalb über Jahrzehnte hinweg noch die Entwicklung der Lokomotiven beeinflußt. Aus solchen geographischen Bedingungen her-

aus ergaben sich immer wieder äußere Einflüsse, die bei der Konstruktion der Maschinen zu berücksichtigen waren.
Zur Vervollkommnung des Netzes sind im südlichen und westlichen Teil Oldenburgs weitere Nebenbahnen gebaut worden.
Bis zum Jahre 1905 wurde von Ocholt aus eine Verbindung an die Vareler Kreisbahn bis Grabstede geschaffen.
Die Strecke Cloppenburg–Ocholt ist abschnittsweise bis zum Jahre 1908 in Betrieb genommen worden.
Der Anschluß von Varel aus bis zur Weserbahn in Rodenkirchen wurde im Jahre 1913 hergestellt.
Der letzte Bahnbau – von Delmenhorst nach Lemwerder, eine Stichbahn mit 14,6 km Streckenlänge, – ist im Jahre 1922 vollendet worden.
In der zweiten Periode der Abrundung und Ergänzung des Netzes entstanden Bahnen mit einer Streckenlänge von 350 km. Damit hatte sich das Streckennetz in seiner vollen Ausdehnung entfaltet.
Auch wenn erst spät, im Vergleich zu anderen Ländern, mit dem Bahnbau begonnen wurde, ist das Streckennetz innerhalb von 10 Jahren bis zum Jahre 1880 mehr als verdoppelt worden und weist bis 1920 einen stetigen Zuwachs auf. Von Anfang an waren Bestrebungen erkennbar, gegenüber anderen Bahnen aufzuholen und den Ausbau des Netzes möglichst rasch zum Abschluß zu bringen.
Mit 12,4 km Streckenlänge auf 100 km² im Jahre 1910 brauchte die Oldenburgische Staatsbahn den Vergleich mit anderen Ländern nicht zu scheuen. Diese Entwicklung ist natürlich nicht ohne Auswirkungen auf die Beschaffung der Lokomotiven geblieben.

Entwicklung des Streckennetzes der Oldenburgischen Staatsbahn

Jahr	Streckenlänge (km)
1870	151,6
1880	338,8
1890	375,8
1900	548,1
1910	646,4
1920	692,4

Die technische Entwicklung der oldenburgischen Lokomotiven

Allgemeine Tendenzen

Bei der Betrachtung der Entwicklung der oldenburgischen Lokomotiven kann man sich des Eindruckes nicht erwehren, daß in dieses Land das „Eisenbahnzeitalter" plötzlich hereingebrochen sein muß; denn mit dem Beginn des Bahnbaus standen noch keine Betriebslokomotiven zur Verfügung. Bei anderen Eisenbahnen war es mittlerweile üblich geworden, daß die ersten Betriebslokomotiven auch gleichzeitig als Baulokomotiven verwendet wurden. Man war in Oldenburg daher gezwungen, Maschinen aus zweiter Hand zu kaufen, um das entstandene Loch bis zum Eintreffen der ersten Betriebslokomotiven zu stopfen und den Bahnbau beschleunigt voranzutreiben.
Auf entsprechende Gesuche hin ging von der Niederschlesisch-Märkischen Eisenbahn ein günstiges Angebot ein. Es wurden zwei Lokomotiven der Bauart 2'A n2 angekauft. Beide Maschinen hatte die Berlin-Frankfurter Eisenbahn als Vorgängerin der Niederschlesisch-Märkischen Eisenbahn im Jahre 1842 von der Lokomotivfabrik William Norris aus Philadelphia bezogen.
Die Lokomotiven kamen im Juli 1866 auf dem Wasserwege in Oldenburg an, wurden schnellstens betriebsfähig hergerichtet und noch im gleichen Monat beim Bahnbau auf den Strecken Oldenburg–Bremen und Oldenburg–Heppens (später Wilhelmshaven) eingesetzt.
Es ist sicher, daß auf den Ankauf der beiden Norris-Maschinen die Bauart keinen Einfluß ausgeübt hat. Die Lokomotiven waren mit ihren 25 Betriebsjahren doch schon etwas betagt und entsprachen auch nicht mehr dem neuesten Stand der Technik. Für die Bauarbeiten an den Strecken waren sie jedoch recht brauchbar. Man behielt sie noch einige Jahre länger als vorgesehen war, bis sie letztendlich im Jahre 1872 ausgemustert wurden.
Wie beim Bahnbau, so war auch bei der Beschaffung und der Verwendung der Lokomotiven den Anforderungen eines möglichst sparsamen Betriebes zu entsprechen, denn das voraussichtliche Verkehrsaufkommen würde sicher keine großen Überschüsse bringen. Man war deshalb von Anfang an darauf bedacht, Maschinen mit geringer Eigenmasse, einfacher Konstruktion und nur mit dem Notwendigen und Zweckmäßigen ausgestattet zum Einsatz zu bringen. Wenn sich, mit Rücksicht auf die

Lokomotiven Nr. 45 und Nr. 46, Fabrikschilder
Werkfoto Hanomag, Sammlung Lohr/Thielmann

Gattung G 1, Lokomotive Nr. 11 LANDWÜHRDEN mit Wasserkasten im Rahmen
Foto: Sammlung Lohr/Thielmann

besonderen Verhältnisse, abweichende Bauarten als zweckmäßiger erweisen sollten, war man auch bereit, von herkömmlichen Konstruktionen abzuweichen. Das brachte im Laufe der Jahre manche Besonderheiten mit sich, die sich aber durchaus bewährten.

Unter diesen Voraussetzungen hat sich die Baukommission, die auch für die Beschaffung der Lokomotiven verantwortlich war, bei den Lokomotivbaufirmen umgesehen. Zu dieser Zeit trat der Maschinenmeister der Schweizer Nordostbahn, Georg Krauss, mit der Konstruktion einer zweiachsigen Maschine mit Innenrahmen in Kastenform an die Öffentlichkeit. Mit dieser Konstruktion hatte Krauss eine beachtliche Ersparnis an Masse erzielt, so daß eine verhältnismäßig leichte Lokomotive entstanden war. Die Oldenburgische Staatsbahn nahm mit dem Maschinenmeister Kontakt auf und übernahm die Pläne, da sie den Vorstellungen nach einer „oldenburgischen" Lokomotive am nächsten kamen. Krauss stand am Anfang seiner Entwicklung und hat bereitwillig der Zusammenarbeit zugestimmt. Außer bei der Schweizer Nordostbahn liefen bei noch keiner anderen Bahnverwaltung solche Maschinen.

Krauss hatte inzwischen in München eine Lokomotivfabrik gegründet und einen Auftrag zur Lieferung von vier Lokomotiven und zwei Tendern erhalten. Eine weitere Lieferung wurde auf dem Wege der Ausschreibung an die Lokomotivfabrik R. Hartmann, Chemnitz, vergeben.

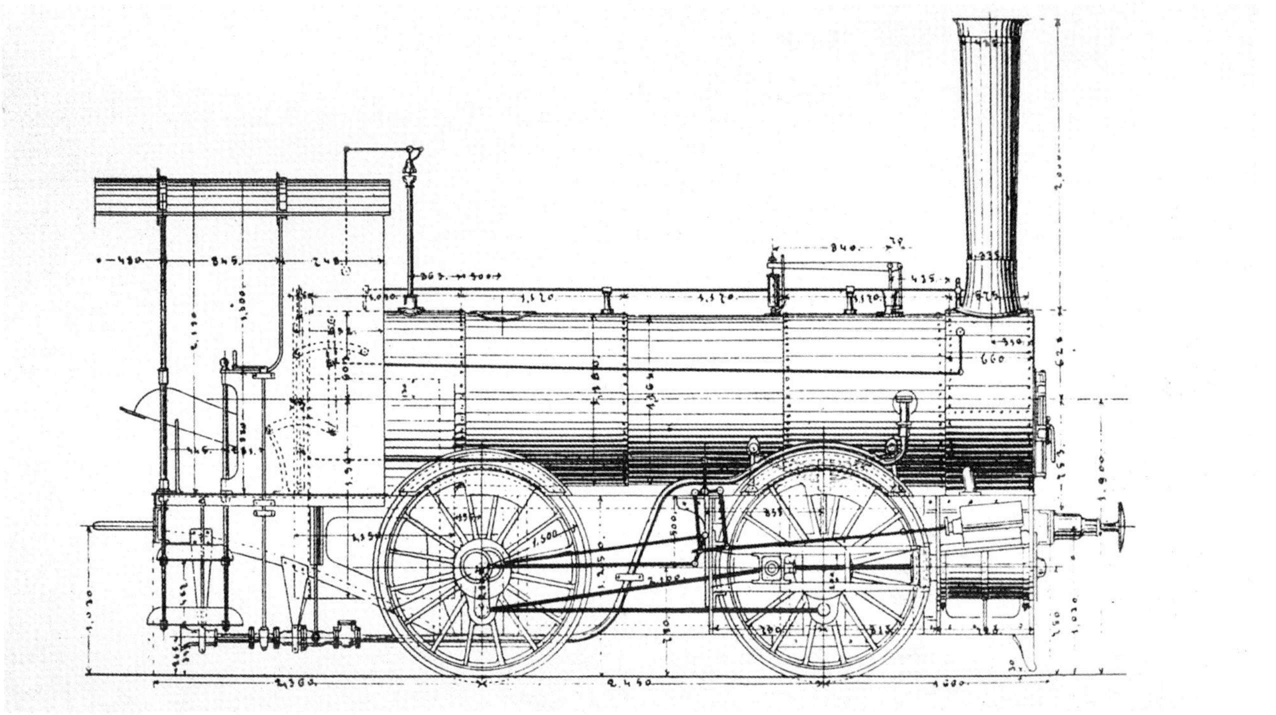

Gattung G 1, Lokomotive Nr. 8 MUENSTERLAND mit Wasserkasten im Rahmen und Torftender
Foto: Sammlung Lohr/Thielmann

Gattung G 1, Lokomotive mit Kohlefeuerung im Bahnhof Bramsche
Foto: Sammlung Lohr/Thielmann

Gattung G 1, Lokomotive Nr. 34 MARKA mit Torftender
Foto: Sammlung Lohr/Thielmann

Gattung G 1, Lokomotive Nr. 44 JÜMME, Entgleisung mit Personenzug im Jahre 1892
Foto: Archiv Schmidt

Gattung G 1, Lokomotive Nr. 35 SOESTE mit Personenzug
Foto: Sammlung Lohr/Thielmann

Von 1866 bis 1891 wurden nicht weniger als 54 Lokomotiven in der Bauart B n2 beschafft, die alle in die Gattung G 1 eingereiht wurden.
Im äußeren Erscheinungsbild war bemerkenswert, daß die Maschinen keinen Dampfdom hatten. Dafür lag ein Dampfsammelrohr im Innern des Kessels, und der Regler war in der Rauchkammer untergebracht. Für Dampfschieber und andere wichtige Maschinenteile wurde ausschließlich Gußeisen verwendet, was sich bestens bewährte.
Damit war es insgesamt eine einfache und solide Konstruktion. Diese Maschinen entwickelten sich als Klassiker auf dem oldenburgischen Bahnnetz. Oft wird gefragt, warum das so war. Die Antwort ist, daß es sehr selten einer Bauart wie dieser gelungen ist, sich den Betriebsverhältnissen in einer solch vollendeten Form anzupassen. In Oldenburg ist diese Bauart erst so richtig berühmt geworden. Die Maschinen der Gattung G 1 haben in sich alles verkörpert, was die Typik der oldenburgischen Lokomotiven ausmacht: Zweckmäßigkeit, Einfachheit und Vielseitigkeit.
Die Lokomotiven der Gattung G 1 haben sich im Einsatz vor Personen- wie auch vor Güterzügen in gleicher Weise bewährt. Interessant ist, daß man im Verlaufe der Jahre die Maschinen dieser Gattung stets dem technisch neuesten Stand angepaßt und Neues ausprobiert hat. Während bei den Lokomotiven der ersten Beschaffung durchweg ein Kesselüberdruck von 10,0 bar vorgesehen war, wurde schon alsbald ein solcher von 12,0 bar eingeführt. Später eingebaute Ersatzkessel waren noch bedeutend leistungsfähiger. Mit versuchsweise eingebauten ankerlosen Kesseln der Bauart Lentz mit Wellrohrfeuerbüchse wurden keine guten Erfahrungen gemacht. Es kam zu unliebsamen Kesselsteinablagerungen unter der Wellrohrfeuerbüchse, die auch nicht mit einem eingebauten Schlammtopf zu beseitigen waren. Bei anderen Eisenbahnverwaltungen haben solche

Versuche ebenfalls keinen Erfolg gehabt. Auf jeden Fall war es ein Beweis dafür, daß sich die Oldenburgische Staatsbahn nicht davor scheute, dann zu experimentieren, wenn es um eine kostensparende Betriebsführung ging, an der die Lokomotiven in entscheidender Weise beteiligt waren.
Die Maschinen der ersten Baujahre waren zum Teil so eingerichtet, daß sie auch ohne Tender als Tenderlokomotiven fahren konnten. Dazu war der Rahmen als Wasserkasten ausgebildet. Wurden die Lokomotiven als Tendermaschinen eingesetzt, dann sind am Führerhaus Rückwand und Puffer angebracht worden. Die Lokomotiven MÜNSTERLAND und LANDWÜHRDEN hatten einen Rahmenwasserkasten, die Lokomotive MARKA dagegen einen Rahmen ohne Wasserkasten. Eine besondere Unterteilung nach Schlepptenderlokomotiven und Tenderlokomotiven wurde nicht vorgenommen. Die Ursache ist darin zu sehen, daß diese Maschinen einmal mit und das andere Mal ohne Tender gefahren wurden. Sie sind aber nicht gesondert als Tendermaschinen aufgeführt worden.
Nur die Badische Staatsbahn hat sich noch so intensiv mit zweifach gekuppelten Schlepptenderlokomotiven befaßt, jedoch war dort diese Bauart nicht so zahlreich vertreten wie in Oldenburg.
Eine Lokomotive der Gattung G 1 hat Geschichte gemacht, wie sie in dieser Form kaum ein zweites Mal vorkommen wird. Die LANDWÜHRDEN, Fabrik-Nr. 1 von Krauss & Comp. München, eingereiht als Bahnnummer 11, hat im Jahre 1867 auf der Weltausstellung in Paris eine Goldene Medaille erhalten. Aus diesem Grunde hatte sich auch die Auslieferung etwas verzögert. Bei normaler Lieferfolge war die Bahnnummer 7 im unmittelbaren Anschluß an die ersten sechs von Hartmann, Chemnitz, gelieferten Maschinen zu besetzen. Diese Lokomotive hat 32 Jahre ihren Dienst verrichtet und wurde anschließend von der Herstellerfirma im Jahre 1900 zurückgekauft. Daß die „Nr. 1" wieder in den Besitz der Herstellerfirma gelangte, war schon ein Glücksumstand. Sie wurde aufgearbeitet, stand dann lange Zeit im Deutschen Museum

Gattung T 1^2, Lokomotive Nr. 67 GEEST, Brückenbelastungsprobe bei Carolinensiel
Foto: Archiv Schmidt

in München und ist nun im Verkehrsmuseum Nürnberg zu sehen.
Auch wenn die Lokomotiven der Gattung G 1 über Jahrzehnte hinweg beschafft wurden, konnten sie als „Universalgattung“ doch nicht alle Transportaufgaben bewältigen. Obwohl diese Maschinen in der Leistung nicht die kräftigsten waren, ergab sich doch die Notwendigkeit, für den Rangierdienst und für die Beförderung der Bauzüge kleinere, zweifach gekuppelte Lokomotiven zu beschaffen. Auf kleineren Rangierbahnhöfen wurde der Dienst mit Pferden durchgeführt und die Materialzüge auf den Neubaustrekken beanspruchten die „großen“, zweifach gekuppelten Maschinen unnötig. Die Betriebskosten stan-

Die „kleine Oldenburgerin“, Gattung T 1^2, Lokomotive Nr. 80 WELLE neben dem „großen Preußen“, Lokomotive der Gattung S 10^1 (oben)
Foto: Sammlung Dr. Scheingraber

Gattung T 0, Lokomotive im Bahnhof Brake
Foto: Archiv Schmidt

den dort in keinem günstigen Verhältnis zu den Leistungen.

Die Tenderlokomotiven der Gattung T 1[2] übernahmen den Rangierdienst und die Beförderung der Bauzüge als „maßgeschneiderte" Maschinen. Sie waren sehr wendig und obendrein noch sparsam im Verbrauch an Betriebsstoffen. Mit der Vergrößerung des Treibraddurchmessers auf 1130 mm und des Achsstandes auf 2300 mm sowie der Erhöhung des Kesselbüberdruckes auf 12,0 bar ist die Leistung dieser Lokomotiven schrittweise den Anforderungen angepaßt worden.

Anfang der 80er Jahre setzte sich eine weitere Rationalisierung des Verkehrsmitteleinsatzes in Anpassung an das Verkehrsaufkommen durch. Daraus ergaben sich im wesentlichen zwei Aufgaben:

- Verdichtung des Zugangebots auf den Hauptbahnen zwischen den Fahrplanlagen der bis dahin verkehrenden Personenzüge, um mit geringsten Kosten auch noch ein schwaches Verkehrsaufkommen zu bewältigen, und die
- Herauslösung von zweifach gekuppelten Tenderlokomotiven aus dem Nebenbahndienst, um die Betriebskosten drastisch zu senken.

Zur Erfüllung dieser Aufgaben wurden im Jahre 1885 die sogenannten „Omnibuslokomotiven" in Dienst gestellt.

Bei anderen Eisenbahnverwaltungen, z. B. bei der Bayrischen und der Badischen Staatsbahn, waren zur gleichen Zeit ähnliche Entwicklungen zu beobachten. Die ungekuppelten Tenderlokomotiven der Gattung T 0 waren im wahrsten Sinne des Wortes „Kleinlokomotiven". Mit zwei bis drei angehängten Personenwagen sorgten sie für eine „flotte" Beförderung der Reisenden. Gegenüber den herkömmlichen Lokomotiven konnten die Betriebskosten etwa um die Hälfte gesenkt werden.

Die bis dahin eingesetzten zweifach gekuppelten Tendermaschinen wurden für andere Aufgaben frei. Sie waren auf Hauptbahnen ohnehin nicht länger einzusetzen, da die Höchstgeschwindigkeit mit 40 km/h bzw. 45 km/h nicht ausreichend war, um auf den Hauptbahnen eine beschleunigte Beförde-

Gattung T 0, Lokomotive Nr. 63 FLINK mit Geländer am Umlauf und Schüttfeuerung Bauart Littrow
Foto: Archiv Schmidt

rung der „Omnibuszüge“ zu sichern.
Als Besonderheit verfügten die Lokomotiven über einen Umlauf, der mit einem Geländer geschützt war. Außerdem waren noch Übergangsbrücken angebracht. Das war bei einer einmännig besetzten Maschine notwendig, damit der Zugführer, der entsprechend ausgebildet war, zu jeder Zeit vom Zug aus Zugang zum Führerhaus hatte, um den Zug notfalls zum Halten bringen zu können. Zur Vergrößerung der Kohlevorräte und zur Erleichterung der Arbeit des Lokomotivführers bei der Feuerung hat die Lokomotive FLINK eine Schüttfeuerung der Bauart Littrow erhalten. Dieser an allen vier Seiten nach unten abgeschrägte Kohlevorratsbehälter auf dem Dach des Führerhauses sah recht ungewöhnlich aus. Andere Lokomotiven wurden damit nicht ausgerüstet. Offensichtlich hatte sich die Schüttfeuerung nicht bewährt. Wenn auch die Omnibuslokomotiven nicht in größeren Stückzahlen beschafft wurden, so lag der Grund sicher nicht in mangelnder Leistungsfähigkeit, sondern in den doch nur sehr spezifischen Einsatzmöglichkeiten einer solchen Maschine.
Interessant ist festzustellen, daß die Oldenburgische Staatsbahn in den ersten drei Jahrzehnten ihres Bestehens mit drei Lokomotivgattungen ausgekommen ist. Dabei handelt es sich ausschließlich nur

Lokomotivbestand im Jahre 1893

Gattung	Bauart	Stückzahl
G 1	B n2	54
T 1^2	B n2t	34
T 0	1A n2t	6
Gesamtbestand		94

um zweifach gekuppelte und um ungekuppelte Maschinen.
Vom Jahre 1894 an ist dann jedoch eine größere Vielfalt von Bauarten im Lokomotivbestand zu beobachten gewesen. Zunächst wurden noch sieben zweifach gekuppelte Maschinen der Gattung P 3^2 beschafft. Der allgemeinen technischen Entwicklung entsprechend,

Gattung P 3^2, Lokomotive Nr. 98 FULDA vor Personenzug im Bahnhof Hude
Foto: Archiv Schmidt

kamen sie als Verbundlokomotiven zur Ausführung. Die Rostfläche war von 1,00 m^2 auf 1,14 m^2 vergrößert und der Kesselüberdruck auf 12,00 bar erhöht worden. Am Kessel konnten keine weiteren Veränderungen vorgenommen werden, da die zulässige Achsfahrmasse von 14,0 t bereits erreicht war.

Die Maschinen der Gattung P 3^2 wurden vorwiegend zur Beförderung von Personenzügen auf den Hauptstrecken eingesetzt und waren dafür mit einer Druckluftbremse der Bauart Schleifer ausgerüstet. In diesem Zusammenhang muß erwähnt werden, daß bis etwa 1893 bei den Schlepptenderlokomotiven nur die Tenderachsen gebremst waren.

Damit war man an der Entwicklungsgrenze der zweifach gekuppelten Lokomotive angelangt und stand gleichzeitig an der Schwelle zur dreifach gekuppelten.

Anfang der 90er Jahre nahm die Wirtschaft einen weiteren Aufschwung. Das führte zu einer stetigen Zunahme des Güterverkehrs. Die zweifach gekuppelten Maschinen waren den Anforderungen aus dem Güterzugdienst mit den länger und schwerer gewordenen Zügen nur noch mit Vorspannleistungen gewachsen, wobei es zu beträchtlich höheren Kosten für die Betriebsführung kam. Mit den Lokomotiven der Gattung G 4^2 kamen im Jahre 1895 dreifach gekuppelte Maschinen erstmalig nur für den Güterzugdienst zum Einsatz. Damit war in Oldenburg die Funktion der Lokomotiven für den gemischten Dienst endgültig aufgegeben und die Trennung in Personenzug- und Güterzugdienst vollzogen worden. Von da an ist auch eine Orientierung auf die Lokomotiventwicklungen der Preußischen Staatsbahn festzustellen gewesen. Damit wurden bewährte Konstruktionen in ihren Grundzügen übernommen und für oldenburgische Verhältnisse in Einzelheiten modifiziert.

Die Maschinen der Gattung G 4^2 wurden in ununterbrochenen Lieferungen bis zum Jahre 1909 beschafft und ständig in der Leistungsfähigkeit den Anforderungen angepaßt. Die Verbundlokomotiven

Gattung G 4^2, Lokomotive Nr. 191 MECKLENBURG, festlich geschmückt
Foto: Archiv Schmidt

hatten eine Anfahrvorrichtung der Bauart Lindner und eine innenliegende Allan-Steuerung. Später erhielten sie eine außenliegende Heusinger-Steuerung, die zugänglicher war, und einen Verbinderdampftrockner der Bauart Ranafier.

Gleichfalls wurde Anfang der 90er Jahre auch der Bedarf nach einer leistungsfähigen Personenzuglokomotive immer größer. Mit den zweifach gekuppelten Verbundmaschinen der Gattung $P\,3^2$ waren die steigenden Zugmassen und die höheren Geschwindigkeiten nicht mehr zu bewältigen. Es trat immer häufiger Dampfmangel auf, so daß die Lokomotiven bis über die Leistungsgrenze beansprucht werden mußten, um den Anforderungen des hochwertigen Personenzugdienstes zu entsprechen.

Da inzwischen bei der Preußischen Staatsbahn und bei anderen Bahnverwaltungen gute Erfahrungen mit Maschinen der Bauart 2B vorlagen, wurde diese nach dem preußischen Vorbild der P 4 übernommen. In der etwas verkleinerten Ausführung – die Rostfläche wurde von $2{,}35\,m^2$ auf $1{,}92\,m^2$ verringert – sind die Lokomotiven in die Gattung $P\,4^1$ eingereiht worden.

Bei anderen Eisenbahnverwaltungen waren über Jahrzehnte hinweg die Maschinen der Bauart 1B im Personenzugdienst vorherrschend und ein wichtiges Bindeglied in der Lokomotiventwicklung. Diese Entwicklungsetappe konnte in Oldenburg übersprungen werden. Das war vor allem in den günstigen geographischen Verhältnissen begründet, die sehr lange die Verwendung von Lokomotiven der Bauart B, auch in der Verbundsausführung, zugelassen haben. Der Bedarf an leistungsfähigen Maschinen war erst dann aufgetreten, als die Entwicklung der Bauart 1B bei den anderen Bahnverwaltungen abgeschlossen war, und Maschinen der Bauart 2B schon einige Jahre im Betrieb waren.

Bei der Oldenburgischen Staatsbahn gab es nur wenige Strecken, auf denen Schnellzüge verkehrten. Das waren die Verbindungen Wilhelmshaven bzw. Norddeich–Oldenburg–Bremen und weiter nach Berlin sowie von Bremen aus über Oldenburg in die Niederlande. Eilzugverbindungen bestanden auf den Strecken Oldenburg–Osnabrück und Hude–Blexen.

Trotz der zugelassenen Höchstge-

Gattung $P\,4^1$, Lokomotive Nr. 116 SCHWAN vor Personenzug
Foto: Archiv Schmidt

schwindigkeit von 90 km/h konnten die Lokomotiven der Gattung P 4^1 mit einem Treibraddurchmesser von 1 750 mm die erforderliche Leistung auf längeren Streckenabschnitten vor schweren Schnellzügen nicht bringen. Diesen Anforderungen war das Triebwerk auf die Dauer nicht gewachsen. Es zahlte sich nicht aus, wenn die Maschinen ständig an der Leistungsgrenze gefahren wurden. Deshalb wurden die ersten Schnellzuglokomotiven nach dem Muster der preußischen Gattung S 3 beschafft. Sie hatten einen Treibraddurchmesser von 1 980 mm und erstmalig einen Dom mit Regler anstelle des bis dahin ausschließlich verwendeten Dampfsammelrohrs im Inneren des Kessels. Der zweite kleinere Dom vor dem Führerhaus ist der Dampfbehälter für die Rauchverbrennungseinrichtung der Bauart Staby. Weiterhin waren Verbinderdampftrockner der Bauart Ranafier und entlastete Dampfschieber eingebaut.

Bei den Personenzuglokomotiven ging man im Jahre 1907 ebenfalls zur Verbundmaschine über, denn die Personenzüge waren in der Zwischenzeit auch schwerer geworden. Die Lokomotiven der Bauart 2'B n2v wurden in die Gattung P 4^2 eingereiht. Dieses Mal wurde das preußische Vorbild mit voller Leistung übernommen. Damit waren sie gegenüber den Lokomotiven mit Zwillingstriebwerk der Gattung P 4^1 eindeutig leistungsstärker.

Die Maschinen wurden mit dem Verbinderdampftrockner Bauart Ranafier, einer Rauchverbrennungseinrichtung der Bauart Staby und einer Lindnerschen Anfahrvorrichtung ausgerüstet. Eine zweite Lieferung im Jahre 1909 folgte mit drei Lokomotiven, die statt der Flachschiebersteuerung eine Lentz-Ventilsteuerung erhielten. Das waren die Lokomotiven SATURN, URANUS und NEPTUN.

Im Rangierdienst waren kräftige zweiachsige Maschinen erforderlich, um die auf 14 t erhöhte zulässige Achsfahrmasse auch voll ausnutzen zu können. Sie wurden als „große" Tenderlokomotiven in die Gattung T 2 aufgenommen. In den Jahren von 1896 bis 1913 wurden

Gattung P 4^2, Lokomotive Nr. 175 VENUS. Unfall auf Emsbrücke im Jahre 1913
Foto: Sammlung Lohr/Thielmann

nicht weniger als 38 Maschinen dieser Gattung beschafft. Sie haben sich so gut bewährt, daß daraufhin acht Lokomotiven mit einer Druckluftbremse der Bauart Westinghouse für den Einsatz auf Nebenbahnen ausgerüstet wurden. Mit einer Höchstgeschwindigkeit von 50 km/h war ein solcher Einsatz auch gegeben. Um den weiteren Anforderungen gerecht zu werden, machte sich bereits zwei Jahre später die Beschaffung einer dreifach gekuppelten Tendermaschine erforderlich. Sie entsprach der preußischen Gattung T 3 und wurde als solche auch übernommen. Für den Einsatz im Rangierdienst und auf Nebenbahnen sind verschiedene Ausführungen in den Betrieb übernommen worden. Die Ausführung für den Zugbetrieb auf Nebenbahnen hatte eine größere Rost- und Heizfläche, eine Luftdruckbremseinrichtung und ein Läutewerk.

Bei den zwei- und dreifach gekuppelten Tendermaschinen machte sich sehr bald bemerkbar, daß für die weitere Verwendung im Reisezugdienst die Höchstgewindigkeit von 45 km/h bzw. 50 km/h zu gering war. Der Einsatz von Schlepptenderlokomotiven, die über die notwendige Höchstgeschwindigkeit verfügten, scheiterte immer wieder an den dazu erforderlichen Drehscheiben. Deshalb war eine leistungsfähige Tendermaschine mit ausreichendem Geschwindigkeitsbereich erforderlich. Es wurden die Maschinen der preußischen Gattung T 5^1 übernommen, die sich im Verkehr der Berliner Stadtbahn bereits einige Jahre bewährt hatten. Da sich ungünstige Laufeigenschaften im höheren Geschwindigkeitsbereich ergaben, wurden bei den Lieferungen ab 1911 einige konstruktive Veränderungen vorgenommen, wie Vergrößerung des Achsstandes, Erhöhung der Reibungsmasse, verbesserte Anordnung der Bremsen und eine höhere Lage des Kessels. Damit sind jedoch keine verbesserten Laufeigenschaften erreicht worden. Sicher hatte sich die Oldenburgische Staatsbahn von der Übernahme dieser Bauart mehr versprochen. Offensichtlich waren die Unterschiede im Einsatz bei der Berliner Stadtbahn mit denen im Streckeneinsatz auf einem größeren Netz nicht richtig eingeschätzt worden.

Mit der Erweiterung der Schnellzugleistungen ging auch eine Vergrößerung der Zahl der brauchbaren Lokomotiven einher. Die letzten Maschinen der Gattung S 3 waren

Gattung S 5^2, Lokomotive Nr. 220 GERDA
Foto: Sammlung Lohr/Thielmann

Gattung G 7, Lokomotive Nr. 235 STEDINGEN
Werkfoto Hanomag, Sammlung Lohr/Thielmann

im Jahre 1904 beschafft worden. Da in der Zwischenzeit die Entwicklung weiter vorangeschritten war, konnte eine bloße Nachbeschaffung nicht mehr vorgenommen werden. Im gleichen Jahr stellte die Preußische Staatsbahn die Maschinen der Gattung S 5^2 in den Dienst. Mit der Übernahme dieser Maschinen im Jahre 1909 waren sie bereits fünf Jahre im Betrieb gelaufen. Insgesamt wurden von der Oldenburgischen Staatsbahn elf Lokomotiven dieser Bauart beschafft. Sie haben sich im Streckeneinsatz gut bewährt, wurden allerdings kurz nach der Übernahme durch die Deutsche Reichsbahn-Gesellschaft ausgemustert.

Für den Rangierdienst sind ab 1911 vierfach gekuppelte Tendermaschinen in Dienst gestellt worden, um die weiterhin gestiegenen Anforderungen zu befriedigen. Sie entsprachen, mit Ausnahme der entlasteten Flachschieber und den durch die vorderen Zylinderdeckel hindurchgeführten Kolbenstangen, den Lokomotiven der preußischen Gattung T 13. Auch für den Streckendienst mußte man sich für den Einsatz einer leistungsfähigen vierfach gekuppelten Maschine entschließen; die dreifach gekuppelten reichten nicht mehr aus, um die schweren Güterzüge, die infolge des weiteren Ausbaus der Marinebasis Wilhelmshaven zu befördern waren, ohne Schwierigkeiten über die Strecke zu bringen. Schwere Güterzüge mußten mit Vorspannlokomotiven befördert werden. Vorspannleistungen erhöhen die Kosten der Betriebsführung beträchtlich und führen außerdem dazu, daß der arbeitende Lokomotivpark nach der Zahl der zur Verfügung stehenden Maschinen wesentlich eingeschränkt wird.

Mit der Beschaffung der Lokomotiven der Bauart D n2v blieb man zwar hinsichtlich der konstruktiven Merkmale und der Leistung deutlich hinter den Maschinen der preußischen Gattung G 9 zurück, verwendete aber manche Erkenntnisse aus der fortgeschrittenen Entwicklung des Lokomotivbaus. Die Maschinen wurden als Gattung G 7 eingereiht. Ein im Durchmesser großer Kessel in hoher Lage prägte das äußere Bild der Lokomotive. Die traditionelle Lentz-Ventilsteuerung war in einzelne Ventilkästen aufgelöst und am Zylindergußstück angebaut worden. Die Ventile hatten einen respektablen Durchmesser von 210 mm. Unverständlich war, daß das Heißdampfprinzip nicht angewendet wurde, obwohl damit bei anderen Eisenbahnverwaltungen bereits seit Jahren gute Erfahrungen gemacht worden waren. Es wurde noch nicht einmal ein Verbinderdampftrockner eingebaut, mit dem in den vergangenen Jahren auch die besten Erfahrungen gesammelt wurden. Eine solche Verfahrensweise kann nur aus dem Streben nach einfachen und billigen Bauarten erklärt werden. Vielleicht war man erst bei späteren Lieferungen dazu geneigt, Verbesserungen gemäß dem technischen Fortschritt anzubringen. Den Möglichkeiten einer Naßdampfmaschine entsprechend, bewährte sich die Lokomotive recht gut. Sie wurde in mehreren Lieferungen bis zum Jahre 1918 nachbeschafft. Im Jahre 1925 wurden 13 Stück schließlich doch noch in Heißdampfmaschinen umgebaut und die Höchstgeschwindigkeit gleichzeitig auf 50 km/h erhöht. Gleiche Forderungen wie im Güterverkehr haben sich auch in der Personenbeförderung ergeben. In der Betriebsführung ergaben sich immer wieder Schwierigkeiten auf den stark belasteten Strecken Oldenburg–Wilhelmshaven und Oldenburg–Bremen. Die Schnellzüge auf diesen Strecken waren meist sehr lang und dazu noch übermäßig besetzt. Die zweifach gekuppelten Lokomotiven konnten die geforderten Leistungen nicht mehr erbringen; das Triebwerk war zu schwach und die Reibungsmasse zu gering. Namentlich auf freier Strecke kam es häufig zu Störungen im Zugbetrieb durch vergebliche Anfahrversuche. Der umfangreiche Verkehr auf diesen Strecken hat solche Störungen mit größeren Auswirkungen nicht vertragen. Außerdem war der Personenverkehr entsprechend seiner höheren Wertigkeit unbedingt zu beschleunigen. Ein einfacher Weg war sicherlich das Ausleihen einiger dreifach gekuppelter Schnellzuglokomotiven von der Preußischen Staatsbahn (Gattung S 10). Das scheiterte jedoch am Oberbau der oldenburgischen Strecken, der eine Achsfahrmasse von 15 t und nur streckenweise von 16 t zuließ. Die Maschinen der preußischen Gattung S 10 hatten jedoch schon eine Achsfahrmasse von 17,7 t. Deshalb war es notwendig geworden, nach einem eigenen Entwurf eine Schnellzuglokomotive in Betrieb zu nehmen, die den oldenburgischen Erfordernissen entsprach. Die eigenartige, aber doch folgerichtige Achsanordnung 1C 1 war auch im Vergleich zu Lokomotiven anderer Eisenbahnverwaltungen äußerst selten. Dabei drängt sich unwillkürlich ein Vergleich mit der Badischen Staatsbahn auf, die mit der Gattung IVg auch über Maschinen in einer solchen Achsanordnung verfügte. Mit dieser Achsanordnung blieb jedoch der erhoffte Erfolg aus, da die Erfordernisse eines guten Laufs nicht berücksichtigt wurden. Auch wenn die Leistungen ausgereicht haben, um planmäßige Schnellzüge mit 560 t zwischen Oldenburg und Hannover zu befördern, so klagte man doch immer wieder über einen zu unruhigen Lauf dieser Lokomotiven. Außerdem sind bereits nach wenigen Betriebstagen Kesselschäden aufgetreten, die zu einem häufigen Ausfall der Maschinen für den Betriebsdienst führten. Es war insgesamt also kein glücklicher Griff, der mit der Beschaffung dieser Lokomotive getan wurde. Sie sollte zweifellos der „Star" werden, konnte es aber nicht sein. Ursache dafür waren die allzu einengenden Vorgaben, die bei der Konstruktion berücksichtigt werden mußten, um einen ordentlichen Betriebseinsatz zu gewährleisten. Die Veränderungen nach dem Ende des Ersten Weltkrieges und der Einsatz der Maschinen der Gattung P 8 bewahrten die Lokomotiven der Gattung S 10 vor einer enttäuschenden Kraftprobe, die sie sicher nicht bestanden hätten. Deshalb ist es auch bei den drei Maschinen der Erstbeschaffung aus dem Jahre 1916 geblieben. Nach der Übernahme durch die Deutsche Reichsbahn-Gesellschaft waren sie auch nicht mehr lange im Einsatz und wurden schon im Jahre 1926 ausgemustert. Vor einer früheren Ausmusterung hat man sich wegen des noch zu hohen Restbuchwertes immer wieder gescheut. Auch eine Neubekesselung der Lokomotiven wurde wegen der zu hohen Kosten verworfen.

Mit den Maschinen der Gattung S 10 endete die eigenständige Lokomotiventwicklung bei der Oldenburgischen Staatsbahn. Wenn auch nur in den ersten drei Jahrzehnten, die Jahre von 1867 bis 1895 einschließend, von einer solchen Entwicklung gesprochen werden kann, wurden doch in der nachfolgenden Zeit die bewährten Vorbilder der Preußischen Staatsbahn peinlichst genau den oldenburgischen Betriebsverhältnissen angepaßt.

Noch im Jahre 1918 mußte man sich dazu entschließen, die Be-

Gattung G 8^2, Lokomotive Nr. 281
Werkfoto Hanomag, Sammlung Lohr/Thielmann

schränkungen infolge der niedrigen zulässigen Achsfahrmasse zu beseitigen und den Oberbau zu verstärken. Dadurch wurde es möglich, leistungsfähigere Lokomotiven mit einer höheren Achsfahrmasse zum Einsatz zu bringen. Von nun an konnte auf eigene Entwicklungen, die auf oldenburgische Verhältnisse zugeschnitten waren, ganz verzichtet werden. Auch waren nicht mehr bewährte preußische Bauarten zu modifizieren und damit leistungsschwache Maschinen einzusetzen.

Nach den Zeichnungen der Preußischen Staatsbahn sind im Jahre 1921 Güterzuglokomotiven der Bauart 1'D h2 beschafft worden. Mit Ausnahme der Lentz-Ventilsteuerung waren es getreue Nachbildungen der Maschinen der preußischen Gattung G 8^2. Sie erhielten ebenfalls die Gattungsbezeichnung G 8^2.

Im gleichen Jahr wurden noch einmal vierfach gekuppelte Tenderlokomotiven in Dienst gestellt. Sie glichen den Maschinen der seit 1916 auf Heißdampf umgebauten T 13 der Preußischen Staatsbahn, hatten jedoch eine Lentz-Ventilsteuerung. Die Maschinen wurden in die Gattung T 13^1 eingereiht. Es waren Heißdampflokomotiven mit einem Kleinrohrüberhitzer der Bauart Schmidt, der auf dem Langkessel montiert war.

Die letzten Lokomotiven, die von der Oldenburgischen Staatsbahn beschafft wurden, waren Maschinen der Bauart 2'C h2, Gattung P 8. Im Gegensatz zur preußischen Bauart lautete die Bestellung auf Lentz-Ventilsteuerung. Durch einen besonderen Umstand kam diese Bestellung jedoch nicht zur Ausführung, da für den inzwischen dringend aufgetretenen Bedarf aus einer für Preußen bestimmten Serie fünf bereits fertiggestellte Maschinen nach Oldenburg geliefert wurden.

Der erfolgversprechende Einsatz von Triebwagen bei den benachbarten Eisenbahnverwaltungen veranlaßte auch Oldenburg, diese in ihren Betrieb aufzunehmen. War man auch nur äußerst bescheiden mit einem benzolelektrischen Triebwagen daran beteiligt, so ist dennoch dieser Schritt anzuerkennen. Er war ein Beweis dafür, daß man allem Neuen gegenüber durchaus aufgeschlossen war. Wie bei allen anderen Bahnverwaltungen, so trat auch bei der Oldenburgischen Staatsbahn nach 1919 ein akuter Lokomotivmangel auf. Ein hoher Schadbestand nach dem Ersten Weltkrieg und Reparationsleistungen machten sich bemerkbar. Insgesamt 17 Maschinen der Gattungen G 4^2 und G 7 waren an Belgien und Frankreich abgegeben worden.

Mit der Neubeschaffung schon vorhandener Lokomotivtypen und der weiteren Übernahme bewährter Konstruktionen von der Preußischen Staatsbahn wurden die entstandenen Lücken geschlossen. Dabei handelte es sich um Maschinen der Gattungen P 8, G 8^2 und T 13^1. Damit war der betriebsnotwendige Lokomotivbestand wieder aufgefüllt.

Verteilung der Lokomotiven nach der Achsanordnung

Achsanordnung	Anzahl der Lokomotiven
1A	6
2A	2
B	137
1B1	20
2B	44
C	42
1C1	3
2C	5
D	36
1D	5
Summe	300

Entwicklung des Lokomotivbestandes

Jahr	Anzahl der Lokomotiven
1870	18
1880	62
1890	79
1900	132
1910	176
1920	242

Insgesamt wurden für die Oldenburgische Staatsbahn 300 Dampflokomotiven und ein benzolelektrischer Triebwagen beschafft. Bei der Verteilung der Lokomotiven nach der Achsanordnung machten die zweifach gekuppelten Maschinen mit 201 Stück und 67 % den größten Anteil aus. Es waren eben ausgesprochene „Flachlandrenner“ sowohl für den gemischten Dienst als auch für die Beförderung von Personen- und Schnellzügen. Ihnen folgten mit 17 % die dreifach gekuppelten Lokomotiven und mit 14 % die vierfach gekuppelten. Die klassische Achsanordnung 1B für Personenzuglokomotiven und 2C1 für Schnellzuglokomotiven fehlten ganz. Lokomotiven einiger Gattungen wurden in größeren Stückzahlen gebaut, so die Maschinen der Gattung G 1 mit 54 Stück, das entspricht 18 % des Gesamtbestandes. Bei insgesamt 20 Gattungen war das doch ein erheblicher Anteil. Die Lokomotiven dieser Gattung wurden über 25 Jahre hinweg gebaut – wohl ein Beweis für die zweckmäßige Konstruktion. Den Höhepunkt ihrer Entwicklung erreichten sie 1894. Von diesem Jahr an änderte sich die Struktur des Lokomotivparkes durch eine gewisse Vielfalt der Gattungen. Mit einem Bestand von 19 Maschinen im Jahre 1921 spielte die Gattung G 1 nur noch eine untergeordnete Rolle.

Der Umfang des Lokomotivbestandes regelte sich im wesentlichen über die Anforderungen im Reisezug- bzw. Güterzugdienst. Da in Oldenburg vergleichsweise zu anderen Ländern sehr spät mit dem Bahnbau begonnen wurde, ist im ersten Jahrzehnt die größte Zunahme des Lokomotivbestandes, und zwar um das 2,5fache, festzustellen. Gründe dafür waren die beschleunigte Erschließung von Verkehrsgebieten durch den weiteren Bau von Eisenbahnen und die starke Zunahme des Verkehrs auf den bereits in Betrieb genommenen Strecken.

In den vorläufigen Umzeichnungsplan 1923 der Deutschen Reichsbahn-Gesellschaft wurden 198 Lokomotiven eingereiht; davon wurden nach dem Umzeichnungsplan 1925 endgültig 157 übernommen.

Besonderheiten

Die ersten Lokomotiven hatten keinen Dampfdom. Im Langkessel befand sich ein Dampfsammelrohr, der Flachschieberregler war in der Rauchkammer untergebracht. Diese einfache Konstruktion hat sich jahrelang bewährt und war u. a. durch das in Oldenburg zur Verfügung stehende ausgezeichnete Speisewasser möglich geworden. Mit diesem Wasser ist beim Speisen des Kessels kein unangenehmes Aufschäumen aufgetreten. Im Jahre 1903 erschien erstmalig ein Dampfdom auf dem mittleren Kesselschuß der S 3-Maschinen.

Gut bewährt hat sich eine Flachschieberentlastung, die auch dann noch angewandt wurde, als sie andere Eisenbahnen, wie die Preußische Staatsbahn, bereits aufgegeben hatten. Mit dem Jahre 1909 erhielten alle Schlepptenderlokomotiven eine Lentz-Ventilsteuerung. Diese Steuerung ist äußerlich an den Zylindern erkennbar. Bei den Tendermaschinen blieb die Anordnung mit entlastenden Flachschiebern erhalten.

Die Lentz-Ventilsteuerung hatte sich bereits bei einer größeren An-

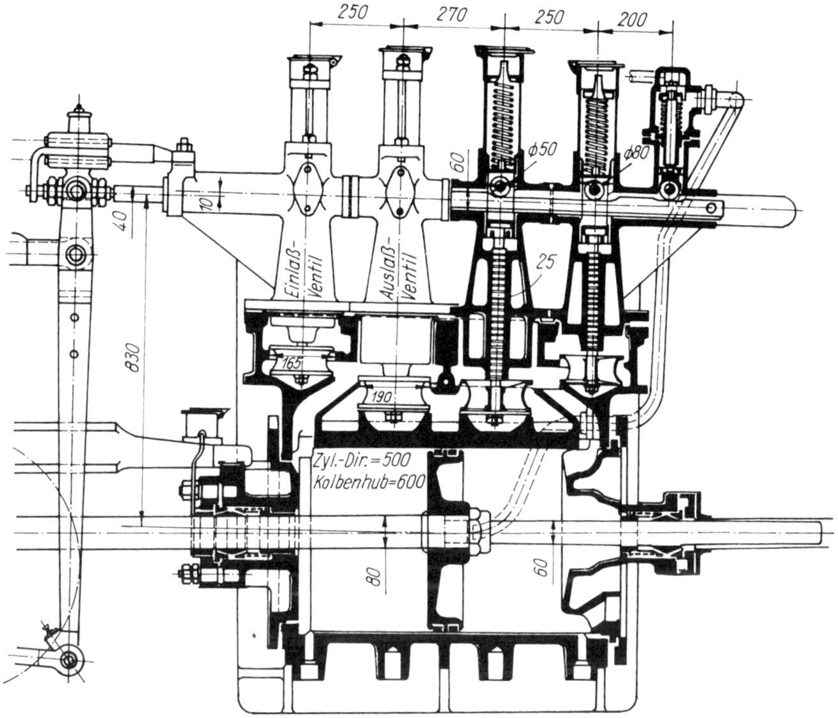

Lentz-Ventilsteuerung mit Einzelführungen, ausgeführt bei den Lokomotiven der Gattung G 7

zahl von Lokomotiven der Preußischen Staatsbahn bewährt, als sie erstmalig bei den Maschinen der Gattung S 5^2 angewendet wurde.

Im Jahre 1909 sind zunächst drei ventilgesteuerte Lokomotiven der Gattung S 5^2 in Betrieb genommen worden. Im Vergleich zu den Maschinen mit Flachschiebersteuerung der Gattung P 4^2 wurde ermittelt, daß die Lokomotiven mit Ventilsteuerung eine durchschnittliche Kohleersparnis von 8,6 % auf 100 Achskilometer erreichten. Damit war der eindeutige Beweis für die Vorteile der Ventilsteuerung erbracht worden. Von nun an wurde diese Steuerung bei allen Gattungen der Schlepptenderlokomotiven eingebaut. Nur bei den zuletzt beschafften Maschinen, denen der Gattung P 8, konnte sie nicht mehr eingebaut werden, obwohl die Bestellung es vorgesehen hatte. Die Ventilsteuerung wurde nicht nur so übernommen, wie sie war, sondern es wurden ständig Veränderungen vorgenommen, die einer technischen Weiterentwicklung gleichkamen. So wurden z. B. Schauluken am Zylinder angeordnet, um die Ventilsitze zu beobachten, und der Ventilkasten wurde in vier Einzelführungen unterteilt, die unabhängig voneinander befestigt und geöffnet werden konnten. Bei der Beschreibung der einzelnen Gattungen wird noch auf die Ventilsteuerung besonders hinzuweisen sein.

Um die störenden Bewegungen zwischen Lokomotive und Tender auf ein Mindestmaß zu beschränken, wurde unabhängig von der Längskupplung eine Querkupplung angewendet. Die Zugkräfte, die während der Fahrt zwischen Maschine und Tender auftreten, werden von der Längskupplung aufgenommen, während die Querkupplung die Winkelstellung des Tenders zur Lokomotive regelt. Mit der Anwendung dieser Tenderquerkupplung der Bauart Wolff konnte die Höchstgeschwindigkeit von Schlepptenderlokomotiven erhöht werden.

Dem Mitglied der Großherzoglichen Eisenbahndirektion Oldenburg, dem Geheimen Oberbaurat Heinrich Ranafier, ist es zu verdanken, daß mit eigenen Beiträgen die technische Entwicklung der Loko-

motiven vorangetrieben wurde. Neben einer Vielzahl von technischen Details müssen zwei Einrichtungen besonders erwähnt werden: die Dampftrockner und die Anfahrvorrichtung.
Der Dampftrockner Bauart Ranafier wurde nur bei Verbundlokomotiven angewendet. In der Ausführung ist er äußerst einfach. Ein Bündel U-förmig gebogener Rohre bildet in der Rauchkammer ein Gewölbe um die Blasrohröffnung. An beiden Enden münden diese Rohre in Dampfkammern. Das übliche Verbinderrohr zwischen Hochdruck- und Niederdruckzylinder ist in eine größere Anzahl kleinerer Rohre unterteilt. Diese werden von den Abgasen in der Rauchkammer umspült und beheizt. Gleichzeitig wird ein sehr wirksamer Funkenschutz gewährleistet, indem die glühenden Kohleteilchen von dem Rohrbündel vollkommen aufgefangen werden.
Die Anfahrvorrichtung Bauart Ranafier wurde mit dem Jahre 1908 bei allen Verbundlokomotiven angewendet. Bis dahin waren die Maschinen mit der Anfahrvorrichtung Bauart Lindner ausgerüstet. Nach „Ranafier" wirkte die Anfahrvorrichtung in zwei Lagen, einmal durch Zuführung von Frischdampf nach der Mitte des Hochdruckzylinders und zum anderen durch Zuführung von Hilfsdampf nach dem Verbinder. Eine Drosselung des Dampfes und Undichtigkeitsverluste wurden von vornherein vermieden. Bei Wechselschiebern waren sie immer wieder aufgetreten.
Die Verbundlokomotiven, die mit der Anfahrvorrichtung Bauart Ranafier ausgerüstet waren, erreichten außerordentlich hohe Anfahrkräfte, so daß sie nicht schwerer anzuziehen waren als Maschinen mit Zwillingstriebwerk.

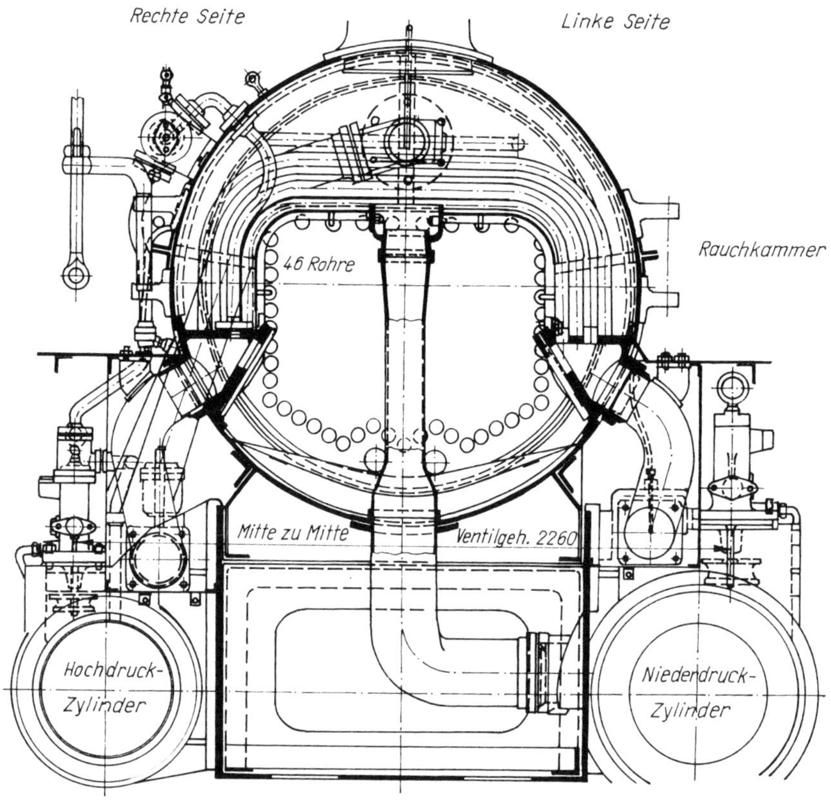

Dampftrockner Bauart „Ranafier", Vorderansicht

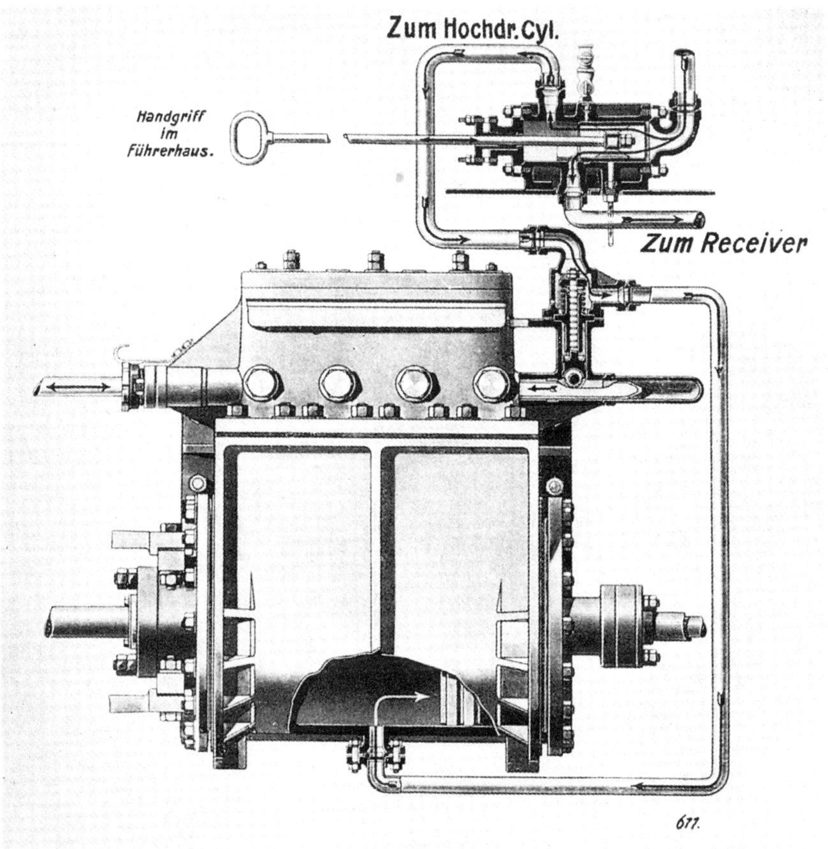

Anfahrvorrichtung Bauart „Ranafier"
Werkfoto Hanomag, Sammlung Lohr/Thielmann

Lokomotivfabriken

Die ersten Lokomotiven, die die Oldenburgische Staatsbahn beschafft hatte, stammten aus der Lokomotivfabrik des William Norris in Philadelphia (USA). Der Kauf der Maschinen aus zweiter Hand war, wie bereits dargestellt, auf ein günstiges Angebot zurückzuführen. Weitere ausländische Maschinen sind nicht beschafft worden, da zu dieser Zeit in Deutschland bereits eine der leistungsfähigsten Lokomotivbauindustrien mit einer fast 30jährigen Erfahrung auf diesem Gebiet bestand. Die Oldenburgische Staatsbahn konnte die Lokomotiven nicht durch die einheimische Industrie herstellen lassen, da die wirtschaftliche Struktur des Großherzogtums dazu keinerlei Voraussetzungen bot. Da an den Aufbau einer Lokomotivbauindustrie auch in den nächsten Jahrzehnten nicht zu denken war, mußte man sich außerhalb des Landes um die Beschaffung der notwendigen Lokomotiven bemühen. Sehr großes Interesse brachte die Baukommission der Oldenburgischen Staatsbahn den zweifach gekuppelten Lokomotiven des Maschinenmeisters der Schweizer Nordostbahn, Georg Krauss, entgegen. Georg Krauss hatte sich Anfang des Jahres 1866 in München niedergelassen und eine Lokomotivfabrik gegründet. Er erhielt zunächst nur einen Auftrag zur Lieferung von vier Maschinen. Für weitere sechs Lokomotiven und vier Tender suchte die Oldenburgische Staatsbahn eine Lieferfirma auf dem Wege der Ausschreibung. Das war eine damals übliche Form, um unter den Angeboten auszuwählen. Zehn renommierte Lokomotivfabriken gaben eine Offerte ab:
Usine de Graffenstaden près Strasbourg

Georg Egestorff, Linden vor Hannover
Krauss & Comp., München
von Maffei, München
Maschinenbau-Gesellschaft Karlsruhe
Wöhlert, Berlin
R. Hartmann, Chemnitz
L. Schwartzkopff, Berlin
Henschel & Sohn, Kassel
A. Borsig, Berlin

Das Preisangebot schwankte zwischen 74000 und 91000 Thalern. Einige Lokomotivfabriken unterbreiteten kein Angebot, darunter waren Emil Kessler Esslingen, Maschinenbaugesellschaft Vulcan Stettin und die Fabrik der Österreichischen Staatsbahn-Gesellschaft Wien.

In diesem Zusammenhang muß erwähnt werden, daß zur Zeit der Oldenburger Ausschreibung die Auftragslage für die Lokomotivbauindustrie ausgezeichnet war. Von allen Seiten gingen Bestellungen ein; der Eisenbahnbau stand in voller Blüte. Der Bedarf an Lokomotiven überschritt bei weitem die Produktionskapazitäten der Fabriken. Es bestand also gar keine Notwendigkeit, sich um den vergleichsweise bescheidenen Auftrag zu reißen. Aber es war ja schließlich eine Staatsbahn mit solider Betriebsführung, bei der man sich gut einführen wollte, um sich auch für spätere Zeiten Aufträge zu sichern.

Obwohl andere Lokomotivfabriken preislich günstigere Angebote unterbreitet hatten, entschied man sich für R. Hartmann in Chemnitz. Von ihm wurden die besten Lieferzeiten mit dem 1. Oktober 1866 nach Bremen zugesichert. Das verdeutlicht, daß man in Zeitnot war, die Strecken rechtzeitig dem Betrieb zu übergeben. Die Lokomotivfabrik von R. Hartmann in Chemnitz

Anteil der einzelnen Lokomotivfabriken an den Lieferungen

Lokomotivfabrik	Anzahl der Dampflokomotiven
Hanomag	200
Hohenzollern	52
Krauss	16
Wöhlert	12
Eisenbahn-Hauptwerkstatt Oldenburg	12
Hartmann	6
Norris	2
Summe	300

Gattung T 1², Lokomotive Nr. 57 TACK, gebaut in der Eisenbahnhauptwerkstatt Oldenburg
Foto: Sammlung Lohr/ Thielmann

Montage der Lokomotiven Gattung S 10 bei Hanomag, Kessel auf Rahmen
Werkfoto Hanomag, Sammlung Lohr/Thielmann

hat später keinen weiteren Auftrag erhalten.
Mit den vier Maschinen von Krauss und den sechs von Hartmann standen zur Betriebseröffnung zehn Maschinen zur Verfügung; schon eine beachtliche Anzahl, mit der die Aufgaben anfangs zu bewältigen waren.
Eine allgemeine Angewohnheit der Eisenbahn war, zu Anfang immer Maschinen von mehreren Lokomotivfabriken im Einsatz zu haben. Dadurch wurde es möglich, im direkten Vergleich zu erkennen, welche Konstruktion für die oldenburgischen Verhältnisse am günstigsten ist. Leichte Maschinen im sparsamen Betrieb haben den Vorstellungen am meisten entsprochen.
In Zeiten eines erhöhten Bedarfs an Lokomotiven mußte auch die Eisenbahnhauptwerkstatt Oldenburg einspringen und Neubauten ausführen. Besonders erwähnt wurde dabei die kostengünstige Produktion, da die Lokomotivfabriken die Konjunktur ausnutzten und überhöhte Preisforderungen stellten.
Weitere zweifach gekuppelte und ungekuppelte Maschinen wurden von Hohenzollern Düsseldorf und von Wöhlert Berlin beschafft, ehe mit dem Jahre 1894 die Firma Hanomag der „Hoflieferant" der Oldenburgischen Staatsbahn wurde.
Von diesem Jahr an weist der Lokomotivpark auch eine größere Vielfalt auf. Sie ist sicher nicht in Verbindung mit der Lokomotivfabrik, sondern mit der Zunahme und der Spezialisierung der Verkehrsaufgaben zu sehen. Der Güterverkehr forderte schwere Güterzuglokomotiven und der betrieblich hochwertigere Personenverkehr schnellere Maschinen.
Mit der HANOMAG entwickelte sich eine enge und fruchtbare Zusammenarbeit, die in ihrer Intensität bis zum Übergang der Oldenburgischen Staatsbahn in die Deutsche Reichsbahn-Gesellschaft fortgedauert hat. Die Firma hatte immer ein offenes Ohr, wenn besondere Wünsche an sie herangetragen wurden. Mit dem Geheimen Oberbaurat Heinrich Ranafier verfügte die Großherzogliche Eisenbahndirektion Oldenburg über einen Mann, der mit seinem fachlichen Können wesentlich zu dieser fruchtbaren Zusammenarbeit beigetragen hat. Ein solch intensives Zusammenwirken zwischen einer Lokomotivfabrik und einer Staatsbahn hat es zwar öfter gegeben, aber so verbunden mit einer einzelnen Persönlichkeit war es doch sehr selten.
Bei der Darstellung der technischen Entwicklung der oldenburgischen Lokomotiven ist bereits auf ihr besonderes Gepräge eingegan-

gen worden. Daran hatte die Firma HANOMAG einen erheblichen Anteil gehabt. Die bedeutendsten Lokomotivproduktionen für die Oldenburgische Staatsbahn waren:

1895 Güterzuglokomotive
Bauart C n2v Gattung G 4^2

1903 Schnellzuglokomotive
Bauart 2'B n2v Gattung S 3

1909 Schnellzuglokomotive
Bauart 2'B n2v Gattung S 5

1911 Güterzugtenderlokomotive
Bauart D n2t Gattung T 13

1912 Güterzuglokomotive
Bauart D n2v Gattung G 7

1917 Schnellzuglokomotive
Bauart 1'C1' h2
Gattung S 10

1921 Güterzuglokomotive
Bauart 1'D h2
Gattung G 8^2.

Zwei Jubiläumslokomotiven haben die Werktore für die Oldenburgische Staatsbahn verlassen: mit der Fabriknummer 5000 die Lokomotive JUPITER der Gattung P 4^2 und mit der Fabriknummer 8000 die Lokomotive BERLIN der Gattung S 10. In einem kurzen Bericht von der Übergabe der Lokomotive BERLIN heißt es: „Festlich mit grünen Girlanden und mit roten und blauen Blumen, den oldenburgischen Landesfarben, geschmückt, stand die Lokomotive mit der Fabriknummer 8000 am 23. Januar 1917, vormittags 11 Uhr unter Dampf zur feierlichen Übergabe an die Oldenburgische Staatsbahn. Nach der Festrede erscholl ein langer Pfiff. Mit dem Zuruf: ‚Fahre hinaus! Glückliche Fahrt!' verließ die Maschine dampfend und dröhnend die Werkhalle."

Montage der Lokomotiven Gattung S 10 bei Hanomag,
Kessel mit Rahmen wird auf Achsen gebracht
Werkfoto Hanomag, Sammlung Lohr/Thielmann

Gattung G 1, Lokomotive Nr. 36 LEDA mit Werkstättenpersonal im Unterhaltungsdienst
Foto: Archiv Schmidt

Gattung S 10, Lokomotive Nr. 266 BERLIN, Übergabe am 24. Januar 1917 an die Oldenburgische Staatsbahn in der Werkhalle der Hanomag
Werkfoto Hanomag, Sammlung Lohr/Thielmann

Die Bezeichnung der Lokomotiven

Die Länderbahnen haben jeweils ein eigenes System für die Bezeichnung der Lokomotiven entwickelt. Bei der Oldenburgischen Staatsbahn waren die Lokomotiven anfänglich nach ihrer Bauart und nicht in Gattungen eingeteilt. Jede Maschine erhielt eine Bahnnummer und einen Namen. Die Bahnnummer entsprach der fortlaufenden Inventarnummer, mit der die Lokomotiven in das Verzeichnis eingetragen wurden. Dieses System war für die ersten Jahrzehnte vollkommen ausreichend bei dem verhältnismäßig niedrigen Lokomotivbestand und den wenigen Bauarten.

In den ersten drei Jahrzehnten waren das drei Gattungen mit insgesamt 94 Maschinen. Mit einer Bahnnummer und einem Namen war eine eindeutige Bezeichnung der Lokomotiven gegeben.

Mit der Namensgebung wurde es der Oldenburgischen Staatsbahn nicht leicht gemacht. Das Verfahren dazu war eine umständliche Prozedur, deren Ablauf genau festgelegt wurde. Die Eisenbahndirektion hatte ihre Vorschläge dem Staatsministerium der Großherzoglichen Regierung zur Bestätigung vorzulegen. Dazu mußte anfangs noch eine umfangreiche Begründung ausgearbeitet werden. Durch einen ministeriellen Erlaß erhielten dann die Lokomotiven ihren Namen.

Bei Namen von Persönlichkeiten wurden Nebendeutungen befürchtet; deshalb wurden sie erst gar nicht vorgeschlagen. In einem aufwendigen Für und Wider hat man sich mit jedem Namen in der Erörterung befaßt. Sehr großer Wert wurde auf die Herausstellung der Beziehungen zur Heimat gelegt. So ist es nicht verwunderlich, daß die ersten Lokomotiven Namen von Landschaften aus dem Großherzogtum, wie: OESTRINGEN, WANGERLAND, AMMERLAND, MÜNSTERLAND und LANDWÜHRDEN erhielten. Später folgten Namen von Flüssen, Vögeln und Planeten.

Von MERKUR bis NEPTUN wurden die Personenzuglokomotiven der Bauart 2'B n2v zusammengefaßt. Auch ohne Bezeichnung der Gattung sprach man von den Planeten-Lokomotiven.

AMSEL, DROSSEL, FINK und STAAR ... und die ganze Vogelschar ... gaben den Maschinen der Bauart C n2t für den Nebenbahndienst ihren Namen.

Etwas eigenartig mutet an, daß eine MAUS neben einem BÄR und einem BÜFFEL Dienst getan hat. Die Kräfte aus dem Tierreich waren eben nicht so einfach auf die Lokomotiven zu übertragen. Wiederum hat man es auch nicht allzu ernst genommen mit der Auswahl der Namen, es sollte eben ausschließlich die Individualität der einzelnen Maschine zum Ausdruck kommen. Und wenn eine MAUS neben einem BÄR für eine zweifach gekuppelte Tenderlokomotive im Rangierdienst gearbeitet hat, so war die MAUS sicher richtig am Platze und der BÄR etwas hochgestapelt. Die schwereren vierfach gekuppelten Güterzuglokomotiven haben wieder die Namen der Landschaften von den inzwischen ausgemusterten älteren Maschinen erhalten. Damit ist auch eine Zweitbelegung von Namen vorgenommen worden. Die Bahnnummer wurde nicht mit übernommen, es wurde in der laufenden Folge weiter numeriert. Damit entsprach die höchste Bahnnummer etwa dem zur gleichen Zeit vorhandenen Gesamtbestand an Lokomotiven der Oldenburgischen Staatsbahn. Die laufende Numerierung endete bei den Maschinen der Gattung P 8 mit der Bahnnummer 294. Dazu kamen die beiden Norris-Maschinen mit den übernommenen Bahnnummern 45 und 46 der Niederschlesisch-Märkischen Eisenbahn und die vier Lokomotiven der Gattung T 1 mit den Bahnnummern 23 bis 26, die aus den Maschinen der Gattung G 1 mit den gleichen Bahnnummern umgebaut worden sind. Das ergab insgesamt 300 Lokomotiven.

Kleine Tenderlokomotiven erhielten einsilbige Namen, die sehr einprägsam waren, wie FLINK, FLOTT, HIN, HER, SCHNIPP, SCHNAPP und SCHNURR. Keine anderen Namen haben den Charakter der Ma-

Eigentumsschild an den Seitenwänden des Führerhauses
Foto: Sammlung Lohr/Thielmann

schinen so deutlich offenbart wie diese.

Die Namen der Lokomotiven waren zu beiden Seiten des Langkessels angebracht. Auf einem kleinen Schildchen am oberen Teil der Rauchkammertür befand sich die Bahnnummer. Tenderlokomotiven trugen den Namen an beiden Seiten des Wasserkastens. Das Eigentumsschild, gebildet aus dem Staatswappen mit der Aufschrift G. O. E., war an den Seitenwänden des Führerhauses befestigt.

Die Vergabe von Bahnnummern und Namen für die Lokomotiven wurde bis zum Jahre 1906 beibehalten. Namen für die Maschinen gab es allerdings noch im Jahre 1920.

Als die Maschinen nach 1920 nur noch eine Bahnnummer erhielten, wurde diese an beiden Seiten der Rauchkammer bzw. des Wasserkastens angeschrieben. An den zwei Seitenwänden des Führerhauses war auf einem Schild die Gattungsbezeichnung zu erkennen, die 1906 für die Lokomotiven eingeführt worden war. Die nunmehr zahlreicheren Gattungen waren in ein Schema zu bringen, um die Übersichtlichkeit herzustellen. Die Gattungsbezeichnung entsprach in wesentlichen Punkten der preußischen. Eine fortlaufende Reihennumerierung der Lokomotiven gab es nicht. War doch eine solche vorhanden, dann ist sie einfach aus dem preußischen System übernommen worden. Mit dem Bezeichnungsschema war es möglich, die Lokomotiven – bestimmten Merkmalen entsprechend – einzuteilen. Damit konnte nach Zugkraft, Leistungsfähigkeit und Art des Dienstes unterschieden werden.

Der benzolelektrische Triebwagen erhielt kein Gattungszeichen. Ganz genau war kein Bezeichnungssystem, auch das oldenburgische nicht. So haben die Lokomotiven der Gattung G 1 nicht nur Güterzüge, sondern auch Personenzüge befördert. Der eigentliche Verwendungszweck hätte lauten müssen: Lokomotive für gemischten Dienst.

Einteilung der Lokomotiven in Gattungen ab 1906

Verwendungszweck	Gattung
Schnellzuglokomotiven	S 3, S 5^2, S 10
Personenzuglokomotiven	P 3^2, P 4^1, P 4^2, P 8
Güterzuglokomotiven	G 1, G 4^2, G 7, G 8^2
Tenderlokomotiven	T 0, T 1, T 1^2, T 2, T 3, T 5^1, T 13, T 13^1

Die Tender

Mit den ersten beiden Norris-Lokomotiven wurden auch die dazugehörenden Tender übernommen. Der Rahmen der Tender ruhte vorn auf einem zweiachsigen Drehgestell einfachster Bauart und hinten auf einer festen Achse. Den Lokomotiven mit vorderem Drehgestell war auch der Tender mit einem Drehgestell angepaßt. Die Handbremse des Tenders wirkte mittels eines Holzkeils zwischen den eng stehenden Rädern des Drehgestells. Das Fassungsvermögen betrug 6 m^3 Wasser und 6 t Kohle. Damit waren es für die Anfangszeit schon Tender in ganz respektabler Größe.

Für die in Oldenburg anfangs gebräuchliche Torffeuerung haben die Tender einen kastenförmigen, überdachten Aufbau erhalten. Der Heizwert des Torfes im Verhältnis zur Steinkohle ergab sich auf Grund eingehender Untersuchungen wie 1:1,97. Es waren also erhebliche Mengen an Torf mitzuführen, um während der Fahrt über den notwendigen Brennstoffvorrat zu verfügen.

Die ersten Betriebslokomotiven aus den Lieferungen von Krauss, München, und von Hartmann, Chemnitz, waren mit Torftendern ausgerüstet. Der Wasserkasten dieser Tender war im unteren Rahmen untergebracht. Ein hochbordiger Aufbau mit Dach diente der trockenen Unterbringung des Torfs. Im Dach waren Klappen zum Einbringen des Brennstoffes angebracht. An der rechten vorderen Seite des Tenders befand sich ein Einfüllstutzen für das Wasser. Der Tender verfügte zu beiden Seiten über einen Umlauf mit Griffstangen in halber Höhe der Seitenwände. Die Handbremse wirkte einseitig von hinten auf beide Achsen. Der Wasservorrat betrug 5,5 m^3.

Mit dem Torftender im Schlepp sorgten die Lokomotiven sicher für ein etwas außergewöhnliches Aussehen; aber irgendwie haben sie doch in die Landschaft hineingepaßt und waren mit dieser verbunden. Die Maschinen sind ja nicht sehr weit in preußisches Gebiet hineingefahren. Auch die Hannoversche Westbahn und die Württembergische Staatsbahn hatten Torftender im Betrieb; also war das bei den deutschen Eisenbahnen gar nicht mal so selten.

Die Torfheizung brachte der Oldenburgischen Staatsbahn insbesondere in den Jahren 1871 bis 1874 wesentliche Ersparnisse, da in die-

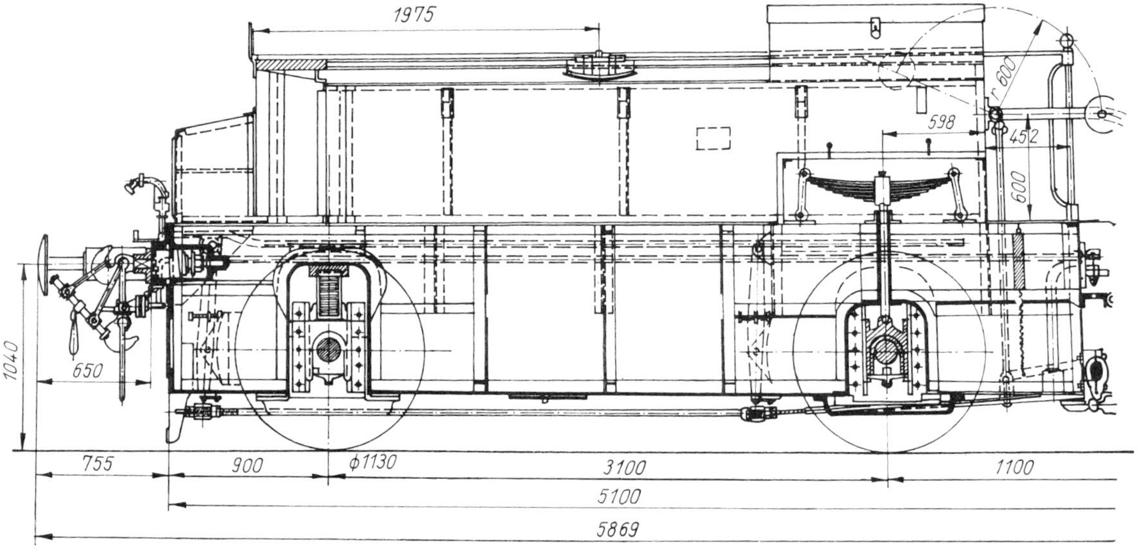

Tender 2 T 10, Brennstoffvorrat 4 t
Masse des leeren Tenders 11 t
Masse des dienstbereiten Tenders 25 t

ser Zeit die Preise für Kohle außergewöhnlich hoch lagen. Aber das sollte sich sehr bald ändern. Mit zunehmendem Verkehr und den damit verbundenen Forderungen nach erhöhter Leistungsfähigkeit ging man seit 1875 schrittweise zur Kohlefeuerung über. Diese Entscheidung wurde dadurch erleichtert, daß mit der Inbetriebnahme der Strecke Oldenburg–Osnabrück der Anschluß an die Kohlereviere im Ruhrgebiet hergestellt war und damit diese hochwertige Kohle kostengünstig bezogen werden konnte.

So billig der Torf zum Heizen war, so aufwendig gestaltete sich das Beschicken des Tenders. Es wurde während eines kurzen Haltes im Bahnhof vorgenommen. In Höhe des Tenders rollte man auf ein Parallelgleis einen hohen Wagen mit Ladebühne, auf dem eine Anzahl Rohrkörbe, mit Torf gefüllt, bereitstanden. Von dort oben wurde das Brennmaterial durch die Öffnungen in den Tender geschüttet. Jeder Korb enthielt 40 kg Torf. Das Fassungsvermögen des Tenders betrug 100 Körbe. Daraus wird deutlich, welcher Arbeitsaufwand notwendig war, um die Tender während des kurzen Aufenthaltes der Züge mit Torf zu füllen.

Mit der allgemeinen Einführung der Kohlefeuerung waren neue Tender erforderlich, die diesen Bedingungen entsprachen. Damit hatte die Oldenburgische Staatsbahn eine gewisse Ausnahmestellung unter den deutschen Eisenbahnen eingenommen. Den zweifach gekuppelten Lokomotiven wurde ein Tender beigestellt, dessen Rahmen gleichzeitig als Wasserkasten ausgebildet war. Dadurch konnte die Leermasse des zweiachsigen Tenders vermindert werden. Später gebaute Tender hatten für 10 m³ Wasser eine Leermasse von 11,0 t. Das war ein recht günstiges Verhältnis.

Über den Achslagern der vorderen Achse war je eine Blattfeder angeordnet. Über der hinteren Achse lag eine Querblattfeder. Wie bei den Lokomotiven, so wurde auch bei den Tendern die Dreipunktabstützung angewendet. Die rohrförmigen Achsgabelstege der vorderen Achse stellten die Verbindung zwischen den tiefliegenden Wasserkästen her. Diese Bauart der Tender hat sich über 25 Jahre hindurch gehalten. Sie wurden noch bis zum Jahre 1895 beschafft.

Zweifach gekuppelte Lokomotiven mit Wasserkastenrahmen, die noch mit einem solchen Tender gekuppelt waren, verfügten über einen Wasservorrat, der für eine längere Einsatzzeit ausreichte. Bei dem in Oldenburg vorhandenen Speisewasser guter Qualität war das Personal immer daran interessiert,

Zusammenstellung der Tender

Bauart	Wasservorrat (m³)	Kohlevorrat (t)
Norris	6,0	3,5[1])
2 T 5,5	5,5	4,0[1])
2 T 8,5	8,5	4,0
2 T 9	9,0	4,0
2 T 10	10,0	3,5
3 T 12	12,0	4,0
3 T 12	12,0	5,0
3 T 16	16,0	6,0
3 T 16,5	16,5	4,0
4 T 20	20,0	5,0
4 T 21,5	21,5	7,0

[1]) Torfvorrat

möglichst genügend davon aufzunehmen, um die Vorräte nicht dort ergänzen zu müssen, wo kein so gutes Wasser zur Verfügung stand. Als Schnellzüge auf den Hauptstrecken sowie schwere Güterzüge zu befördern waren, forderte der Betrieb drei- und später auch vierachsige Tender.
Seit 1895 kamen dreiachsige Tender zum Einsatz, die einen Kohleraum in der Mitte und Wasserkästen seitlich angeordnet hatten. Diese Tender in Hufeisenform wurden später durch die Bauart in Trapezform abgelöst.
Die Anzahl der Tender stand nie in Übereinstimmung mit der der Lokomotiven. Sie waren für die Maschinen innerhalb einer Gattung oder mit denen anderer Gattungen austauschbar. Sie überdauerten meistens die Einsatzzeit der Lokomotiven und wurden mit neu beschafften Maschinen wieder in Dienst gestellt. Hinzu kamen kürzere Reparaturzeiten und nicht so aufwendige Instandsetzungsarbeiten wie bei den Lokomotiven. Von den sechs im Jahre 1869 gelieferten Maschinen der Gattung G 1 hatten nur vier einen Tender. Im Jahre 1877 standen für 46 Lokomotiven nur 28 Tender zur Verfügung. Das muß ein ständiges An- und Abkuppeln gewesen sein, damit auch jede betriebsfähige Maschine mit einem Tender versehen war. Jedenfalls haben sie ausgereicht; es ist kein Ereignis bekannt geworden, nach dem eine Lokomotive wegen eines fehlenden Tenders nicht einsatzfähig gewesen wäre.

Einsatzgebiete der Lokomotiven

Die Lokomotiven verblieben auf dem eigenen Streckennetz; größtenteils auch nur auf den Strecken, für die sie beschafft worden waren. Daß manche Maschinen auf preußischem oder niederländischem Gebiet eingesetzt waren, lag daran, daß die Oldenburgische Staatsbahn über Strecken in diesen Ländern verfügte. Deshalb war aus Gründen der Zugbespannung schon mal ein kurzer Aufenthalt außerhalb des Landes erforderlich, der wechselseitig zwischen den Eisenbahnen vereinbart war. Ein solcher Einsatz außerhalb Oldenburgs war jedoch nicht typisch.
Den Lokomotiven einzelner Gattungen kann ein bestimmtes Einsatzgebiet zugeordnet werden. Das betrifft sowohl die Maschinen der Gattung T 2 für den Rangierdienst und die der Gattung T 0 für die Beförderung leichter Personenzüge als auch die der Gattungen S 3, S 5^2 und S 10 für den Einsatz im Schnellzugdienst. Bei den Einzelbeschreibungen zu den Gattungen wird darauf besonders hingewiesen werden. Diese Einsatzgebiete wurden nicht von der geographischen Struktur des Landes bestimmt, sondern von der Notwendigkeit zur Bewältigung der Beförderungsaufgaben im Personen- und Güterverkehr. Deshalb war es auch möglich, in den ersten zwei Jahrzehnten fast ausschließlich mit einer Lokomotivgattung den Beförderungsaufgaben gerecht zu werden.
Ein Kriegseinsatz in den Jahren 1870/71 ist nicht bekannt geworden. Dagegen war während der Zeit des Ersten Weltkrieges eine beträchtliche Anzahl von Lokomotiven den Militär-Eisenbahndirektionen für den Einsatz zugeteilt. Das betraf insbesondere die Maschinen der Gattung G 7.
Nach dem Ersten Weltkrieg wurde im Jahre 1919 eine größere Anzahl von Lokomotiven als Reparationsleistung an Belgien und Frankreich abgegeben. Mit insgesamt 17 Maschinen, das waren etwa 7 % des Bestandes, entfielen auf die Gattung G 7 neun und auf die Gattung G 4^2 acht Lokomotiven. Drei Maschinen der Gattung T 1^2 wurden 1922 an die Kleinbahn Vechta–Cloppenburg abgegeben. Die Kleinbahn Zwischenahn-Edewecht erhielt 1918 je eine Lokomotive der Gattung T 3 und T 1^2.

Die Beschreibung der Gattungen

Oldenburg

Ohne Gattungsbezeichnung

2'A n2

1841 bis 1872

Techn. Daten: Seite 174

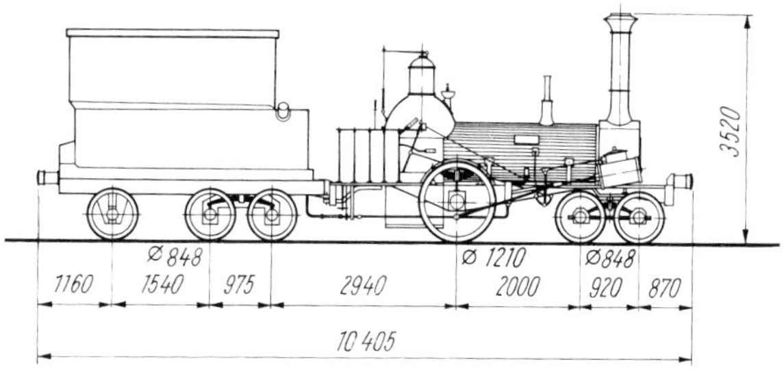

Lokomotiven Nr. 45 und Nr. 46, Baulokomotiven der Bauart Norris, Tender mit kastenförmigem Aufbau für Torfladung

Die für den eigentlichen Betrieb vorgesehenen und bei Hartmann bestellten Lokomotiven standen mit dem Beginn des Bahnbaus noch nicht zur Verfügung. Ein günstiges Angebot kam von der Niederschlesisch-Märkischen Eisenbahn, die eine größere Anzahl solcher Maschinen im Betrieb hatte.

Es wurden kurzerhand zwei 2A-Lokomotiven, Baujahr 1841, hergestellt von Norris in Philadelphia, gekauft. Die schon etwas betagten Maschinen kamen im Juli 1866 beim Bau der ersten beiden Strekken Oldenburg–Bremen und Oldenburg–Heppen (später Wilhelmshaven) zum Einsatz. Obwohl sie nicht mehr dem neuesten Stand der Technik entsprachen, haben sich beide Lokomotiven gut bewährt und bis zum Jahre 1872 einen harten Dienst im Bahnbau geleistet.

Auffällig an diesen Maschinen waren die stark geneigten, hoch über dem vorderen Drehgestell liegenden Zylinder. Es waren typische Vertreter der „amerikanischen" Bauart. Bei den schon rein äußerlich kräftig aussehenden Maschinen ruhte der größte Teil der Masse auf der Treibachse. Infolge des verhältnismäßig kleinen Treibraddurchmessers von 1 210 mm war die Zugkraft recht groß – eine Leistung, die beim Bahnbau notwendig war, um die vielfältigen Transporte zu bewältigen. Beide Lokomotiven hatten einen wesentlichen Anteil am raschen Voranschreiten des Bahnbaus.

Konstruktive Merkmale

Kessel: Langkessel mit vorspringender Rauchkammer. Stehkessel halbrund mit Halbkugel oben abgeschlossen. Tiefliegende Feuerbüchse. Kleiner Dampfdom auf Stehkessel. Hufeisenförmiger Rost.

Rohrlänge 2,45 m, Rostfläche 0,66 m², Heizfläche 29 m², Kesselüberdruck 3,9 bar. Kesselspeisung mit Fahrpumpe. Sicherheitsventil auf Langkessel.

Hoher zylindrischer Schornstein.

Rahmen: Barrenrahmen mit Versteifungen gegen den Stehkessel.

Triebwerk: Zweizylinder-Naßdampftriebwerk. Schrägliegende Zylinder, außen an Rauchkammer befestigt. Obenliegende Schieberkästen.

Steuerung: Gabelsteuerung. Steuerhebel rechts.

Laufwerk: Treibraddurchmesser 1 210 mm. Keine Gegengewichte. Treibräder fest im Rahmen gelagert. Zweiachsiges, drehbares Vordergestell in besonderem, beweglichem Rahmen. Laufräder 848 mm Durchmesser. Obenliegende Blattfedern mit den Enden auf den Achslagern liegend. Achsstand von vorn 920 mm, 2 000 mm.

Sonstige Einrichtungen: Schmaler Führerstand mit Seitengeländer. Seitengeländer schließt mit Außenkante des Rahmens ab.

Tender: 3 T 6; zweiachsiges Vordergestell. Besonderer Aufbau für Torfladung.

Bahnnummer	Name	Hersteller	Baujahr	Fabriknummer	Bemerkungen	Ausmusterung
45	–	Norris	1841	131	[1] [2]	1872
46	–	Norris	1841	132	[1] [3]	1872

[1] Einsatz als Baulokomotive
[2] Bei Niederschlesisch-Märkischer Eisenbahn Name der Lokomotive POSEN
[3] Bei Niederschlesisch-Märkischer Eisenbahn Name der Lokomotive SCHLESIEN

P 3^2
B n2v
1894 bis 1923
Techn. Daten: Seite 174

Gattung P 3^2, Lokomotive Nr. 96 ELBE
Foto: Archiv Töpelmann

Seit 1866 waren in ununterbrochener Reihenfolge insgesamt 54 B-Lokomotiven in Dienst gestellt worden. Diese Bauart hatte sich im Betrieb so gut bewährt, daß sie laufend weiter beschafft wurde.
Der allgemeinen Entwicklung entsprechend, kamen die nächsten Maschinen als Verbundlokomotiven zum Einsatz. Es waren die ersten dieser Bauart bei der Oldenburgischen Staatsbahn. In zwei Lieferungen wurden zunächst sieben Lokomotiven beschafft. Damit war bei den B-Lokomotiven gegenüber denen der Gattung G 1 eine weitere Leistungssteigerung erreicht worden.
Die Maschinen waren im wesentlichen den bisher beschafften mit einfacher Dampfdehnung ähnlich. Auch sie hatten keinen Dom, sondern ein Dampfsammelrohr mit 3000 mm Länge und 100 mm Durchmesser. Der Regler befand sich in der Rauchkammer.
Im unteren Teil des Kessels war ein 2,5 mm dickes Blech als Rostschutz angebracht. Der Raum zwischen Kesselwandung und Schutzblech war mit Mangankitt ausgefüllt. Mit der Vergrößerung des Achsstandes auf 2680 mm konnte auch die Höchstgeschwindigkeit auf 75 km/h festgelegt werden. Die für eine solche Lokomotive recht hohe Geschwindigkeit wurde dadurch erreicht, daß der Tender mit der Lokomotive durch eine Querkupplung Bauart Wolff verbunden war. Damit wurde eine größere Stabilität zwischen Lokomotive und Tender erreicht. Verschiedene Füllungen im Hoch- und Niederdruckzylin-

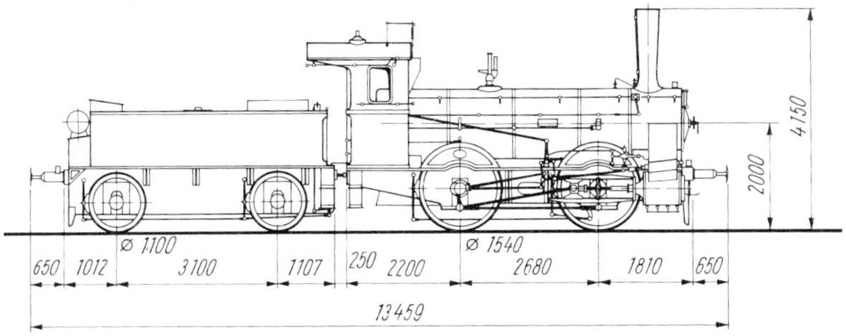

Gattung P 3^2, Lokomotiven RHEIN bis MOSEL

der wurden dadurch erzeugt, daß beim Verlegen der Steuerung die Aufhängebolzen in den Gleitschlitzen durch Gegenlenker bewegt wurden.
Bemerkenswert war die Auflagerung in drei Punkten durch je eine Längsblattfeder über den vorderen Rädern und einer Querblattfeder über der Hinterachse.
Diese Bauart verkörperte die wohl leistungsfähigsten zweifach gekuppelten Personenzuglokomotiven. Die Maschinen beförderten vorwiegend Personenzüge auf den Hauptstrecken.

Konstruktive Merkmale

Kessel: Langkessel mit zwei Schüssen. Kessel ohne Dampfdom. Innenliegendes Dampfsammelrohr. Regler in der Rauchkammer. Rohrlänge 3,5 m, Rostfläche 1,14 m^2, Heizfläche 84 m^2, Kesselüberdruck 12 bar. Sicherheitsventil auf hinterem Kesselschuß.
Rahmen: Genieteter Blechrahmen.
Triebwerk: Zweizylinder-Naßdampfverbundtriebwerk. Außenliegende Zylinder, waagerecht am Rahmen befestigt. Obenliegende Schieberkästen. Zweischienige Kreuzkopfführung. Antrieb auf hintere Kuppelachse.
Steuerung: Allan-Steuerung mit Schlitzaufhängung und Gegenlenkern. Anfahrvorrichtung nach Lindner, ältere Bauart.
Laufwerk: Treibräder 1540 mm Durchmesser. Vordere Kuppelräder mit obenliegenden Blattfedern. Treibräder mit obenliegender Querblattfeder. Achsstand 2680 mm.
Bremse: Druckluftbremse Bauart Schleifer wirkt einseitig von hinten auf Treibräder.
Sonstige Einrichtungen: Sandkasten über den Treibrädern sandet diese vorn vorn.
Tender: 2T10

Bahnnummer	Name	DRG-Nummer	Hersteller	Baujahr	Fabriknummer	Bemerkungen	Ausmusterung
95	RHEIN	33 7001	Hanomag	1894	2625	[1])	
96	ELBE	33 7002	Hanomag	1894	2626	[1])	
97	DONAU	33 7003	Hanomag	1894	2627	[1])	
98	FULDA	33 7004	Hanomag	1895	2712	[1])	
99	WERRA	33 7005	Hanomag	1895	2713	[1])	
100	MAIN	33 7006	Hanomag	1895	2714	[1])	
101	MOSEL	33 7007	Hanomag	1895	2715	[1])	

[1])Lokomotiven waren nur im vorläufigen Umzeichnungsplan 1923 der Deutschen Reichsbahn-Gesellschaft enthalten.

P 4^1

DRG-Baureihe 36^{12}
(→ EFA 1.1)

2'B n2

1896 bis 1931

Techn. Daten: Seite 174

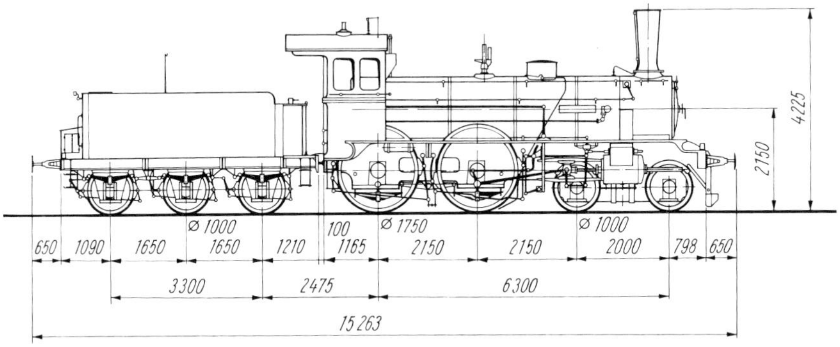

Gattung P 4^1, Lokomotiven ADLER bis TAUBE (oben)

Gattung P 4^1, Lokomotive Nr. 111 SCHWALBE
Werkfoto Hanomag, Sammlung Lohr/Thielmann

Mit den zweifach gekuppelten Lokomotiven konnten die steigenden Wagenzugmassen und höheren Geschwindigkeiten nicht mehr ohne weiteres bewältigt werden. Das machte sich durch allzu häufig vorkommenden Dampfmangel bemerkbar.
Nach den guten Erfahrungen in Preußen mit Maschinen der Achsfolge 2'B wurden solche auch für Oldenburg beschafft. Entsprechend den oldenburgischen Betriebsansprüchen war diese Lokomotive jedoch etwas schwächer als ihr preußisches Vorbild. Das ergab sich aus einer kleineren Rostfläche und der damit kürzeren Feuer-

büchse sowie aus einer Verringerung des festen Achsstandes. Die Maschinen wurden dadurch zwar etwas leichter, waren aber doch recht leistungsfähig, was sich im Äußeren in einer gedrungenen Bauweise zeigte. Die Lokomotiven bewältigen 368 t in der Ebene mit 68 km/h. Diese Leistung reichte auf den oldenburgischen Strecken aus.
Die Maschinen hatten noch immer keinen Dampfdom erhalten. Der Regler war wie bisher in der Rauchkammer untergebracht. Wie bei solchen Ausführungen üblich, befand sich das Dampfsammelrohr im Langkessel. Zur Erhöhung der Leistungsfähigkeit wurden die Flachschieber einfacher Bauart, mit denen die Lokomotiven zunächst ausgerüstet waren, sehr bald durch entlastete Flachschieber ersetzt.
Bis zum Jahre 1902 wurden insgesamt 19 Maschinen beschafft. Der Einsatz erfolgte im Personenzug- und Schnellzugdienst auf den Hauptstrecken.
Alle Lokomotiven wurden von der Deutschen Reichsbahn-Gesellschaft übernommen, haben noch jahrelang Dienst getan und sind bis zum Jahre 1931 ausgemustert worden.

Bahn-nummer	Name	DRG-Nummer	Hersteller	Baujahr	Fabrik-nummer	Bemer-kungen	Ausmusterung
107	ADLER	36 1201	Hanomag	1896	2790		1927
108	FALKE	36 1202	Hanomag	1896	2791		1930
109	REIHER	36 1203	Hanomag	1896	2792		1928
110	MÖVE	36 1204	Hanomag	1896	2793		
111	SCHWALBE	36 1205	Hanomag	1896	2794		1930
116	SCHWAN	36 1206	Hanomag	1897	3028		
129	HABICHT	36 1207	Hanomag	1899	3206		
130	SPERBER	36 1208	Hanomag	1899	3207		
131	GEIER	36 1209	Hanomag	1900	3414		
132	CONDOR	36 1210	Hanomag	1900	3415		1931
133	BUSSARD	36 1211	Hanomag	1900	3416		1930
134	WEIH	36 1211	Hanomag	1900	3417		
139	KRANICH	36 1213	Hanomag	1901	3610		1931
140	RABE	36 1214	Hanomag	1901	3611		1930
141	DOHLE	36 1215	Hanomag	1901	3612		1930
142	ELSTER	36 1216	Hanomag	1901	3613		1927
143	HÄHER	36 1217	Hanomag	1901	3647		1930
144	KIEBITZ	36 1218	Hanomag	1901	3648		1931
150	TAUBE	36 1219	Hanomag	1902	3872		

S 3

DRG-Baureihe 13^{18} (→ EFA 1.1)

2'B n2v

1903 bis 1927

Techn. Daten: Seite 175

Mit den Lokomotiven der Gattung P 4[1] waren auf die Dauer keine Schnellzüge zu fahren. Es gab zwar nur eine Strecke, auf der planmäßig Schnellzüge verkehrten, die von Wilhelmshaven über Oldenburg nach Bremen, dennoch wurde es immer dringender notwendig, Schnellzugmaschinen zu beschaffen. Die bis jetzt vorhandenen Lokomotiven der Gattung P 4[1] mit einem Treibraddurchmesser von 1 750 mm konnten auf längeren Strecken die Geschwindigkeit von 90 km/h nicht halten. Diesen Anforderungen war das Triebwerk nicht gewachsen. Gleiche Erfahrungen hatte die Preußische Staatsbahn gemacht. Die Maschinen der Gattung S 3 waren die ersten Schnellzuglokomotiven der Oldenburgischen Staatsbahn. Sie entsprachen in den Hauptabmessungen und den wichtigsten Einzelheiten ganz dem preußischen Vorbild. „Oldenburgische Details" fehlten jedoch nicht. Der größere Treibraddurchmesser von 1 980 mm und das dazu abgestimmte Triebwerk sicherten eine Dauerleistung, wie sie für den hochwertigen Schnellzugdienst notwendig war.
Die Maschinen waren anstelle des bis dahin ausschließlich verwende-

Bahn-nummer	Name	DRG-Nummer	Hersteller	Baujahr	Fabrik-nummer	Bemer-kungen	Ausmusterung
151	WODAN	131801	Hanomag	1903	4101		1926
152	ODIN	131802	Hanomag	1903	4102		1927
153	DONAR	131803	Hanomag	1903	4103		1927
154	THOR	131804	Hanomag	1903	4104		1927
160	BALDUR	131805	Hanomag	1904	4278		1927
161	HEIMDALL	131806	Hanomag	1904	4279		1927

ten Dampfsammelrohres erstmalig mit einem Dampfdom und Regler ausgerüstet. Mit 1000 mm wies der Dampfdom eine beachtliche Höhe auf. Der zweite Dom auf dem Kessel unmittelbar vor dem Führerhaus ist der Dampfbehälter für die Stabysche Rauchverbrennungseinrichtung.

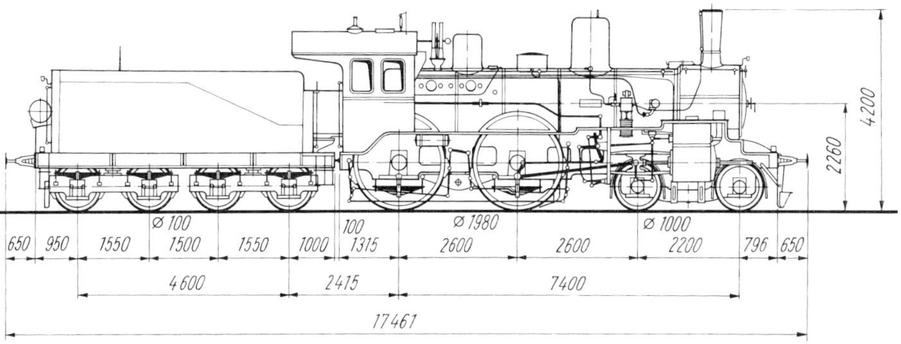

Gattung S 3, Lokomotiven WODAN bis HEIMDALL; Lokomotiven BALDUR und HEIMDALL mit dreiachsigem Tender

Gattung S 3, Lokomotive Nr. 154 THOR
Werkfoto Hanomag, Archiv Töpelmann

Verbundlokomotiven wurden mit dem Verbinderdampftrockner der Bauart Ranafier ausgerüstet und hatten entlastete Dampfschieber.

Anstelle eines großen Verbinderrohres zwischen Hoch- und Niederdruckzylinder in der Rauchkammer besteht dieser Dampftrockner aus einer Anzahl kleinerer Rohre. Diese Rohre mit einer dementsprechend großen Oberfläche werden von den Heizgasen umspült und trocknen den aus den Hochdruckzylindern kommenden nassen Abdampf für die nachfolgende Arbeit im Niederdruckzylinder.

Die Maschinen bewältigten in der Ebene 320 t mit 75 km/h und 150 t auf 10 ‰ Steigung mit 50 km/h.

Alle sechs Lokomotiven wurden 1925 von der Deutschen Reichsbahn-Gesellschaft übernommen, jedoch kurz danach im Rahmen der Typenbereinigung ausgemustert.

P 4^2

DRG-Baureihe 36^{12}
(→ EFA 1.1)

2'B n2v
1907 bis 1929
Techn. Daten: Seite 175

Die Maschinen der Gattung P 4^2 sind als die „Planeten"-Lokomotiven in die Geschichte eingegangen. Von MERCUR bis NEPTUN waren als Namen für diese Maschinen alle Planeten vertreten. Die im Jahre 1896 beschafften Lokomotiven der Bauart P 4^1 waren, auf die oldenburgischen Betriebsverhältnisse übertragen, etwas schwächer als die preußischen Lokomotiven ausgelegt. Bei den Maschinen der Gattung P 4^2 wurde jedoch das preußische Vorbild mit voller Leistung übernommen, denn auch die Personenzüge waren in der Zwischenzeit schwerer geworden. Die Hauptabmessungen stimmten mit denen der preußischen Lokomotiven überein.

Alle Maschinen waren mit dem für ein Verbundtriebwerk typischen Verbinderdampftrockner der Bauart Ranafier ausgerüstet. Die Lokomotiven MERCUR bis JUPITER hatten eine Anfahrvorrichtung Bauart Lindner und die Lokomotiven SATURN bis NEPTUN eine solche der Bauart Ranafier. Diese ist erkennbar rechts vor den Ventilen der Steuerung und an dem kleinen Zylinder oben an der Rauchkammer.

Diese Anfahrvorrichtungen haben den Zweck, auf die Niederdruckzy-

Gattung P 4^2, Lokomotive Nr. 178 JUPITER mit Flachschiebersteuerung und Verbinderdampftrockner Bauart „Ranafier"
Werkfoto Hanomag, Archiv Töpelmann

linder beim Anfahren Frischdampf zu geben, wenn sich z. B. der Kolben der Hochdruckseite in Totpunktlage am Zylinderende befindet.

Bei den Lokomotiven SATURN bis NEPTUN erhöhte sich die Reibungsmasse geringfügig auf 30,50 t infolge der Verstärkungen an den Rahmenverbindungen, insbesondere im Bereich der Zylinder. Diese Maschinen hatten die Ventilsteuerung Bauart Lentz. Auffällig ist der durch die Anwendung der Ventilsteuerung nötige treppenförmige Aufbau der Umlaufbleche.

Der zweite „scheinbare" Dom vor dem Führerhaus auf dem Langkessel gehörte zur Rauchverbrennungseinrichtung Bauart Staby.

Alle Maschinen waren mit einem Preßluftsandstreuer Bauart Lentz und mit Dampfstrahlpumpen Bauart Friedmann ausgerüstet.

Die Maschinen bewältigten in der Ebene 280 t mit 80 km/h und 295 t auf 5 ‰ Steigung mit 50 km/h. Damit waren sie eindeutig leistungsstärker als die Lokomotiven mit Zwillingstriebwerk.

Alle acht Maschinen wurden in den Bestand der Deutschen Reichsbahn-Gesellschaft übernommen.

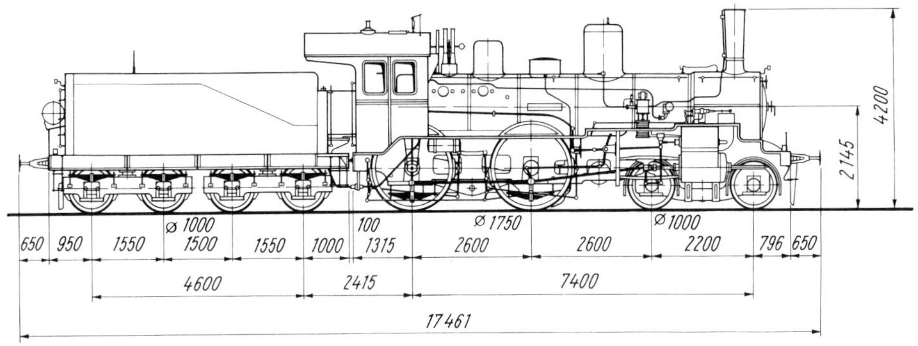

Gattung P 4², Lokomotiven MERCUR bis JUPITER, Flachschiebersteuerung, Verbinderdampftrockner Bauart Ranafier

Gattung P 4², Lokomotive Nr. 190 NEPTUN mit Lentz-Ventilsteuerung und Anfahrvorrichtung Ranafier, Lokführerseite
Werkfoto Hanomag, Sammlung Lohr/Thielmann

Bahn-nummer	Name	DRG-Nummer	Hersteller	Baujahr	Fabrik-nummer	Bemer-kungen	Ausmusterung
174	MERCUR	36 1251	Hanomag	1907	4996		1929
175	VENUS	36 1252	Hanomag	1907	4997		1928
176	ERDE	36 1253	Hanomag	1907	4998		1927
177	MARS	36 1254	Hanomag	1907	4999		1929
178	JUPITER	36 1255	Hanomag	1907	5000		1927
188	SATURN	36 1256	Hanomag	1909	5408		1929
189	URANUS	36 1257	Hanomag	1909	5409		1929
190	NEPTUN	36 1258	Hanomag	1909	5410		1929

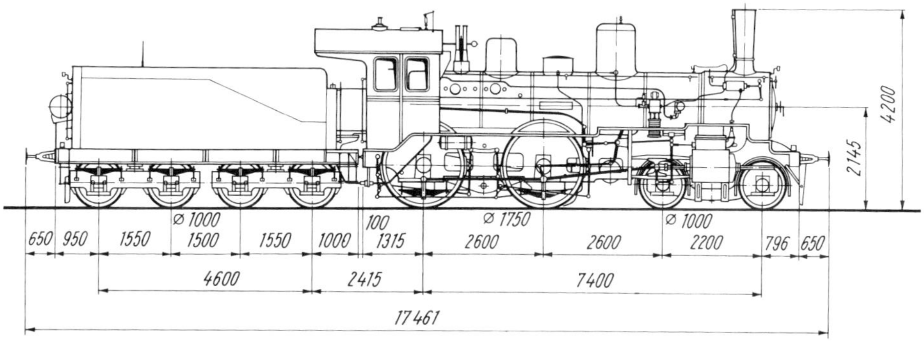

Gattung P 4^2, Lokomotiven SATURN bis NEPTUN, Lentz-Ventilsteuerung und Anfahrvorrichtung Bauart Ranafier

Gattung P 4^2, Lokomotive Nr. 190 NEPTUN, Heizerseite
Werkfoto Hanomag, Archiv Töpelmann

S 5²

DRG-Baureihe 13[18]
(→ EFA 1.1)

2'B n2v

1909 bis 1927

Techn. Daten: Seite 175

Seit 1904 wurde von der Preußischen Staatsbahn die Schnellzuglokomotive der Gattung S 5² gebaut. Da auch die Oldenburgische Staatsbahn an einer Vergrößerung der Zahl der einsatzfähigen Lokomotiven für den Schnellzugdienst interessiert war, wurden Maschinen mit den Hauptabmessungen der preußischen Gattung S 5² beschafft. Sie wurde als verstärkte Bauart 2'B bezeichnet, da sie leistungsfähiger als die bisherigen Maschinen war. Die Lokomotiven waren mit einer Lentz-Ventilsteuerung und einer Anfahrvorrichtung Bauart Ranafier ausgerüstet. Typisch für die Anfahrvorrichtung ist der kleine Zylinder oben an der Rauchkammer, von dem aus eine Rohrleitung bis vor den Kasten der Ventilsteuerung führt.
Äußerlich auffällig ist das Umlaufblech, das durchgehend über den 1980 mm hohen Treibrädern liegt. Damit wurde die Ausbildung der Radschutzkästen und der sonst treppenförmige Aufbau des Um-

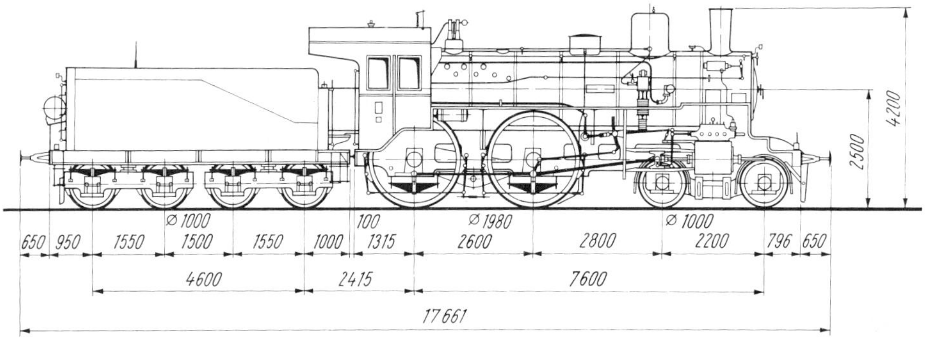

Gattung S², Lokomotiven FRIGGA bis WALA

Gattung S 5², Lokomotive Nr. 205 FRIGGA
Werkfoto Hanomag, Archiv Töpelmann

laufblechs vermieden. Es ergab sich – rein optisch – eine scheinbar höhere Kessellage.
Die mit den Maschinen der Gattung $P\,4^2$ begonnene Ausrüstung mit Luftpumpen für die Westinghouse-Bremse in Verbundausführung mit Rippenkühlung wurde fortgeführt.
Erstmalig ist die Ausrüstung mit dem Sandstreuer Bauart Knorr. Die Lokomotiven haben sich im Betrieb gut bewährt. Das war auch der Grund dafür, daß in den folgenden drei Lieferungen nochmals insgesamt neun Maschinen beschafft worden sind.
Die Maschinen bewältigten in der Ebene 360 t mit 80 km/h und 185 t auf 10 ‰ Steigung mit 50 km/h. Damit waren sie im mittleren und schweren Schnellzugdienst einsetzbar.
Alle elf Maschinen wurden von der Deutschen Reichsbahn-Gesellschaft übernommen.

Bahn-nummer	Name	DRG-Nummer	Hersteller	Baujahr	Fabrik-nummer	Bemer-kungen	Ausmusterung
205	FRIGGA	13 1851	Hanomag	1909	5609		1926
206	FREYA	13 1852	Hanomag	1909	5610		1926
209	IDUNA	13 1853	Hanomag	1910	5865		1926
210	GERDA	13 1854	Hanomag	1910	5866		1926
211	NANNA	13 1855	Hanomag	1910	5867		
223	URD	13 1856	Hanomag	1912	6520		1926
224	WERDANDI	13 1857	Hanomag	1912	6521		1926
225	SKULD	13 1858	Hanomag	1912	6522		
248	GEFION	13 1859	Hanomag	1913	6931		
249	SAGA	13 1860	Hanomag	1913	6932		1926
250	WALA	13 1861	Hanomag	1913	6933		1927

S 10

DRG-Baureihe 16^0
(→ EFA 1.1)

1′C1′ h2

1916 bis 1926

Techn. Daten: Seite 175

Mit den aus dem Betrieb auf den Hauptstrecken weiter anwachsenden Erfordernissen ergab sich die Beschaffung einer dreifach gekuppelten Schnellzuglokomotive. Der schwache Oberbau der Strecken mit einer zulässigen Achsfahrmasse von nur 15 t und stellenweise 16 t zwang zu einem eigenständigen Entwurf, da die preußische S 10 mit einer Achsfahrmasse von 17,5 t ausschied.
Mit 5,200 m Rohrlänge wurde auf Grund der großen Treibräder der Kessel verhältnismäßig lang. Wegen des Rohstoffmangels in der Kriegszeit war die Feuerbüchse aus Stahl. Als Feuertür wurde eine zweiteilige Schiebetür eingebaut. Wegen der billigeren Unterhaltung

Gattung S 10, Lokomotiven BERLIN bis DRESDEN

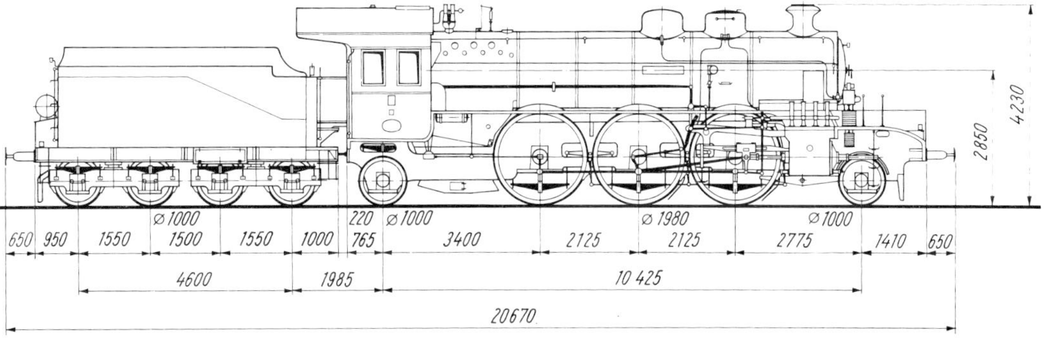

Gattung S 10, Lokomotive Nr. 266 BERLIN, Lokführerseite
Foto: Sammlung Lohr/Thielmann

Gattung S 10, Lokomotive Nr. 266 BERLIN, Heizerseite
Werkfoto Hanomag, Sammlung Lohr/Thielmann

kam ein Zwillingstriebwerk mit Lentz-Ventilsteuerung zur Anwendung. Die Laufachsen waren als Adamsachsen ausgebildet. Ihre Seitenbeweglichkeit und die Schwächung der Spurkränze der Treibräder um 10 mm versetzte die Lokomotive in die Lage, Gleisbögen mit 140 m Halbmesser bei 24 mm Spurerweiterung ohne Anstände zu durchfahren. Äußerlich ist ein Mißverhältnis zwischen den Abmessungen des Kessels und denen des Laufwerkes zu erkennen. Das ergab sich sicher aus der Forderung nach Gewährleistung einer Achsfahrmasse von 15 t. Wegen der günstigen Verteilung der Masse mußte die hintere Laufachse weiter zurück verlegt werden. Auf der ungewöhnlich großen Plattform über der vorderen Laufachse waren alle Hilfseinrichtungen, wie Vorwärmer, Luftpumpe und Speisepumpe, untergebracht.
Im Betrieb bereitete die stählerne Feuerbüchse immer wieder Schwierigkeiten. Die Rohre waren an der Feuerbüchsrohrwand nicht dicht. Auch kupferne Rohrvorschuhe und selbst der spätere Einbau einer Feuerbüchse aus Kupfer brachten keine Verbesserungen.
Mit dem Einbau eines Schneiderschen Stoßventils wurde das Speisen des Kessels mit kaltem Wasser bei geschlossenem Regler vermieden. Diese „bayrische" Erfindung gab selbsttätig Frischdampf an den Vorwärmer ab, sobald der Regler geschlossen war.
Die Lokomotiven bewältigten in der Ebene 300 t mit 100 km/h und 310 t auf 5 ‰ Steigung mit 70 km/h. Bei Versuchsfahrten wurden sogar 519 t auf 10 ‰ Steigung mit 33 km/h gefahren. Wenn auch die Leistung der Maschinen ausreichte, machte sich bei 70 km/h ein unruhiger Lauf bemerkbar, der erst bei etwa 100 km/h wieder verschwand. Als Ursache wurde eine Resonanz in der Rückstellvorrichtung der Adamsachse vermutet.
Bei der DRG wurden die drei Lokomotiven als einzige Vertreter in die Baureihe 16 eingereiht und nach einer Betriebszeit von insgesamt nur 10 Jahren bereits 1926 wieder ausgemustert.

Bahnnummer	Name	DRG-Nummer	Hersteller	Baujahr	Fabriknummer	Bemerkungen	Ausmusterung
266	BERLIN	16 001	Hanomag	1916	8000		1926
267	MÜNCHEN	16 002	Hanomag	1916	8001		1926
268	DRESDEN	16 003	Hanomag	1916	8002		1926

P 8

DRG-Baureihe 38^{33}
(→ EFA 1.1)

2'C h2

1922 bis 1963

Techn. Daten: Seite 175

Die Lokomotiven der Gattung P 8 waren die ersten Maschinen rein preußischer Bauart ohne jede „Zutat" nach oldenburgischen Belangen. Sie wurden seit 1906 für die Preußische Staatsbahn mit wachsendem Erfolg im harten Betriebsdienst gebaut. Bis zum Ende des Ersten Weltkrieges standen damit kräftige Heißdampflokomotiven zur Verfügung, deren Konstruktion auch von anderen Eisenbahnverwaltungen übernommen wurde.
Bei der HANOMAG wurden diese Maschinen entsprechend den bisherigen Gepflogenheiten noch mit der Lentz-Ventilsteuerung bestellt. Ein plötzlich auftretender dringender Bedarf führte dazu, daß die Lieferung vorgezogen wurde. Aus dem Bestand einer für die Preußische Staatsbahn bestimmten Lieferung wurden fünf Lokomotiven herausgelöst und von der Oldenburgischen Staatsbahn übernommen. Deshalb haben die oldenburgischen P 8 auch eine Kolbenschiebersteuerung und keine Lentz-Ventilsteuerung.
Die kräftigen Heißdampflokomotiven konnten mit einer Höchstgeschwindigkeit von 100 km/h gefahren werden. Damit stand eine für

Bahnnummer	DRG-Nummer	Hersteller	Baujahr	Fabriknummer	Bemerkungen	Ausmusterung
290	38 3390	Hanomag	1922	9680		1962
291	38 3391	Hanomag	1922	9681		1963
292	38 3392	Hanomag	1922	9682	[1])	
293	38 3393	Hanomag	1922	9683		1962
294	38 3394	Hanomag	1922	9684		1963

[1]) 1942 Kriegsverlust

oldenburgische Verhältnisse leistungsfähige Maschine zur Verfügung, die außer Güterzügen alles gefahren hat. Auch bei der gelegentlichen Beförderung schwerer Schnellzüge hat sie nie enttäuscht.
Die Lokomotiven beförderten 400 t in der Ebene mit 90 km/h und 365 t auf 10 ‰ Steigung mit 40 km/h. Im Schnellzugdienst waren es 300 t in der Ebene mit 100 km/h und 370 t auf 10 ‰ Steigung mit 40 km/h. Dieses Leistungsprogramm entsprach voll und ganz den Erfordernissen des Personenzugdienstes auf den oldenburgischen Strekken.
Von der Deutschen Reichsbahn-Gesellschaft wurden alle fünf Maschinen in den Bestand übernommen.

G 1

B n2

1866 bis 1925

Techn. Daten: Seite 176

Das Streckennetz der Oldenburgischen Staatsbahn hatte kaum Steigungen aufzuweisen. Nach den Vorstellungen für die Betriebsführung wollte man mit einer Lokomotivbauart für den Personenzug- und Güterzugdienst auskommen. Deshalb ist es nicht ganz richtig, wenn diese Maschinen als Güterzuglokomotiven bezeichnet werden. Äußerlich auffällig ist der etwas „kahle" Scheitel des Langkessels ohne Dampfdom und Sandkasten. Im Inneren des Kessels war ein 3,2 m langes Dampfsammelrohr untergebracht. Nachträglich wurden auf dem vorderen Kesselschuß ein Sandkasten angebracht und eine Zentralschmierung eingebaut.

Gattung P 8, Lokomotiven Nr. 290 bis Nr. 294

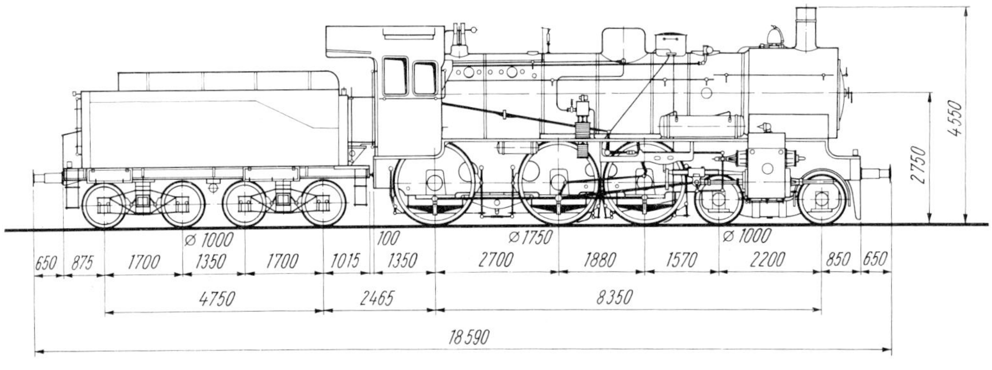

Die Lieferungen aus den Jahren 1876 und 1877 haben in den 90er Jahren leistungsfähigere Kessel mit einer um 18,00 m^2 größeren Heizfläche und einem auf 12,00 bar erhöhten Kesselüberdruck erhalten. Versuchsweise eingebaute ankerlose Kessel mit Wellrohrfeuerbüchse Bauart Lentz haben sich nicht bewährt. Gleiche Erfahrungen machten auch andere Eisenbahnverwaltungen.

Eine Vergrößerung des Achsstandes bei den Lieferungen der Jahre 1889/91 auf 2680 mm ermöglichte, die Geschwindigkeit der Maschinen auf 75 km/h zu erhöhen, womit den Betriebsverhältnissen noch besser entsprochen wurde.

Die Tender waren mit der Lokomotive durch eine Querkupplung Bauart Wolff verbunden. Dadurch konnte die für eine zweiachsige Maschine verhältnismäßig hohe Geschwindigkeit zugelassen werden. Bis 1875 waren die Lokomotiven mit einem gedeckten Torftender gekuppelt.

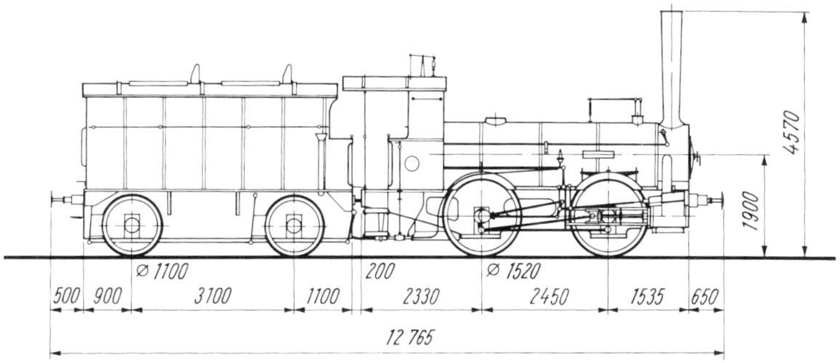

Gattung G 1, Lokomotiven OESTRINGEN bis WAPEL mit Torftender

Gattung G 1, Lokomotive Nr. 8 MUENSTERLAND für den gemischten Zugdienst mit Wasserkasten im Rahmen
Foto: Sammlung Lohr/Thielmann

Die Treib- und Kuppelstangen hatten I-Querschnitt und wurden von Krauss erstmalig in Deutschland angewendet.
Die Maschinen haben sich im Betrieb so gut bewährt, daß sie bis zum Jahre 1891 in nicht weniger als neun Lieferungen mit 54 Lokomotiven von verschiedenen Lokomotivfabriken beschafft wurden.
Neunzehn Lokomotiven waren noch im vorläufigen Umzeich-

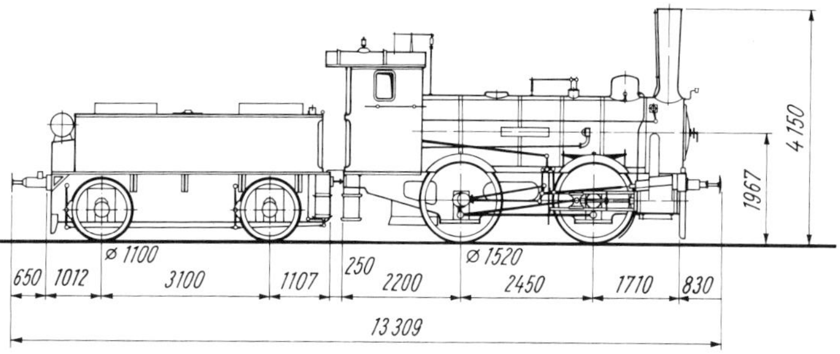

Gattung G 1, Lokomotiven OCHTUM bis DINKEL (oben)

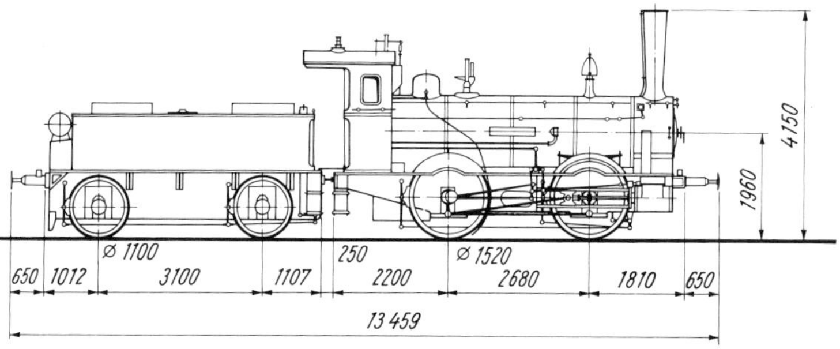

Gattung G 1, Lokomotiven SPIEKEROOG bis ROTTUM (links)

Gattung G 1, Lokomotive Nr. 11 LANDWÜHRDEN mit Wasserkasten im Rahmen
Foto: Sammlung Lohr/Thielmann

nungsplan 1923 der Deutschen Reichsbahn-Gesellschaft enthalten; übernommen wurde jedoch keine.

Konstruktive Merkmale

Kessel: Zylindrischer Langkessel mit drei Schüssen. Kessel ohne Dampfdom. Innenliegendes Dampfsammelrohr. Flachschieberregler in der Rauchkammer.
Rohrlänge 3,5 m bis 3,75 m, Rostfläche 1,00 m^2 bis 1,15 m^2, Heizfläche 75 m^2 bis 93 m^2, Kesselüberdruck 10 bar bis 12 bar.
Sicherheitsventil auf vorderem Kesselschuß. Hoher, konischer Schornstein. Untenliegende, nichtsaugende Strahlpumpen.
Rahmen: Genieteter Blechrahmen. Einige Lokomotiven mit dazwischenliegendem Wasserkasten.
Triebwerk: Zweizylinder-Naßdampftriebwerk. Außenliegende Zylinder, waagerecht am Rahmen befestigt. Obenliegende Schieberkästen. Zweischienige Kreuzkopf-

Bahnnummer	Name	DRG-Nummer	Hersteller	Baujahr	Fabriknummer	Bemerkungen	Ausmusterung
1	OESTRINGEN		Hartmann	1866	288		1913
2	STADLAND		Hartmann	1866	289		1912
3	STEDINGEN		Hartmann	1866	290		1912
4	WANGERLAND		Hartmann	1866	291		1912
5	SAGTERLAND		Hartmann	1866	292		1914
6	AMMERLAND		Hartmann	1866	293		1912
7	BUTJADINGEN		Krauss	1867	2		1912
8	MUENSTERLAND		Krauss	1867	3		1914
9	RÜSTRINGEN		Krauss	1867	4		1912
10	MOORIEM		Krauss	1867	5		1913
11	LANDWÜHRDEN		Krauss	1867	1	[1]	1900
12	WANGEROOG		Krauss	1868	36		1918
13	HARLINGERLAND		Krauss	1869	43		1914
14	NESSERLAND		Krauss	1869	44		1915
15	LEEDINGERLAND		Krauss	1869	45		1915
16	RHEIDERLAND		Krauss	1869	46		1914
17	GRONINGERLAND		Krauss	1869	47		1918
18	FRIESLAND		Krauss	1869	48	[2]	1897
19	HUNTE		Wöhlert	1873	425		
20	WESER		Wöhlert	1873	426		
21	OLLEN		Wöhlert	1873	427		
22	HEETE		Wöhlert	1873	428		
23	LIENE		Wöhlert	1873	429		
24	JADE		Wöhlert	1873	430	[3]	
25	AHNE		Wöhlert	1873	431	[3]	
26	WAPEL		Wöhlert	1873	432	[3]	
27	OCHTUM	51 7001	Hohenzollern	1876	22	[4] [5]	1925
28	DEHNE	51 7002	Hohenzollern	1876	23		1925
29	WELSE	51 7003	Hohenzollern	1876	24		1925
30	LETHE	51 7004	Hohenzollern	1876	25		1925
31	HAAREM	51 7005	Hohenzollern	1876	26		1925
32	MADE	51 7006	Hohenzollern	1876	27		1925
33	HAASE	51 7007	Hohenzollern	1876	28		1925
34	MARKA	51 7008	Hohenzollern	1876	29		1925
35	SOESTE	51 7009	Hohenzollern	1876	30		1925
36	LEDA	51 7010	Hohenzollern	1876	31		1925
37	VEHNE	51 7011	Hohenzollern	1876	32		1925
38	DREPTE	51 7012	Hohenzollern	1876	33		1925
39	HOHENZOLLERN	51 7013	Hohenzollern	1876	34		1925
40	ORANIEN	51 7014	Hohenzollern	1876	35		1925
41	ELSE	51 7015	Hohenzollern	1877	51		1925
42	DUTE	51 7016	Hohenzollern	1877	52		1925
43	LAHE		Hohenzollern	1877	53		
44	JÜMME	51 7017	Hohenzollern	1877	54		1925
45	EMS	51 7018	Hohenzollern	1877	55		1925
46	DINKEL	51 7019	Hohenzollern	1877	56		1925
77	SPIEKEROOG		Hohenzollern	1889	522		1911
78	NORDERNEY		Hohenzollern	1889	523		1914
79	BORKUM		Hohenzollern	1889	524		1911
87	HELGOLAND		Hohenzollern	1891	615		1918
88	LANGEOOG		Hohenzollern	1891	616		1918
89	BALTRUM		Hohenzollern	1891	617		
90	JUIST		Hohenzollern	1891	618		
91	ROTTUM		Hohenzollern	1891	619		

[1]) 1867 Weltausstellung in Paris Goldene Medaille; 1900 Verkauf der Lokomotive an die Lokomotivfabrik Krauss & Comp. München.
Museumslokomotive Standort Deutsches Museum München; jetzt Verkehrsmuseum Nürnberg

[2]) 1890 Einbau eines Lentz-Kessels

[3]) 1878 Umbau in Lokomotiven der Gattung T 1; bezeichnet als „große" Tenderlokomotiven

[4]) Lokomotiven mit den Bahnnummern 27 bis 42 und 44 bis 46 waren mit den Betriebsnummern 51 7001 bis 51 7016 und 51 7017 bis 51 7019 nur im vorläufigen Umzeichnungsplan 1923 der Deutschen Reichsbahn-Gesellschaft enthalten

[5]) Lokomotiven OCHTUM bis DINKEL erhielten in den 90er Jahren neue Kessel

führung. Antrieb auf hintere Kuppelachse.
Steuerung: Allan-Steuerung.
Laufwerk: Treibräder 1500 mm bis 1520 mm Durchmesser. Teilweise mit aufgeschraubten Gegengewichten. Vordere Kuppelräder Blattfedern oberhalb der Achslager. Treibräder mit obenliegender Querblattfeder. Achsstand 2450 mm bis 2680 mm.
Bremse: Schraubenbremse am Tender.
Sonstige Einrichtungen: Halbgeschlossenes geräumiges Führerhaus. Später Sandkasten auf vorderem Kesselschuß, sandet erste Kuppelachse vorn. Zentralschmierung.
Tender: 2T 5,5 (Torftender) Lokomotiven OESTRINGEN bis WAPEL; 2T 8,5 und 2T 9,0 Lokomotiven OCHTUM bis ROTTUM.

G 4^2

DRG-Baureihe 53^{10}
(→ EFA 1.2)

C n2v

1895 bis 1932

Techn. Daten: Seite 177

Mit der weiteren Zunahme des Güterverkehrs ergaben sich höhere Anforderungen an den Güterzugdienst, die nur mit einer stärkeren Lokomotive bewältigt werden konnten. Die zweifach gekuppelten Maschinen der Gattung G 1 waren den Anforderungen schon nicht mehr gewachsen.
Die Lokomotiven der Gattung G 4^2 entsprachen der gleichen preußischen Gattung in den wichtigsten konstruktiven Merkmalen. Es waren die ersten Lokomotiven, die ausschließlich im Güterzugdienst verwendet wurden.
Der Dom war nach oldenburgischem Brauch weggelassen worden. Im Innern der Langkessel befand sich das Dampfsammelrohr, der Regler war in der Rauchkammer untergebracht.
Die innenliegende Allan-Steuerung

Gattung G 4^2, Lokomotive Nr. 158 BELFORT
Werkfoto Hanomag, Archiv Töpelmann

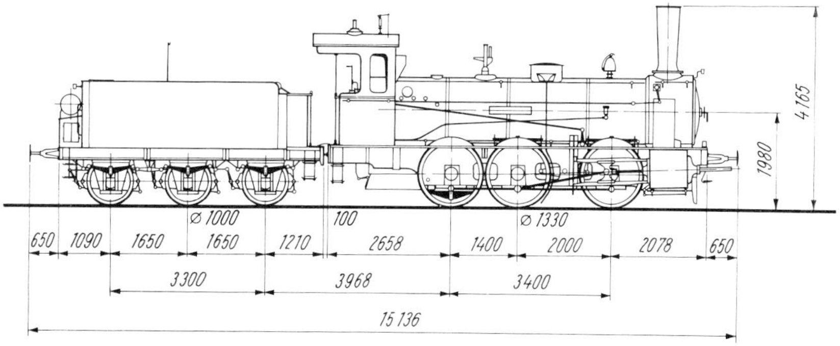

Gattung G 4², Lokomotiven WÖRTH bis AMIENS

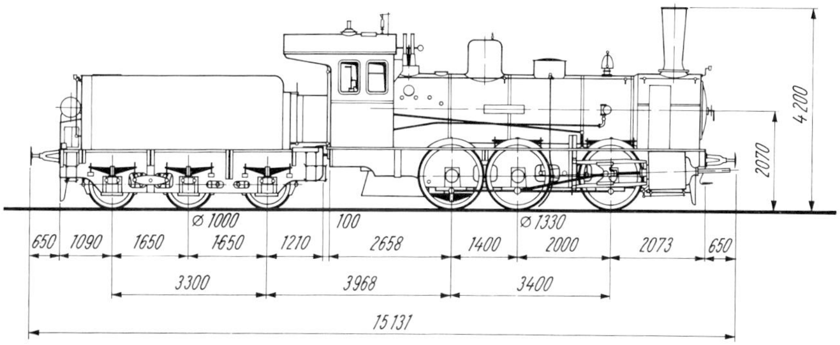

Gattung G 4², Lokomotiven PREUSSEN bis BRAUNSCHWEIG

Bahn-nummer	Name	DRG-Nummer	Hersteller	Baujahr	Fabrik-nummer	Bemer-kungen	Aus-musterung
102	WÖRTH		Hanomag	1895	2743		
103	MARS LA TOUR		Hanomag	1895	2744		
104	SEDAN		Hanomag	1895	2745		
105	METZ	53 1001	Hanomag	1895	2746		
106	STRASSBURG	53 1002	Hanomag	1895	2747		
117	WEISSENBURG		Hanomag	1897	3029		
118	SPICHERN		Hanomag	1897	3030	1)	
119	GRAVELOTTE		Hanomag	1897	3031		
120	BEAUNE LA ROLANDE		Hanomag	1897	3032		
121	LE MANS		Hanomag	1897	3033	2)	
122	ORLEANS		Hanomag	1897	3034		
155	VIONVILLE		Hanomag	1903	4105	3)	
156	ST. PRIVAT		Hanomag	1903	4106	3)	
157	BEAUMONT		Hanomag	1903	4107		
158	BELFORT		Hanomag	1903	4108	3)	
159	TOUL		Hanomag	1904	4280		
165	VERDUN		Hanomag	1905	4406	4)	
166	AMIENS	53 1003	Hanomag	1905	4407		1926
179	PREUSSEN	53 1051	Hanomag	1907	4993	5)	
180	BAYERN	53 1052	Hanomag	1907	4994		1927
181	SACHSEN	53 1053	Hanomag	1907	4995		
182	WÜRTTEMBERG	53 1054	Hanomag	1907	5159		
183	BADEN	53 1055	Hanomag	1907	5160		
184	HESSEN		Hanomag	1907	5161	6)	
191	MECKLENBURG	53 1056	Hanomag	1909	5411		1927
192	OLDENBURG	53 1057	Hanomag	1909	5412		
193	BRAUNSCHWEIG	53 1058	Hanomag	1909	5413		

1) Reparationsleistung; Einsatz bei der Französischen Nordbahn
2) Reparationsleistung; Einsatz in Belgien unter der Bahnnummer 9921
3) Reparationsleistung; Einsatz in Belgien unter den Bahnnummern 9955 bis 9958
4) Reparationsleistung; Einsatz in Belgien unter der Bahnnummer 9965
5) Lokomotiven ab Baujahr 1907 mit Verbinder-Dampftrockner Bauart Ranafier
6) Reparationsleistung; Einsatz in Belgien unter der Bahnnummer 9984

war so ausgebildet wie bei den Lokomotiven der Gattung P 0. Als Anfahrvorrichtung wurde die Bauart Lindner gewählt.
Die Lokomotiven haben sich im Betrieb außerordentlich gut bewährt und wurden bis zum Jahre 1909 in sieben Lieferungen beschafft.
Die Maschinen beförderten 670 t in der Ebene mit 55 km/h, 800 t auf 3 ‰ Steigung mit 30 km/h und noch 580 t auf 6 ‰ Steigung mit 25 km/h.
Die seit 1907 gelieferten Lokomotiven hatten einen Verbinderdampftrockner Bauart Ranafier erhalten, der als U-förmiges Bündel in der Rauchkammer lag und eine Heizfläche von 12 bis 14 m^2 hatte. Gleichzeitig erhielt diese Ausführung einen Dampfdom. Das war erforderlich, weil die Lokomotiven auch gezwungen waren, ungereinigtes Wasser zu nehmen, wobei starkes Aufschäumen verursacht wurde. Die Rohrheizfläche war auf 105 m^2 verkleinert und die Masse der dienstbereiten Lokomotive auf 41,7 t erhöht worden. Das ergab in der weiteren Entwicklung eine insgesamt leistungsstärkere Maschine, die den Anforderungen des Güterzugdienstes entsprach.
Neun Maschinen hatte die Deutsche-Reichsbahn-Gesellschaft noch übernommen; der endgültige Umzeichnungsplan von 1925 enthielt jedoch nur acht Maschinen.

G 7

DRG-Baureihe 55^{62}
(→ EFA 1.2)

D n2v

1912 bis 1935

Techn. Daten: Seite 177

Die ständig steigenden Zugmassen erforderten immer häufiger Vorspannlokomotiven. Das wurde mit der Zeit unwirtschaftlich und wirkte sich ungünstig auf das Betriebsergebnis aus. Auf solche Verhältnisse mußte jede auf Sparsamkeit bedachte Eisenbahnverwaltung sofort reagieren. Andere Eisenbahnverwaltungen verfügten seit Jahren schon über fünffach gekuppelte Heißdampflokomotiven, wie die Preußische Staatsbahn über die der Gattung G 10. Für oldenburgische Verhältnisse war eine vierfach gekuppelte Maschine vollkommen ausreichend. Die konstruktiven Merkmale der preußischen Gattung G 7^2 waren nicht so ohne weiteres zu übernehmen, da dieser Entwurf schon aus dem Jahre 1893 stammte. Deshalb wurden bereits Bautendenzen berücksichtigt, die dem sich weiterentwickelnden Lokomotivbau entsprachen. Auffällig an der neuen Konstruktion war die hohe Kessellage. Damit konnte die Feuerbüchse mit ebenen Seitenwänden – trotz des Blechrahmens – auf den Rahmen gestellt werden. Die sich bietende Gelegenheit zur Vergrößerung der Rostfläche wurde nicht genutzt. Mit dem Kesselüberdruck war man vorsichtig und blieb bei 12 bar. Die bisher günstigen Erfahrungen brachten auch hier die Lentz-Ventilsteuerung zum Einsatz. Sie war durch Auflösung des Ventilkastens in vier einzelne Ventiltöpfe verbessert worden. Die beiden Außenzylinder überragten noch die Rauchkammer nach vorn. Die äußere Steuerung wurde einfach und glatt durchgebildet. Vor der Dampfpfeife befand sich ein parabolisch gekrümmtes Blech, um die Schallwirkung zum

Gattung G 7, Lokomotiven AMMERLAND bis BALTRUM

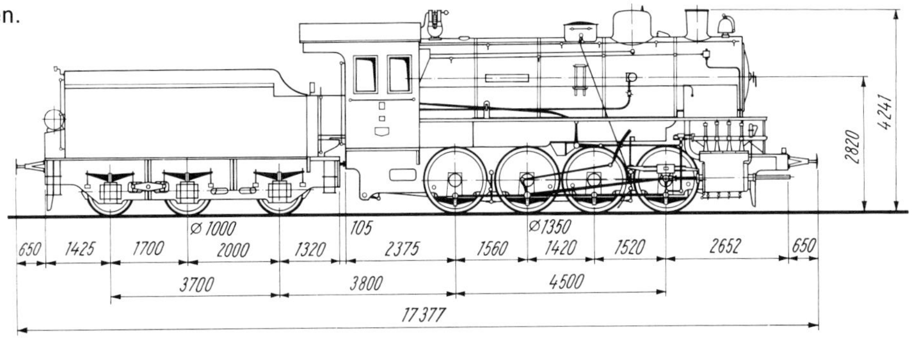

Gattung G 7, Lokomotive Nr. 235 STEDINGEN
Werkfoto Hanomag, Archiv Töpelmann

hinteren Zugteil zu leiten, damit auch die Bremser das Pfeifzeichen wahrnehmen konnten.
Etwas bescheiden war die Sandstreuanlage ausgefallen, mit der bei vier gekuppelten Achsen nur die zweite von vorn gesandet wurde. Bei den ebenen Strecken ohne wesentliche Steigungen war jedoch sicher nicht mehr erforderlich gewesen.
Die Lokomotiven beförderten 1575 t in der Ebene mit 45 km/h, 760 t auf 5 ‰ Steigung mit 35 km/h und noch 680 t auf 10 ‰ Steigung mit 20 km/h.
Obwohl bereits gute Erfahrungen mit dem Verbinderdampftrockner Bauart Ranafier vorlagen, konnte man sich nicht entscheiden, diesen einzubauen oder das Heißdampfprinzip anzuwenden. Erst 1925 wurde von der Deutschen Reichsbahn-Gesellschaft der Umbau der übernommenen 13 Maschinen auf Heißdampf vorgenommen.

Bahn-nummer	Name	DRG-Nummer	Hersteller	Baujahr	Fabrik-nummer	Bemer-kungen	Aus-musterung
231	AMMERLAND	55 6201	Hanomag	1912	6523	[1])	1934
232	WANGERLAND	55 6202	Hanomag	1912	6524		1935
233	BUTJADINGEN	55 6203	Hanomag	1912	6525		1934
234	STADLAND	55 6204	Hanomag	1912	6526		1934
235	STEDINGEN	55 6205	Hanomag	1912	6527		1935
246	MOORIEM	55 6207	Hanomag	1913	6935		1935
247	OESTRINGEN	55 6206	Hanomag	1913	6934		
251	JEVERLAND	55 6208	Hanomag	1914	7318		1935
252	MÜNSTERLAND	55 6209	Hanomag	1914	7319		1935
253	SAGTERLAND	55 6210	Hanomag	1914	7320		1935
254	LANDWÜHRDEN	55 6211	Hanomag	1914	7321		1935
255	FRIESLAND	55 6212	Hanomag	1914	7322		1934
259	RHEIDERLAND		Hanomag	1915	7626	[2])	
260	HARLINGERLAND		Hanomag	1915	7627	[2])	
261	WÜSTENLAND	55 6213	Hanomag	1915	7598		
262	NESSERLAND		Hanomag	1915	7599	[2])	
263	LEEDINGERLAND		Hanomag	1915	7600	[2])	
272	GRONINGER-LAND		Hanomag	1918	8569	[2])	
273	WANGEROOG		Hanomag	1918	8570	[2])	
274	SPIEKEROOG		Hanomag	1918	8571	[2])	
275	LANGEOOG		Hanomag	1918	8572	[2])	
276	BALTRUM		Hanomag	1918	8573	[2])	

[1]) Lokomotiven mit den DRG-Nummern 55 6201 bis 55 6213 wurden 1925 auf Heißdampf umgebaut.

[2]) Reparationsleistung; Einsatz in Belgien unter den Bahnnummern 8689, 8690, 8692, 8693, 8697, 8698, 8694, 8695 und 8696

G 8^2

DRG-Baureihe 56^{22}
(→ EFA 1.2)

1'D h2

1921 bis 1958

Techn. Daten: Seite 177

Mit der Verstärkung des Oberbaus im Jahre 1920 war der Weg für den Einsatz stärkerer Lokomotiven mit einer höheren Achsfahrmasse freigeworden. Es war nun nicht mehr notwendig, Eigenentwicklungen zu betreiben. Die Lokomotiven dieser Gattung waren deshalb getreue Nachbildungen der preußischen G 8^2 und unterschieden sich von dieser lediglich durch die Anwendung der Lentz-Ventilsteuerung. Die Lieferung der fünf Maschinen mit dieser für Oldenburg typischen Steuerungsbauart wurde nach Antrag durch das Reichsverkehrsministerium besonders genehmigt, weil diese Steuerungsbauart seit 1909 mit Erfolg angewendet wurde. Es kam aber nicht nur zu einer bloßen Übernahme der Ventil-Steuerung, sondern es wurden auch einige Verbesserungen an ihr vorgenommen. Man verzichtete auf den schweren Ventilkasten. Die Ventile bekamen vier unabhängige Einzelführungen. Die Masse der bewegten Steuerungsteile wurde auf ein Mindest-

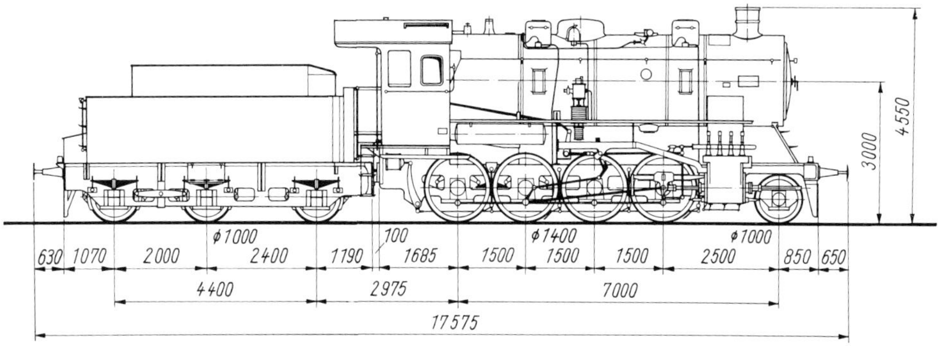

Gattung G 8^2, Lokomotiven Nr. 281 bis Nr. 285

Gattung G 8^2, Lokomotive Nr. 281
Foto: Archiv Töpelmann

maß reduziert. Der Ventilsatz konnte durch acht Schaulöcher am Zylinderkörper beobachtet werden.
Die Lokomotiven waren mit einem einfachen Zwillingstriebwerk ausgerüstet. Die Anwendung des Heißdampfprinzips entsprach dem damaligen Entwicklungsstand. Mit dem kurzen Kessel und der hohen Kessellage wirkten die Maschinen sehr gedrungen. Mit einer Reibungsmasse von 70 t gehörten sie mit zu den stärksten europäischen Güterzuglokomotiven. Sie beförderten 1 850 t in der Ebene mit 50 km/h, 980 t auf 5 ‰ Steigung mit 35 km/h und 720 t auf 10 ‰ Steigung noch mit 25 km/h. Mit der guten Anfahrbeschleunigung der Maschinen hat sich auch hin und wieder ein Einsatz im Personenzugdienst ergeben.
Die fünf Maschinen wurden von der Deutschen Reichsbahn-Gesellschaft übernommen, sind auch im endgültigen Umzeichnungsplan von 1925 enthalten.

Bahnnummer	DRG-Nummer	Hersteller	Baujahr	Fabriknummer	Bemerkungen	Ausmusterung
281	56 2276	Hanomag	1921	9751		1958
282	56 2277	Hanomag	1921	9752		1954
283	56 2278	Hanomag	1921	9753		1958
284	56 2279	Hanomag	1921	9754		
285	56 2280	Hanomag	1921	9755		

T 0

1A n2t

1885 bis 1925

Techn. Daten: Seite 178

Um auf Haupt- und Nebenbahnen häufiger Züge fahren zu lassen, für die allerdings nur ein schwaches Verkehrsbedürfnis vorlag, ging man zum Bau von sogenannten „Omnibuslokomotiven" über. Dem lag der Gedanke zugrunde, mit geringen Kosten einen wirtschaftlichen Betrieb zu gewährleisten. Mit den anfangs verwendeten Lokomotiven der Gattung T 1^2 konnte kein kostengünstiger Verkehr realisiert werden. Außerdem bestand ein dringender Bedarf für solche Maschinen im Rangierdienst.
Die ungekuppelten Lokomotiven der Gattung T 0 waren eine Bauart,

Gattung T 0, Lokomotiven FLINK bis HILL

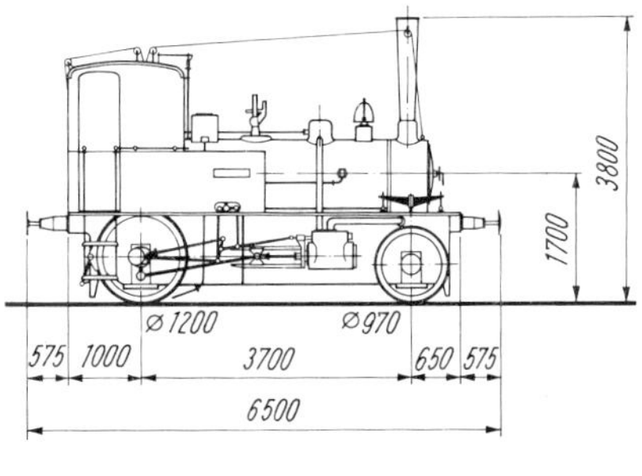

Gattung T 0, Lokomotive FLINK mit Schüttfeuerung Bauart Littrow

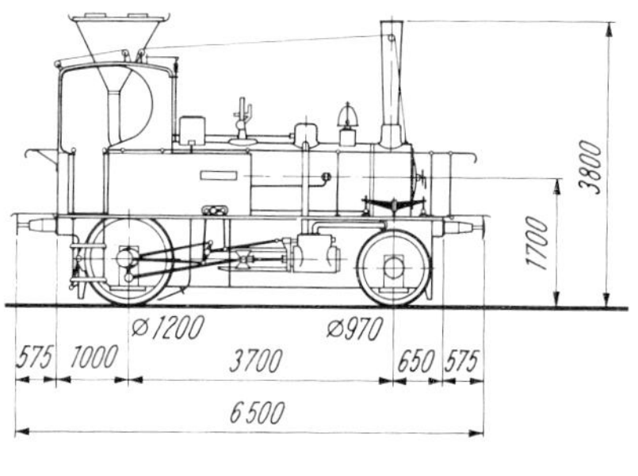

die sich für oldenburgische Verhältnisse besonders eignete. Mit ihrem Einsatz konnten die Zugförderungskosten im Vergleich zu den zweifach gekuppelten Maschinen um die Hälfte gesenkt werden.
Im Verhältnis zu ihrer Größe hatten die Maschinen den recht großen Achsstand von 3,700 m Sie beförderten bis zu fünf leichte zweiachsige Wagen auf den Flachlandstrecken mit der ansehnlichen Geschwindigkeit von 50 bis 60 km/h. Die Lokomotiven erbrachten eine nicht unerhebliche Betriebsleistung, die z. B. im Jahre 1890 im Durchschnitt 54 000 km betrug.
Der Wasserkasteninhalt und der Brennstoffvorrat waren ebenso reichlich bemessen wie bei den zweifach gekuppelten Maschinen. Die Lokomotiven erhielten zum Teil Übergangsbrücken, um dem Zugbegleiter den Zugang zum einmännig besetzten Führerstand zu ermöglichen.
Die Führerhausdächer waren

Bahnnummer	Name	Hersteller	Baujahr	Fabriknummer	Bemerkungen	Ausmusterung
63	FLINK	Hohenzollern	1885	383		
64	FLOTT	Hohenzollern	1885	384		
65	FRISCH	Hohenzollern	1885	385		
66	FIX	Hohenzollern	1885	386		
85	DROCK	Hohenzollern	1891	581		
86	HILL	Hohenzollern	1891	582		

Gattung T 0, Lokomotive Nr. 64 FLOTT
Foto: Sammlung Lohr/Thielmann

äußerlich sehr auffällig; sie waren nicht nach den Seiten, sondern nach vorn und hinten gewölbt. Bei einmänniger Besetzung der Lokomotiven hat das enge Führerhaus sicher gerade noch ausgereicht.
Im Betrieb wurden den Maschinen gute Laufeigenschaften bestätigt. Nach der Erstbeschaffung im Jahre 1885 sind 1891 nochmals zwei Lokomotiven beschafft worden. Ein Beweis dafür, daß sie sich steigender Beliebtheit erfreuten.

Konstruktive Merkmale

Kessel: Langkessel mit zwei Schüssen. Kessel ohne Dampfdom. Innenliegendes Dampfsammelrohr. Regler auf vorderem Kesselschuß. Außenliegende Einströmrohre. Rohrlänge 2,4 m, Rostfläche 0,54 m^2, Heizfläche 28 m^2, Kesselüberdruck 12 bar. Sicherheitsventil auf hinterem Kesselschuß. Hoher konischer Schornstein.
Rahmen: Genieteter Blechrahmen, als Wasserkastenrahmen ausgebildet.
Triebwerk: Zweizylinder-Naßdampftriebwerk. Außenliegende, waagerecht angeordnete Zylinder. Zweischienige Kreuzkopfführung. Zylinderblock hinter der Laufachse. Weit zurückliegende Treibachse.
Steuerung: Allan-Steuerung.
Laufwerk: Treibräder 1 200 mm Durchmesser. Querliegende Blattfeder. Laufräder 970 mm Durchmesser. Blattfedern oberhalb der Achslager über dem Laufblech. Im Verhältnis recht großer Achsstand von 3 700 mm.
Bremse: Wurfhebelbremse wirkt einseitig von hinten auf Treibrad und Heberlein-Bremse für Zug.
Sonstige Einrichtungen: Sandkasten vor dem Führerhaus sandet Treibräder von vorn. Dampfläutewerk auf dem Langkesselscheitel zwischen Regler und Schornstein. Geländer an Umlaufblech und Übergangsbrücken. Lokomotive FLINK zusätzlich mit Schüttfeuerung Bauart Littrow. Kohlebehälter zu beiden Seiten vor dem Führerhaus. Wasserkasten im Rahmen.

T 1

B n2t

1873 bis ?

Techn. Daten: Seite 178

Die Tenderlokomotiven der Gattung T 1 entstanden im Jahre 1878 aus dem Umbau von vier Maschinen der Gattung G 1. Die Arbeiten wurden von der Eisenbahn-Hauptwerkstatt Oldenburg ausgeführt. Bereits im Jahre 1871 hatte sich diese Werkstatt mit dem Neubau von Lokomotiven der Gattung T 1[2] befaßt. Es lagen also bereits genügend Erfahrungen vor.
Der Umbau war erforderlich geworden, weil ein erhöhter Bedarf für Tenderlokomotiven vorlag. Sie waren wendig und gleichermaßen mit Erfolg im Strecken- und Rangierdienst einsetzbar.

Gattung T 1, Lokomotive LIENE bis WAPEL, Umbau aus Lokomotiven der Gattung G 1

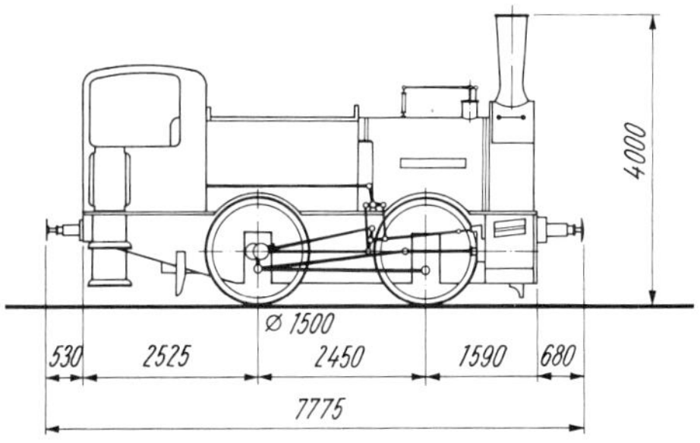

In der äußeren Erscheinung glichen die Maschinen denen der zur damaligen Zeit eingesetzten Tenderlokomotiven. Das betraf insbesondere die Gestaltung des Führerhauses mit den großen seitlichen Öffnungen und die Anordnung der Kohlebehälter vor dem Führerhaus. Mit einer Rostfläche von 1 m^2 und einer Dienstmasse von 25 t waren sie ohne weiteres in die schweren zweiachsigen Tenderlokomotiven einzuordnen.
Weitere umfassende Umbauten wurden von der Oldenburgischen Staatsbahn nicht ausgeführt.

Konstruktive Merkmale

Kessel: Zylindrischer Langkessel mit drei Schüssen. Kessel ohne Dampfdom. Innenliegendes Dampfsammelrohr. Regler in der Rauchkammer.
Rohrlänge 3,5 m, Rostfläche 1 m^2, Heizfläche 75 m^2, Kesselüberdruck 10,0 bar.
Sicherheitsventil auf vorderem Kesselschuß.
Rahmen: Genieteter Blechrahmen, als Wasserkastenrahmen ausgebildet.
Triebwerk: Zweizylinder-Naßdampftriebwerk. Außenliegende Zylinder, waagerecht am Rahmen befestigt. Zweischienige Kreuzkopfführung. Antrieb auf hintere Kuppelachse.
Steuerung: Allan-Steuerung.
Laufwerk: Treibräder 1 500 mm Durchmesser. Vordere Kuppelräder mit Blattfedern oberhalb der Achslager. Treibräder mit obenliegender Querblattfeder. Achsstand 2 450 mm.
Bremse: Wurfhebelbremse wirkt einseitig von vorn auf Treibrad.
Sonstige Einrichtungen: Kohlebehälter zu beiden Seiten vor dem Führerhaus. Einfüllstutzen für Wasser an der rechten Seite des Langkessels vor dem Kohlebehälter.

Bahnnummer	Name	Hersteller	Baujahr	Fabriknummer	Bemerkungen	Ausmusterung
23	LIENE	Wöhlert	1873	429	1)	
24	JADE	Wöhlert	1873	430	1)	
25	AHNE	Wöhlert	1873	431	1)	
26	WAPEL	Wöhlert	1873	432	1)	

1) 1878 Umbau in Tenderlokomotiven aus Lokomotiven der Gattung G 1

T 1^2

DRG-Baureihe 98^{74}
(→ EFA 1.4)

B n2t

1871 bis 1933

Techn. Daten: Seite 179

Mit den Maschinen der Gattung T 1^2 waren recht brauchbare und wendige Rangierlokomotiven entstanden. Die ersten Lokomotiven wurden nach eigenen Entwürfen in der Eisenbahn-Hauptwerkstatt Oldenburg gebaut. Das war um diese Zeit nichts Außergewöhnliches; die überhöhten Preisforderungen der Lokomotivfabriken nach dem einsetzenden Wirtschaftsaufschwung ab 1871 hatten dazu geführt. Außer im Rangierdienst wurden diese Maschinen auch zur Beförderung von Bauzügen eingesetzt.
Die Lokomotiven wurden ununterbrochen über 21 Jahre hinweg beschafft. Das war ein sichtbares Zeichen dafür, daß sie den Betriebserfordernissen voll entsprochen haben.
Im Verlaufe der Entwicklung ist die Leistungsfähigkeit der Maschinen

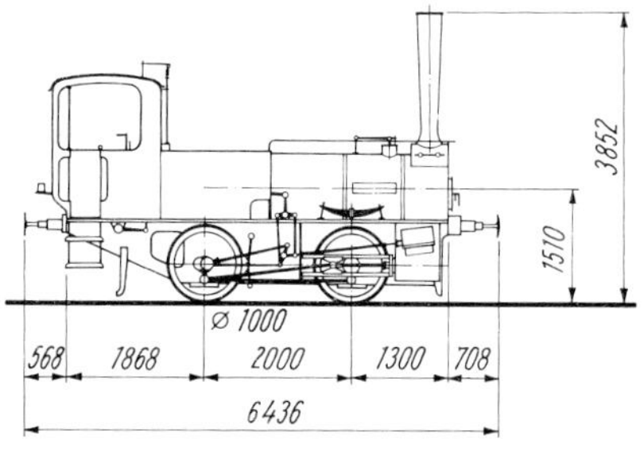

Gattung T 1^2, Lokomotiven SCHNIPP bis HOLM

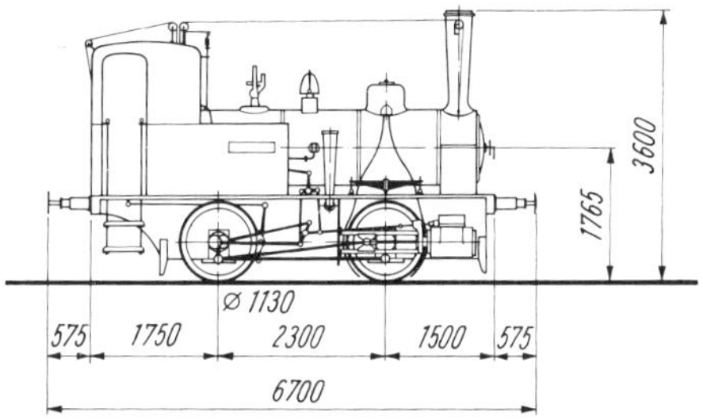

Gattung T 1^2, Lokomotiven GEEST bis HEIDE

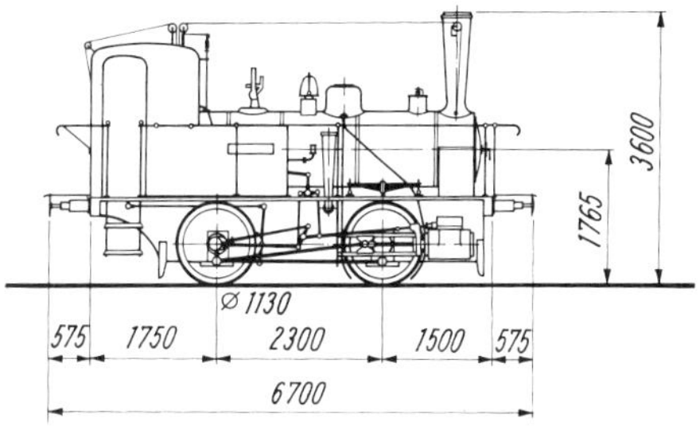

Gattung T 1^2, Lokomotiven mit Geländer am Umlauf

Gattung T 1^2, Lokomotive Nr. 62 HOLM
Foto: Sammlung Lohr/Thielmann

ständig verbessert worden. Bei den Lieferungen ab 1888 wurde der Kesselüberdruck auf 12 bar erhöht, der Zylinderdurchmesser um 5 mm vergrößert und der Treibraddurchmesser auf 1 130 mm gebracht.

Größere Vorräte, eine höhere Reibungsmasse und die Heraufsetzung der Höchstgeschwindigkeit auf 45 km/h machten diese „kleinen" Tenderlokomotiven zu recht leistungsfähigen Maschinen.

Äußerlich auffällig waren die Führerhausdächer. Sie sind nicht nach den Seiten, sondern nach vorn und hinten gewölbt. Im Führerhaus selbst muß es bei einer zweimännigen Besetzung sehr eng zugegangen sein.

Im vorläufigen Umzeichnungsplan 1923 der Deutschen Reichsbahn-Gesellschaft sind sechs Lokomotiven enthalten, fünf Maschinen wurden endgültig in den Bestand übernommen.

Bahn-nummer	Name	DRG-Nummer	Hersteller	Baujahr	Fabrik-nummer	Bemer-kungen	Aus-musterung
47	SCHNIPP		E. W. Oldenburg	1871	1		
48	SCHNAPP		E. W. Oldenburg	1871	2		
49	SCHNURR		E. W. Oldenburg	1871	3		
50	HIN		E. W. Oldenburg	1872	4		
51	HER		E. W. Oldenburg	1872	5		
52	KURZ		Krauss	1871	140		
53	KLEIN		Krauss	1871	141		
54	ABEL		Krauss	1871	142		
55	BURR		E. W. Oldenburg	1873	6		
56	TICK		E. W. Oldenburg	1873	7		
57	TACK		E. W. Oldenburg	1873	8		
58	TUCK		E. W. Oldenburg	1873	9		
59	PUCK		E. W. Oldenburg	1873	10		
60	MUCK		E. W. Oldenburg	1873	11		
61	SCHNUCK		E. W. Oldenburg	1873	12		
62	HOLM		Krauss	1871	143	[1])	
67	GEEST		Hohenzollern	1888	440	[2])	
68	MOOR		Hohenzollern	1888	441	[3])	
69	MARSCH	98 7401	Hohenzollern	1888	442		1927
70	WATT		Hohenzollern	1888	443		
71	DEICH		Hohenzollern	1888	469		
72	SIEL		Hohenzollern	1888	470		

Gattung T 1^2, Lokomotive Nr. 72 SIEL
Foto: Sammlung Lohr/Thielmann

Bahnnummer	Name	DRG-Nummer	Hersteller	Baujahr	Fabriknummer	Bemerkungen	Ausmusterung
73	WALD		Hohenzollern	1888	471		
74	ESCH		Hohenzollern	1889	519		
75	WARF		Hohenzollern	1889	520		
76	TIEF	98 7402	Hohenzollern	1889	521		1933
80	WELLE	98 7403	Hohenzollern	1890	576		1933
81	DÜNE		Hohenzollern	1890	577	²)	
82	PRIELE		Hohenzollern	1890	578		
83	AUE		Hohenzollern	1890	579		
84	TIDE		Hohenzollern	1890	580	³)	1925
92	KAMP	98 7404	Hohenzollern	1892	677		1933
93	WISCH		Hohenzollern	1892	678		
94	HEIDE	98 7405	Hohenzollern	1892	679		1928

¹) Lokomotive wurde für die Eutin-Lübecker Eisenbahn gebaut und 1873 angekauft.
²) 1922 an Kleinbahn Vechta–Cloppenburg
³) 1918 an Kleinbahn Zwischenahn–Edewecht

T 2

DRG-Baureihe 98¹
(→ EFA 1.4)

B n2t

1896 bis 1933

Techn. Daten: Seite 179

Bis zum Jahre 1892 wurden in ununterbrochener Folge die Lokomotiven der Gattung T 1² beschafft. Inzwischen war die zulässige Achsfahrmasse auf 14 t erhöht worden. Das sollte natürlich mit der Beschaffung einer stärkeren Ma-

Gattung T 2, Lokomotive Nr. 114 EBER
Werkfoto Hanomag, Sammlung Lohr/Thielmann

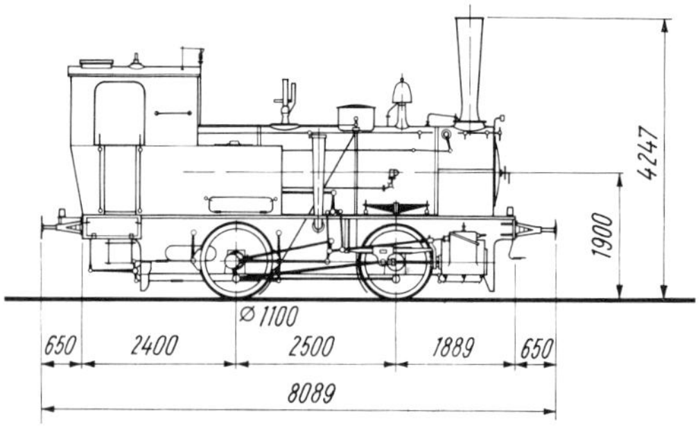

Gattung T 2, Lokomotiven ROSS bis ZEBRA

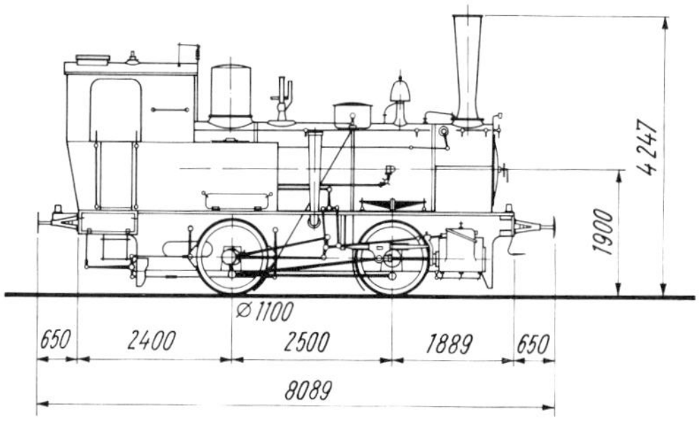

Gattung T 2, Lokomotiven mit domartigem Hauptluftbehälter

schine ausgenutzt werden. Vorbild für diese Lokomotiven waren die der preußischen Gattung T 2. Die Maschinen erhielten wiederum keinen Dom; der Regler wurde in der Rauchkammer untergebracht. Nunmehr stand auch ein geräumiges Führerhaus zur Verfügung.
In Unterscheidung zu den Lokomotiven der Gattung $T\,1^2$ wurden sie als „große" Tendermaschinen bezeichnet.
Das Haupteinsatzgebiet dieser Lokomotiven war der Rangierdienst. Da diese Maschinen eine zulässige Höchstgeschwindigkeit von 50 km/h hatten und um etwa 50 % leistungsfähiger als die Lokomotiven der Gattung $T\,1^2$ waren, drängte sich ihr Einsatz im Nebenbahndienst geradezu auf. Dem entgegen stand die unzureichende Bremsanlage, bestehend aus einer Wurfhebel- und einer Heberlein-Bremse. Deshalb wurden acht Maschinen mit einer Druckluftbremse der Bauart Westinghouse ausgerüstet. Der Haupt-

Bahnnummer	Name	DRG-Nummer	Hersteller	Baujahr	Fabriknummer	Bemerkungen	Ausmusterung
112	ROSS	98 101	Hanomag	1896	2905		
113	STIER		Hanomag	1896	2906		
114	EBER	98 102	Hanomag	1896	2907		1926
115	WIDDER	98 103	Hanomag	1896	2908		
147	BÄR	98 104	Hanomag	1902	3873		
148	WOLF	98 105	Hanomag	1902	3874		1927
149	FUCHS	98 106	Hanomag	1902	3875		1926
162	LUCHS	98 107	Hanomag	1904	4181		1927
163	DACHS	98 108	Hanomag	1904	4282		1927
164	DOGGE	98 109	Hanomag	1905	4322	1)	1927
167	ELCH	98 110	Hanomag	1906	4580		
168	ILTIS	98 111	Hanomag	1906	4581		
169	WISENT	98 112	Hanomag	1906	4582	2)	
170	MARDER	98 113	Hanomag	1906	4583	2)	
171	BIBER	98 114	Hanomag	1906	4584		
172	HAMSTER	98 115	Hanomag	1906	4585	2)	
173	WIESEL	98 116	Hanomag	1906	4586	2)	
197	IGEL	98 117	Hanomag	1909	5417		1927
198	OTTER	98 118	Hanomag	1909	5418		1927
199	ZOBEL	98 119	Hanomag	1909	5419		1926
200	GEMSE	98 120	Hanomag	1909	5420		
201	STEINBOCK	98 121	Hanomag	1909	5421		1933
202	BÜFFEL	98 122	Hanomag	1909	5422		1929
203	PANTHER	98 123	Hanomag	1909	5423		1927
204	TIGER	98 124	Hanomag	1909	5424		
212	PUDEL	98 125	Hanomag	1911	6214	3)	1927
213	DACKEL	98 126	Hanomag	1911	6215		1927
214	MOPS	98 127	Hanomag	1911	6216		1927
215	SPITZ	98 128	Hanomag	1911	6217		1927
229	RATTE	98 129	Hanomag	1912	6515		1927
230	MAUS	98 130	Hanomag	1912	6516		1927
237	BISON	98 131	Hanomag	1912	6637		1931
238	GNU	98 132	Hanomag	1912	6638	1)	1931
241	PUMA	98 133	Hanomag	1913	6936		1927
242	SCHAKAL	98 134	Hanomag	1913	6937		1927
243	HYÄNE	98 135	Hanomag	1913	6938		1927
244	LAMA	98 136	Hanomag	1913	6939		
245	ZEBRA	98 137	Hanomag	1913	6940		1931

1) Einsatz auf Kleinbahn Lohne-Dinklage
2) Bis 1953 als Werklokomotiven in Reichsbahn- und Bundesbahn-Ausbesserungswerken
3) 1927 als Werklokomotive an Südzucker Regensburg

luftbehälter wurde domartig auf den Langkessel vor das Führerhaus gestellt. Die Reibungsmasse dieser Lokomotiven stieg damit auf 28,90 t. Im Betrieb haben sich die Maschinen außerordentlich gut bewährt, so daß sie in neun Lieferungen bis zum Jahre 1913 beschafft wurden.
Die Deutsche Reichsbahn-Gesellschaft übernahm im Jahre 1925 alle Maschinen bis auf die Lokomotive STIER. Im Jahre 1926 und in größeren Stückzahlen im Jahre 1927 begann jedoch schon die Ausmusterung. Nur sehr wenige Lokomotiven haben sich bis Anfang der 30er Jahre gehalten.

T 3
C n2t
1898 bis 1925
Techn. Daten: Seite 179

Gattung T 3, Lokomotive Nr. 124 STAAR
Foto: Archiv Töpelmann

Nach dem Vorbild der Lokomotiven der preußischen Gattung T 3 mußte man entsprechend den erhöhten Anforderungen des Betriebes auch in Oldenburg zur dreifach gekuppelten Tendermaschine übergehen. Dieser Umstand betraf sowohl den Rangier- als auch den Nebenbahndienst.
Mit einer Dienstmasse von 33 t ergab sich eine mittlere Kuppelachsfahrmasse von 11 t. Offensichtlich wurde die mittlere Kuppelachsfahrmasse von 14 t der Lokomotiven der Gattung T 2 als zu hoch für den doch noch verhältnismäßig schwachen Oberbau empfunden. Daraus ergaben sich mit einer dreifach ge-

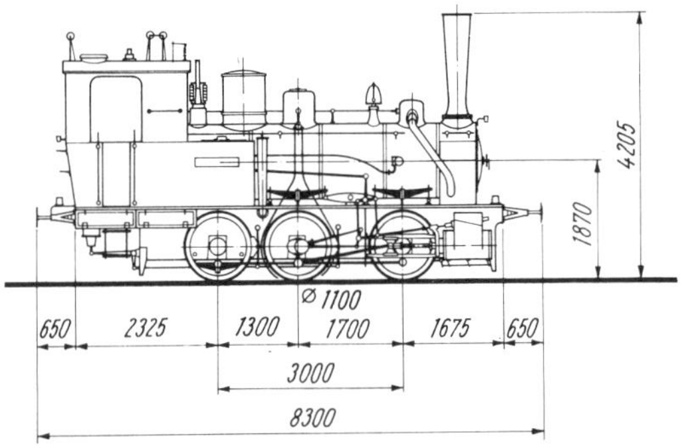

Gattung T 3, Lokomotiven SPECHT bis STIEGLITZ

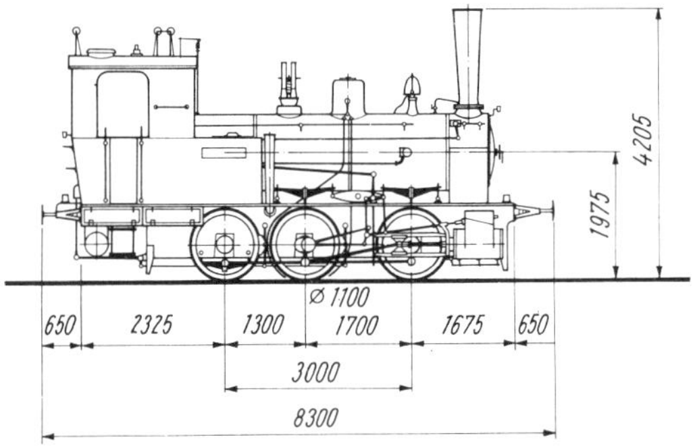

Gattung T 3, Lokomotiven SPERLING bis HÄNFLING

Gattung T 3, Lokomotive Nr. 195 GIMPEL
Werkfoto Hanomag, Archiv Töpelmann

kuppelten Maschine zweifellos auch gewisse Vorteile.
Der Nachbau entsprechend den preußischen Lokomotiven der Gattung T 3 brachte kaum grundsätzliche Veränderungen.
Die Maschinen hatten wiederum keinen Dampfdom. In den Kessel- und Zylinderabmessungen waren sie den Lokomotiven der Gattung T 2 nicht überlegen. Der Kessel wurde in zwei verschiedenen Größen ausgeführt. Die Ausführung mit den größeren Heizflächen war für den Zugbetrieb vorgesehen; die Ausführung mit den kleineren Heizflächen für den Rangierdienst.
Alle Maschinen erhielten eine Druckluftbremse Bauart Westinghouse. Die für den Einsatz auf Nebenbahnen vorgesehenen Lokomotiven wurden noch mit einer Heberlein-Bremseinrichtung und einem Dampfläutewerk versehen.
Bis 1909 wurden insgesamt 15 Lokomotiven beschafft. Alle Maschinen wurden noch 1923 in den vorläufigen Umzeichnungsplan der Deutschen Reichsbahn-Gesellschaft aufgenommen; übernommen wurde jedoch keine mehr.

Konstruktive Merkmale

Kessel: Genieteter Langkessel mit drei Schüssen. Kessel ohne Dampfdom. Lokomotiven SPECHT bis STIEGLITZ Regler auf vorderem Kesselschuß. Äußere Einströmrohre. Lokomotiven SPERLING bis HÄNFLING Regler in der Rauchkammer.
Rohrlänge 3,010 m bis 3,24 m, Rostfläche 1,01 m^2 bis 1,35 m^2, Heizfläche 57,2 m^2 bis 59,1 m^2, Kesselüberdruck 12 bar.
Ramsbottom-Sicherheitsventil.
Zwei saugende Dampfstrahlpumpen.
Rahmen: Genieteter Blechrahmen, als Wasserkastenrahmen ausgebildet.
Triebwerk: Zweizylinder-Naßdampftriebwerk. Außenliegende, waagerecht angeordnete Zylinder. Obenliegende Schieberkästen. Zweischienige Kreuzkopfführung. Antrieb auf zweite Kuppelachse.
Steuerung: Allan-Steuerung. Flachschieber.
Laufwerk: Treibräder 1100 mm Durchmesser. Blattfedern der ersten und zweiten Kuppelachse oberhalb der Achslager und durch Ausgleichhebel verbunden. Blattfedern der dritten Kuppelachse mit Querausgleichhebel. Achsstand von vorn 1700 mm, 1300 mm.
Bremse: Handbremse. Heberlein-Seilzugbremse. Druckluftbremse Bauart Westinghouse wirkt einseitig von vorn auf die zweite und dritte Kuppelachse. Lokomotiven SPECHT bis STIEGLITZ Hauptluftbehälter domartig auf Langkesselscheitel vor dem Führerhaus. Lokomotiven SPERLING bis HÄNFLING Hauptluftbehälter am Führerhausende quer unter dem Rahmen.
Sonstige Einrichtungen: Sandkasten auf Mitte Langkessel sandet Treibräder bei Vor- und Rückwärtsfahrt. Dampfläutewerk auf Langkesselscheitel zwischen Schornstein und Sandkasten. Kohlevorrat in zwei seitlichen Kästen vor Führerhaus.

Bahnnummer	Name	DRG-Nummer	Hersteller	Baujahr	Fabriknummer	Bemerkungen	Ausmusterung
123	SPECHT	98201	Hanomag	1898	3200	[1])	
124	STAAR	98202	Hanomag	1898	3201	[2])	
125	FINK	98203	Hanomag	1898	3202		
126	SPATZ	98204	Hanomag	1899	3203		
127	DROSSEL	98205	Hanomag	1899	3204		
128	WACHTEL	98206	Hanomag	1899	3205		
135	AMSEL	98207	Hanomag	1900	3418	[3])	
136	LERCHE	98208	Hanomag	1900	3419		
137	ZEISIG	98209	Hanomag	1900	3420		
138	MEISE	98210	Hanomag	1900	3421		
145	AMMER	98211	Hanomag	1901	3614		
146	STIEGLITZ	98212	Hanomag	1901	3615		
194	SPERLING	98213	Hanomag	1909	5414		
195	GIMPEL	98214	Hanomag	1909	5415		
196	HÄNFLING	98215	Hanomag	1909	5416		

[1]) Lokomotiven mit den Bahnnummern 123 bis 196 waren mit den Betriebsnummern 98201 bis 98215 nur im vorläufigen Umzeichnungsplan 1923 der Deutschen Reichsbahn-Gesellschaft enthalten.
[2]) 1918 an Kleinbahn Zwischenahn–Edewecht und 1935 als Werklokomotive an Klöckner
[3]) als Werklokomotive an Zuckerfabrick Oestrum

$T\,5^1$

DRG-Baureihe 71^4
(→ EFA 1.3)

1'B1' n2t

1907 bis 1930

Techn. Daten: Seite 179

Als dringend notwendig erwies sich nach der Jahrhundertwende eine Tenderlokomotive mit einer höheren zulässigen Geschwindigkeit zur Übernahme des hochwertigeren Personenzugdienstes auf verschiedenen Strecken. Mit den vorhandenen Maschinen waren 50 km/h nicht zu überbieten. Auch das Fehlen von Drehscheiben für Lokomotiven mit Schlepptendern machte sich bemerkbar. Man entschloß sich daher sehr schnell für einen Nachbau der preußischen Gattung $T\,5^1$. Der Einsatz dieser Maschinen auf den Strecken der Berliner Stadtbahn war sicher eine gute Empfehlung. Offensichtlich wurden im laufenden Betrieb mit den Maschinen der ersten beiden Lieferungen Nachteile festgestellt. Der geringe Achsstand von 2000 mm zwischen den Kuppelachsen, die geringe Dämpfung in der Rückstellvorrichtung der Adamsachsen und der weit über die erste Achse hinausreichende unzweckmäßige Wasserkasten führten zu erheblichen Schlingerbewegungen bei höheren Geschwindigkeiten in der Geraden.

Erstaunlich war, daß man dennoch an dieser Bauart festgehalten hat und mit Veränderungen versucht hat, bessere Laufeigenschaften zu erreichen. Der unförmige Rahmenwasserkasten wurde beibehalten. Der Gesamtachsstand wurde um 200 mm vergrößert, die Rückstellfedern der Adamsachsen verstärkt, der Kessel um 225 mm höher gelegt und die Bremsklötze auf Achsmitte angeordet. Der mit diesen Veränderungen erhoffte ruhigere Lauf der Maschinen ist nicht eingetreten. Es ist auch nicht zu erklären, daß bei dem nunmehr eindeutigen Erfolg des Krauss-Helmholtz-Drehgestells immer noch an einer veralteten Bauart festgehalten wurde.

Gattung $T\,5^1$, Lokomotive Nr. 187 DELMENHORST (siehe 153, oben)
Werkfoto Hanomag, Sammlung Lohr/Thielmann

Gattung $T\,5^1$, Lokomotive Nr. 218 CLOPPENBURG (Seite 153, unten)
Werkfoto Hanomag, Sammlung Lohr/Thielmann

Alle 20 Lokomotiven wurden von der Deutschen Reichsbahn-Gesellschaft in den Umzeichnungsplan von 1925 übernommen. Sie konnten sich jedoch nur wenige Jahre im Bestand halten und wurden bis 1930 ausgemustert.

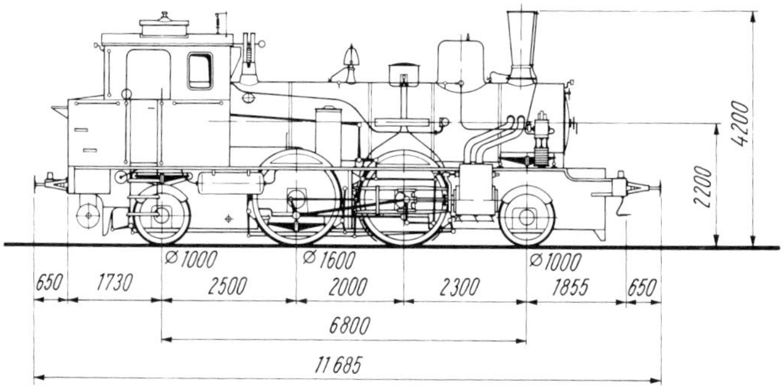

Gattung $T\,5^1$, Lokomotiven JEVER bis ELSFLETH

Gattung $T\,5^1$, Lokomotiven NORDENHAM bis NADORST

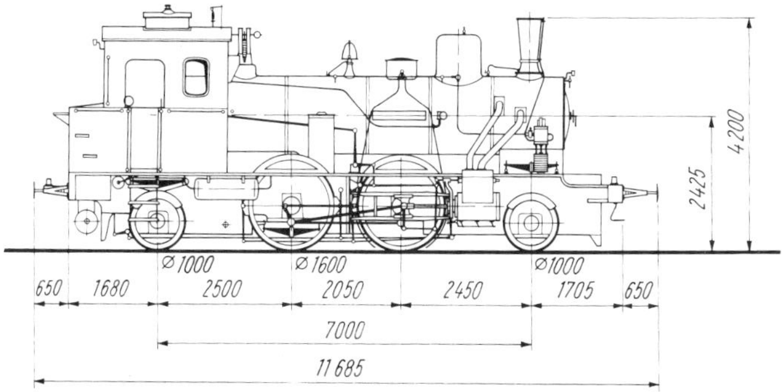

DELMENHORST

CLOPPENBURG

Bahnnummer	Name	DRG-Nummer	Hersteller	Baujahr	Fabriknummer	Bemerkungen	Ausmusterung
185	JEVER	71 401	Hanomag	1907	5001		
186	VAREL	71 402	Hanomag	1907	5002		1927
187	DELMEN-HORST	71 403	Hanomag	1907	5003		1928
207	BRAKE	71 404	Hanomag	1909	5611		1930
208	ELSFLETH	71 405	Hanomag	1909	5612		1930
216	NORDENHAM	71 406	Hanomag	1911	6218		1930
217	VECHTA	71 407	Hanomag	1911	6219		1930
218	CLOPPEN-BURG	71 408	Hanomag	1911	6220		1929
226	RÜSTRINGEN	71 409	Hanomag	1912	6517		1930
227	WESTER-STEDE	71 410	Hanomag	1912	6518		1930
228	WILDES-HAUSEN	71 411	Hanomag	1912	6519		1930
236	FRISOYTHE	71 412	Hanomag	1912	6636		1930
256	HEPPENS	71 413	Hanomag	1914	7315		1930
257	BANT	71 414	Hanomag	1914	7316		1930
258	NEUENDE	71 415	Hanomag	1914	7317		1930
269	EVERSTEN	71 416	Hanomag	1918	8533		1930
270	BÜRGERFELD	71 417	Hanomag	1918	8534		1930
271	OHMSTEDE	71 418	Hanomag	1918	8535		1930
279	DONNER-SCHWEE	71 419	Hanomag	1921	9562		1930
280	NADORST	71 420	Hanomag	1921	9563		1930

T 13

DRG-Baureihe 92^{5-9}
(→ EFA 1.3)

D n2t

1911 bis 1956

Techn. Daten: Seite 179

Von Jahr zu Jahr mehr machte sich für die größeren Rangierbahnhöfe das Fehlen einer leistungsfähigen Lokomotive bemerkbar. Diese ab 1911 beschaffte, vierfach gekuppelte Tendermaschine entsprach in allen wesentlichen Teilen denen der preußischen Gattung T 13. Obwohl sie von der preußischen Konzeption her als Nebenbahn-Tenderlokomotive zu betrachten ist, stand einer Bewährung im Rangierdienst nichts im Wege, denn die dreifach gekuppelten Maschinen reichten für diese Zwecke bei weitem nicht mehr aus.

Einige oldenburgische Besonderheiten kamen jedoch wieder zur Geltung. So wurden die Kolbenstangen durch den vorderen Zylinderdeckel hindurchgeführt und die üblichen entlasteten Flachschieber eingebaut.

Äußerlich bemerkenswert ist, daß diese Maschine wohl die einzige deutsche vierfach gekuppelte ist, bei der die zweite Kuppelachse angetrieben wird.

Die Ausführungen seit 1917 haben infolge der Auswirkungen des Ersten Weltkrieges eine eiserne Feuerbüchse erhalten, die jedoch später wieder durch eine kupferne ersetzt worden ist.

Gattung T 13, Lokomotive Nr. 221 HERKULES
Werkfoto Hanomag, Archiv Töpelmann

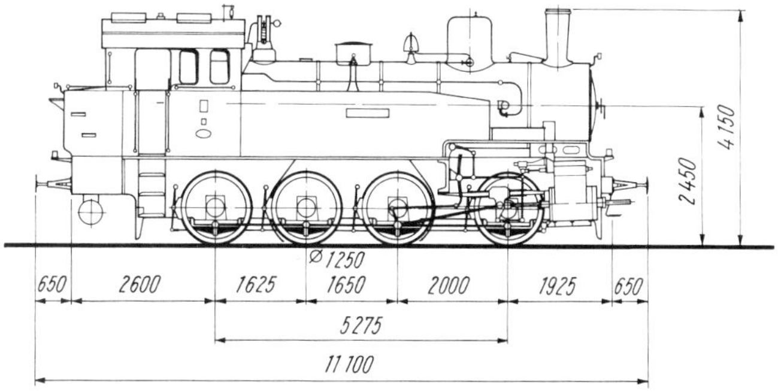

Gattung T 13, Lokomotiven SIMSON bis ROLAND

Die Lokomotiven beförderten 720 t in der Ebene mit 45 km/h, 510 t auf 5 ‰ Steigung mit 30 km/h und noch 335 t auf 10 ‰ Steigung mit 25 km/h.
Von der Deutschen Reichsbahn-Gesellschaft wurden 1925 alle 10 Maschinen übernommen. Sie haben noch über Jahrzehnte hin Dienst getan; die letzten Lokomotiven wurden erst Ende der 50er Jahre ausgemustert.

Bahn-nummer	Name	DRG-Nummer	Hersteller	Baujahr	Fabrik-nummer	Bemer-kungen	Ausmusterung
219	SIMSON	92 585	Hanomag	1911	6221		1958
220	GOLIATH	92 586	Hanomag	1911	6222		
221	HERKULES	92 587	Hanomag	1911	6222		
222	ATLAS	92 588	Hanomag	1911	6223		
239	TITAN	92 606	Hanomag	1912	6634		1956
240	CYKLOP	92 607	Hanomag	1912	6635		
264	GIGANT	92 910	Hanomag	1917	7998		
265	HÜNE	92 911	Hanomag	1917	7999		
277	RECKE	92 912	Hanomag	1919	9226		
278	ROLAND	92 913	Hanomag	1919	9227		

T 13^1

DRG-Baureihe 92^4
(→ EFA 1.3)

D h2t
1921 bis 1959
Techn. Daten: Seite 180

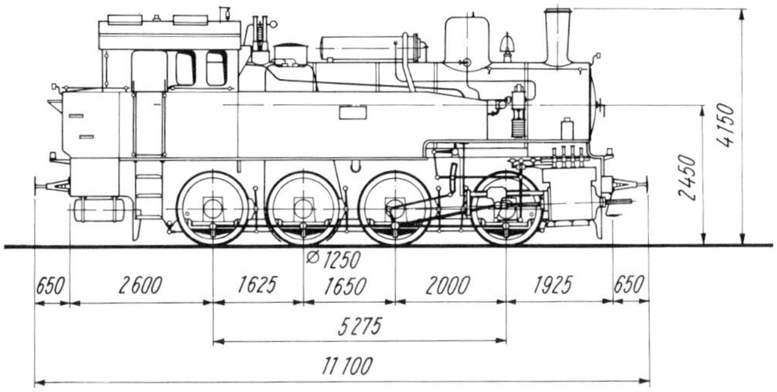

Gattung T 13^1, Lokomotiven Nr. 286 bis Nr. 289 (oben)

Es war eigentlich verwunderlich, daß die Lokomotiven der Gattung T 13 nicht als Heißdampfmaschinen ausgeführt worden sind. Zum damaligen Zeitpunkt hatte sich schon sehr deutlich die Meinung herausgebildet, daß die Anwendung des Heißdampfprinzips gerade bei Tenderlokomotiven mit ihren beschränkten Vorräten dringend notwendig war.

Es hat jedoch noch bis zum Jahre 1921 gedauert, ehe die sparsamere Heißdampflokomotive in Oldenburg in der Tenderausführung zum Einsatz gebracht wurde. Die preußische T 13^1 wurde bereits seit 1916 als Heißdampfmaschine gebaut und als solche übernommen. Sie war von vornherein für den Streckendienst im leichten Personenzugverkehr und für den Nebenbahnbetrieb vorgesehen. Deshalb haben die Lokomotiven eine Ventilsteue-

Gattung T 13^1, Lokomotive Nr. 286
Foto: Sammlung Lohr/Thielmann

rung erhalten. Mit dem eingesetzten Kleinrohrüberhitzer Bauart Schmidt wurde eine schnellere Überhitzung erreicht, die sich beim Einsatz auf Nebenbahnen und im Streckendienst mit häufigen Unterwegshalten erforderlich machte. Der Zylinderdurchmesser ist wegen des großen Expansionsvermögens auf 530 mm vergrößert worden. Außerdem wurde eine Dampfstrahlpumpe durch die Kolbenspeisepumpe mit Abdampfspeisewasservorwärmer der Bauart Knorr ersetzt.

Die Lokomotiven beförderten 1080 t in der Ebene mit 45 km/h, 695 t auf 5 ‰ Steigung und noch 385 t auf 10 ‰ Steigung mit 30 km/h.
Alle vier Maschinen wurden 1925 von der Deutschen Reichsbahn-Gesellschaft übernommen und erst nach verschiedenen Einsätzen auf Kleinbahnen, wie der Kleinbahn Vorwohle–Emmerthal, der Kleinbahn Voldagsen–Duingen–Delligsen sowie der Westfälischen Landes-Eisenbahn, Ende der 50er Jahre ausgemustert.

Bahnnummer	DRG-Nummer	Hersteller	Baujahr	Fabriknummer	Bemerkungen	Ausmusterung
286	92 401	Hanomag	1921	9756		
287	92 402	Hanomag	1921	9757	[1])	1959
288	92 403	Hanomag	1921	9758	[2])	1958
289	92 404	Hanomag	1921	9759	[3])	1959

[1]) 1948 an Kleinbahn Vorwohle–Emmerthal; dort eingereiht mit Bahnnummer 97
[2]) 1949 an Westfälische Landes-Eisenbahn; dort eingereiht mit Bahnnummer 158
[3]) 1948 an Kleinbahn Voldagsen–Duingen–Delligsen; dort eingereiht mit Bahnnummer 96

Triebwagen ohne Gattungsbezeichnung

2'Bo'

1910 bis 1915

Techn. Daten: Seite 181

Das Interesse für den Einsatz von Triebwagen war bei der Oldenburgischen Staatsbahn schon recht frühzeitig geweckt worden. Aufmerksam wurden die auf anderen Bahnen eingestellten Triebwagen einer genauen Prüfung unterzogen; denn bei aller Sparsamkeit war man technischen Neuerungen gegenüber sehr aufgeschlossen. Obwohl zu dieser Zeit bereits bei anderen Bahnverwaltungen insgesamt eine größere Anzahl von Dampftriebwagen im Einsatz war, hat man sich für einen benzolelektrischen Triebwagen entschieden. Vielleicht war auch bei dieser, für die Oldenburgische Staatsbahn bedeutsamen Beschaffung der Blick auf das preußische Vorbild gerichtet. Die Firma Düsseldorfer Eisen-

Benzolelektrischer Triebwagen

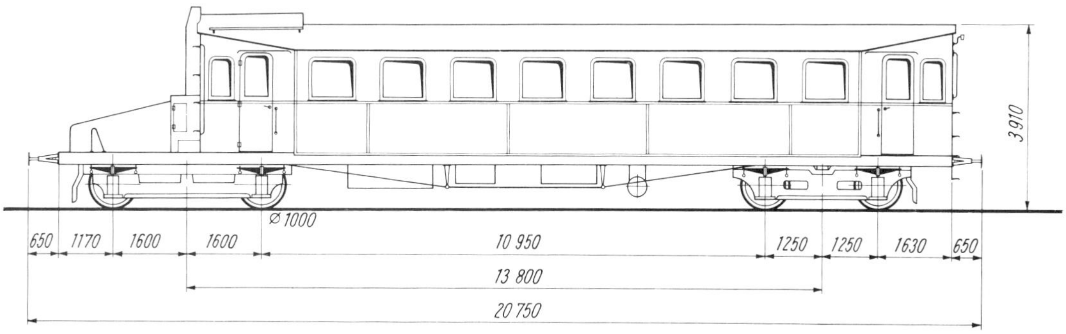

Benzolelektrischer Triebwagen
Foto: Sammlung Lohr/Thielmann

bahnbedarf hatte gleiche Triebwagen auch schon nach Preußen geliefert.
Die Grundkonzeption des Triebwagens ergab sich aus einem vierachsigen Personenwagen, dessen Äußeres auch noch klar erkennbar ist. Das vordere Drehgestell wurde auseinandergezogen, um den Maschinensatz unterzubringen. Die vordere Blechhaube vor dem Abzugsschlot war zum Vorziehen eingerichtet und ermöglichte damit eine bequeme Zugänglichkeit zu dem Maschinensatz und zu den sonstigen Einrichtungen.
Anfangs wurde der Triebwagen auf der Strecke Jever–Carolinensiel und später für Personalfahrten zum Oldenburger Verschiebebahnhof und auf der Strecke Oldenburg–Ahlhorn–Cloppenburg eingesetzt. Der Treibstoffmangel im Ersten Weltkrieg hat die Oldenburgische Staatsbahn gezwungen, den Triebwagen aus dem Verkehr zu ziehen.

Konstruktive Merkmale

Laufwerk: Zwei Drehgestelle mit Außenrahmen. Die als Kuppellager ausgebildeten Drehpfannen ruhen auf Blattfedern. Raddurchmesser 1000 mm. Blattfedern oberhalb der Achslager. Achsstand von vorn 3200 mm, 10950 mm, 2500 mm.
Wagenkasten: Wagen-Kastenrahmen mit Längsversteifungen. Fünf statische Lüfter auf dem Dach des Wagens.
Zug- und Stoßeinrichtung: Schraubenkupplung und Stangenpuffer an den Stirnseiten.
Antrieb: Dieselmotor mit Gleichstromgenerator im vorderen Drehgestell unter einem flachen einseitigen Vorbau. Antrieb durch zwei Elektromotoren mit Zahnradgetriebe im hinteren Drehgestell. Dieselmotor durch elastische Kupplung mit dem Generator verbunden. Elektrische Kraftübertragung durch Kabel, die unter dem Wagenboden verlegt sind.
Bremse: Druckluftbremse. Handspindelbremse.
Fahrgastraum: Führerstände an beiden Wagenenden. An jeder Seite zwei Einstiege. Zugang über Trittstufen. Zwei Einstiegräume. Fünf Abteile der 3. Klasse und drei Abteile der 4. Klasse. Heizung durch das Kühlwasser des Motors.
Sonstige Einrichtungen: Abgasleitung an der Stirnseite vom flachen Vorbau bis zum Wagendach in Form eines Abzugsschlotes. Batterie unter dem Wagenkasten für elektrische Beleuchtung. Sandstreuer mit Preßluftbetätigung. Bahnräumer. Auf dem Dach Rückkühleinrichtung für das Kühlwasser des Motors.

Bahnnummer	Name	Hersteller	Baujahr	Fabriknummer	Bemerkungen	Ausmusterung
		Düsseldorfer Eisenbahnbedarf Deutz; AEG	1910			1915

Verzeichnis der Lokomotivfabriken

Eisenbahn-Hauptwerkstatt Oldenburg
F. Wöhlert'sche Maschinenbau-Anstalt und Eisengießerei-Aktiengesellschaft, Berlin
HANOMAG, Hannoversche Maschinenbau-Aktiengesellschaft, vormals Georg Egestorff, Hannover-Linden
Hohenzollern A.-G. für Lokomotivbau, Düsseldorf-Grafenberg
Krauss & Comp., München
Sächsische Maschinenfabrik, vorm. Richard Hartmann Aktiengesellschaft, Chemnitz
William Norris, Philadelphia

Literaturverzeichnis

Arzt: Die Betriebsmittel der ehemaligen Oldenburgischen Staatseisenbahnen. – Hanomag-Nachrichten 138/139 (1925)

Bemerkenswerte Einzelheiten an Lokomotiven der Großherzoglich Oldenburgischen Staatseisenbahnen. – Hanomag-Nachrichten 7 (1916)

1D-Güterzuglokomotive, Gattung G 8^2, der Deutschen Reichsbahn mit Lentz-Ventilsteuerung für die Eisenbahndirektion Oldenburg. – Hanomag-Nachrichten 108 (1922)

Denkschrift über das Oldenburgische Eisenbahnwesen 1867 bis 1892. – Oldenburg, 1892

Deutsche Reichsbahn-Gesellschaft: Umzeichnungsplan 1925; Reprint. – Berlin, 1983

Die Großherzoglich Oldenburgischen Staatseisenbahnen 1867 bis 1917. – Oldenburg, 1917

Die Großherzoglich Oldenburgischen Staatseisenbahnen. – Hanomag-Nachrichten 7 (1916)

Die Hanomag-Lokomotiven der Großherzoglich Oldenburgischen Staatseisenbahnen. – Hanomag-Nachrichten 7 (1916)

Eisenbahn-Zentralamt: Merkbuch für die Fahrzeuge der Reichsbahn; I. Dampflokomotiven und Tender (Regelspur). – Berlin, 1924

Gaida, H.-J.: Dampf zwischen Weser und Ems. – Stuttgart, 1979

Harder, K.-J.: Kobschätzky, H.: Die Großherzoglichen Staatseisenbahnen in Mecklenburg und Oldenburg. – Stuttgart, 1978

Heinrich Ranafier, Geheimer Oberbaurat, Mitglied der Großherzoglichen Eisenbahn-Direktion Oldenburg. – Hanomag-Nachrichten 7 (1916)

Helmholtz, R. von; Staby, W.: Die Entwicklung der Lokomotive; I. Band 1835–1880. – München und Berlin, 1930

Krauth, G.: Dampflok-Verzeichnis der Oldenburgischen Staatsbahn. – Wuppertal, 1974

Maedel, K.-E.: Die deutschen Dampflokomotiven gestern und heute. – Berlin, 1965

Mayer, A. von: Geschichte und Geographie der deutschen Eisenbahnen; Reprint. – Berlin 1984

Reichsbahnzentralamt; Metzeltin, E.: Die Entwicklung der Lokomotive; II. Band 1880–1920. – München und Berlin, 1937

Schmidt, R.: Die oldenburgischen Staatsbahnen; Archiv für Eisenbahnwesen. – Berlin, 1930

Statistik der im Betrieb befindlichen Eisenbahnen Deutschlands. – Berlin, 1880 bis 1897

Töpelmann, J.: Lokomotiven der oldenburgischen Staatsbahnen. – Unveröffentlichte Skizzen

Weisbrod, M.; Müller, H.; Petznick, W.: Dampflok-Archiv; Band 1 bis Band 4. – Berlin, 1976 bis 1981

Hauptkenndaten

Gattungsbezeichnung		I(alt)	I(alt)	I(alt)
Abgekürzte Bezeichnung		1A1 n2	1A1 n2	1A1 n2
Name/Bahnnummer von		MARSCHALL	SCHWAAN	HERTHA
bis		VORWÄRTS	NEBEL	FREYA
Spätere Baureihe		–	–	–
Herstellerfirma	–	Wöhlert	Borsig	Borsig
Erstes Baujahr	–	1848	1850	1860
Höchstgeschwindigkeit	km/h	–	–	–
Steuerungsbauart	–	Stephenson	Stephenson	Stephenson
Bremsbauart	–	–	–	–
Zylinderdurchmesser	mm	343	330	330
Kolbenhub	mm	508	508	508
Treibraddurchmesser	mm	1 618	1 535	1 535
Laufraddurchmesser	mm	1 070	1 015	1 015
Kesselüberdruck	bar	7,89	6,58	6,58
Anzahl/Durchmesser der Heizrohre	–/mm	136/45	123/47	119/46
Anzahl/Durchmesser der Rauchrohre	–/mm	–/–	–/–	–/–
Rohrlänge zwischen den Rohrwänden	mm	3 331	3 000	3 325[1])
Rostfläche	m^2	1,15	1,09	0,80[1])
Strahlungsheizfläche	m^2	5,81	5,88	4,32[1])
Rohrheizfläche	m^2	56,66	48,71	50,96[1])
Heizfläche gesamt	m^2	62,47	54,59	55,28[1])
Überhitzerheizfläche	m^2	–	–	–
Masse der leeren Lok	t	22,10	20,40	20,40
Masse der dienstbereiten Lok	t	24,15	21,62	20,99
Reibungsmasse	t	11,90	10,85	11,20
Mittlere Kuppelachsfahrmasse	t	11,90	10,85	11,20
Wasserkasteninhalt	m^3	–	–	–
Brennstoffvorrat	t	–	–	–

[1]) Lokomotive FREYA Rohrlänge zwischen den Rohrwänden 3 320 mm
Rostfläche 0,82 m^2
Strahlungsheizfläche 50,89 m^2
Rohrheizfläche 50,89 m^2
Heizfläche gesamt 55,38 m^2

[2]) Lokomotive MAGDEBURG Zylinderdurchmesser 356 mm
Kolbenhub 559 mm

[3]) Lokomotiven WARNOW und MAGDEBURG 7,31 bar

[4]) Lokomotiven BERLIN 143 Heizrohre
WARNOW 141 Heizrohre
MAGDEBURG 135 Heizrohre

I(alt)	II(alt)	II(alt)	III(alt)	III(alt)
1A1 n2	1B n2	1B n2	1B n2	1B n2
HULDA	BERLIN	HERCULES	OBOTRIT	LELKENDORF
–	STRELITZ	–	KIEL	OERTZENHOF
–	–	–	–	–
Egestorff	Borsig	Borsig	Borsig	Hartmann
1863	1849	1851	1853	1864
–	–	–	–	90
Stephenson	Stephenson	Stephenson	Stephenson	Stephenson
–	–	–	–	Schleifer
356	330[2])	380	381	407
508	508[2])	559	559	560
1 700	1 535	1 535	1 535	1 870
1 142	1 015	1 015	1 015	1 065
7,31	8,19[3])	7,31	5,85	7,31[6])
154/48	136/47[4])	145/46	139/47	188/44
–/–	–/–	–/–	–/–	–/–
3 280	2 794[5])	4 077	4 193	3 111
1,13	1,07[5])	1,07	0,99	1,25
5,92	5,15[5])	5,57	5,16	7,78
68,19	48,72[5])	80,58	76,90	71,64
74,11	53,87[5])	86,15	82,06	79,42
–	–	–	–	–
23,65	22,80	24,00	24,20	31,30
25,97	25,05[5])	26,75	26,60	33,90
12,75	15,60	21,95	21,20	22,80
12,75	7,80	10,98	10,60	11,40
–	–	–	–	–
–	–	–	–	–

[5]) Bei den einzelnen Lokomotiven schwankt die Rohrlänge bis zu 3 058 mm, die Rostfläche bis zu 1,15 m², die Strahlungsheizfläche bis zu 5,93 m², die Rohrheizfläche bis zu 53,51 m², die Gesamtheizfläche bis zu 58,87 m² und die Masse der dienstbereiten Lokomotive bis zu 25,55 t

[6]) Lokomotiven SCHWERIN bis OERTZENDORF Kesselüberdruck 8,04 bar

Gattungsbezeichnung		III(alt)	IV(alt)	P 2 (V alt)
abgekürzte Bezeichnung		1B n2	1B n2	1B n2
Name/Bahnnummer von		SCHÖNBERG	WISMAR	60
bis		LÜBECK	WAREN	65
Spätere Baureihe		–	–	–
Herstellerfirma	–	Hartmann	Hartmann	Borsig
Erstes Baujahr	–	1869	1871	1884
Höchstgeschwindigkeit	km/h	90	80	90
Steuerungsbauart	–	Stephenson	Allan	Allan
Bremsbauart	–	Schleifer	Schleifer	Schleifer
Zylinderdurchmesser	mm	407	407	420
Kolbenhub	mm	560	560	560
Treibraddurchmesser	mm	1 870	1 720[1])	1 750
Laufraddurchmesser	mm	1 065	1 065	1 150
Kesselüberdruck	bar	8,77	8,77[1])	10,0
Anzahl/Durchmesser der Heizrohre	–/mm	188/44	190/44,5	162/50
Anzahl/Durchmesser der Rauchrohre	–/mm	–/–	–/–	–/–
Rohrlänge zwischen den Rohrwänden	mm	3 311	3 415	3 724
Rostfläche	m^2	1,25	1,50	1,74
Strahlungsheizfläche	m^2	7,78	6,95	6,85
Rohrheizfläche	m^2	76,62	80,46	85,29
Heizfläche gesamt	m^2	84,40	87,41	92,14
Überhitzerheizfläche	m^2	–	–	–
Masse der leeren Lok	t	31,30	28,65	36,24
Masse der dienstbereiten Lok	t	33,90	32,80	39,50
Reibungsmasse	t	22,80	21,70	26,70
Mittlere Kuppelachsfahrmasse	t	11,40	10,85	13,35
Wasserkasteninhalt	m^3	–	–	–
Brennstoffvorrat	t	–	–	–

[1]) Lokomotive WAREN Treibraddurchmesser 1 870 mm und Kesselüberdruck 9,00 bar

[2]) Lokomotive Nr. 66 Kesselüberdruck 11,0 bar, Rostfläche 1,87 m^2, Strahlungsheizfläche 6,67 m^2, Rohrheizfläche 96,43 m^2 und Gesamtheizfläche 103,10 m^2

[3]) Abweichende Kenndaten bei den einzelnen Lokomotiven:
Masse der leeren Lok bis 46,80 t
Masse der dienstbereiten Lok bis 51,30 t
Reibungsmasse bis 29,80 t.

P 2 (V alt)	P 3[1] (VI alt)	P 3[2]	P 4[1]	P 4[2] (VII alt)
1B n2	1B n2	1B n2v	2'B n2	2'B n2v
66	101	151	181	201
72	141	153	186	212, 232
–	34[73]	–	–	36[6]
Hanomag, Henschel	Henschel	Hanomag	Henschel	Henschel
1884	1888	1888	1894	1903
90	90	90	90	90
Allan	Allan	Heusinger	Heusinger	Heusinger
Schleifer	Schleifer	Schleifer	Knorr	Schleifer
420	400	420/600	460	460/680
560	560	580	600	600
1 750	1 750	1 750	1 750	1 750
1 150	1 150	1 150	1 000	1 000
10,0[2])	12,0	12,0	12,0	12,0
162/50	197/46	197,46	219/41	217/46
–/–	–/–	–/–	–/–	–/–
3 724	3 800	3 800	3 900	3 900
1,80[2])	1,87	1,86	2,27	2,30
6,49[2])	6,67	7,62	8,96	8,91
85,30	96,43	96,42	109,01	109,01
91,79[2])	103,10	104,04	117,97	117,92
–	–	–	–	–
36,24	32,95	35,04	42,00	40,71[3])
39,50	36,52	39,40	46,48	45,60[3])
26,70	24,70	26,70	27,98	28,30[3])
13,55	12,35	13,35	13,99	14,15
–	–	–	–	–
–	–	–	–	–

Gattungsbezeichnung		P 4² (VII alt)	P 4² (VII alt)	P 8
Abgekürzte Bezeichnung		2'B n2v	2'B n2v	2'C n2
Name/Bahnnummer von		213	219	251
bis		226¹)	231³)	266
Spätere Baureihe		36⁶	36⁶	36^15,17
Herstellerfirma	–	Humboldt	Linke	Humboldt, Henschel
Erstes Baujahr	–	1908	1909	¹914
Höchstgeschwindigkeit	km/h	90	90	100
Steuerungsbauart	–	Heusinger	Heusinger	Heusinger
Bremsbauart	–	Knorr²)	Schleifer	Knorr
Zylinderdurchmesser	mm	460/680	460/680	575
Kolbenhub	mm	600	600	630
Treibraddurchmesser	mm	1 750	1 750	1 750
Laufraddurchmesser	mm	1 000	1 000	1 000
Kesselüberdruck	bar	12,0	12,0	12,0
Anzahl/Durchmesser der Heizrohre	–/mm	217/46	217/46	139/50
Anzahl/Durchmesser der Rauchrohre	–/mm	–/–	–/–	24/133
Rohrlänge zwischen den Rohrwänden	mm	3 900	3 900	4 700
Rostfläche	m²	2,32	2,27	2,60
Strahlungsheizfläche	m²	9,09	8,98	15,11⁴)
Rohrheizfläche	m²	109,00	109,01	136,65⁴)
Heizfläche gesamt	m²	118,09	117,99	151,76⁴)
Überhitzerheizfläche	m²		–	48,80⁴)
Masse der leeren Lok	t	46,36	46,51	64,20
Masse der dienstbereiten Lok	t	51,20	50,90	72,70
Reibungsmasse	t	29,60	29,65	50,70
Mittlere Kuppelachsfahrmasse	t	14,80	14,85	16,90
Wasserkasteninhalt	m³	–	–	–
Brennstoffvorrat	t	–	–	–

¹) Lokomotiven Nr. 213 bis Nr. 218 und Nr. 223 bis Nr. 226
²) Lokomotiven Nr. 223 bis Nr. 226 Bremsbauart Schleifer
³) Lokomotiven Nr. 219 bis Nr. 222 und Nr. 227 bis Nr. 231
⁴) Ab Lokomotive Nr. 256 Strahlungsheizfläche 14,92 m²
Rohrheizfläche 133,90 m²
Gesamtheizfläche 148,82 m²
Überhitzerheizfläche 58,90 m²
⁵) Schwartzkopff, Henschel, Egestorff
⁶) Zusätzlich Treibradbremse mit Dampf

–	–	G 2 (VIII alt)	G 3 (IX alt)	G 4^2 (X alt)
1B n2	B1 n2	C n2	C n2	C n2v
NICLOT	WODAN	ELBE	350	401
–	THOR	321	357	406
–	–	–	–	–
Borsig	Egestorff	Hartmann	[5])	Henschel, Linke
1859	1866	1864	1892	1901
–	–	45	45	45
Stephenson	Allan	Gooch	Allan	Allan
–	–	Dampfschlittenbremse	Handbremse[6])	Handbremse
381	406	455	450	460/650
559	609	610	630	630
1 370	1 450	1 420	1 350	1 350
1 015	1 015	–	–	–
6,58	8,19	10,0	10,0	12,0
143/46	171/45	193/44	186/50	172/50
–/–	–/–	–/–	–/–	–/–
4 202	3 547	4 234	4 450	4 450
0,99	1,52	1,26	1,53	1,53
5,02	6,38	7,59	7,78	7,83
77,36	76,22	100,12	117,01	108,20
82,38	82,60	107,71	124,79	116,03
–	–	–	–	–
25,30	25,40	34,20	35,30	35,65
27,45	29,20	37,80	39,94	40,35
21,00	24,70	37,80	39,94	40,35
10,50	12,35	12,60	13,31	13,45
–	–	–	–	–
–	–	–	–	–

Gattungsbezeichnung		G 5^2	G 5^4 (XX alt)	G 7^2
Abgekürzte Bezeichnung		1'C n2v	1'C n2v	D n2v
Name/Bahnnummer von		440	451	466
bis		444	459	476
Spätere Baureihe		54^3	54^{12}	55^{57}
Herstellerfirma	–	[1])	Linke	Linke
Erstes Baujahr	–	1904	1906	1914
Höchstgeschwindigkeit	km/h	65	60	45
Steuerungsbauart	–	Allan	Heusinger	Heusinger
Bremsbauart	–	Westinghouse	Handbremse[2])	Handbremse[3])
Zylinderdurchmesser	mm	480/680	500/750	530/750
Kolbenhub	mm	630	630	630
Treibraddurchmesser	mm	1 350	1 350	1 250
Laufraddurchmesser	mm	1 000	1 000	–
Kesselüberdruck	bar	12,0	12,0	12,0
Anzahl/Durchmesser der Heizrohre	–/mm	216/50	222/50	216/50
Anzahl/Durchmesser der Rauchrohre	–/mm	–/–	–/–	–/–
Rohrlänge zwischen den Rohrwänden	mm	4 124	4 124	4 100
Rostfläche	m^2	2,3	2,30	2,29
Strahlungsheizfläche	m^2	10,8	10,70	10,30
Rohrheizfläche	m^2	126,2	129,10	125,20
Heizfläche gesamt	m^2	137,0	139,80	135,50
Überhitzerheizfläche	m^2	–	–	–
Masse der leeren Lok	t	45,20	49,70	51,00
Masse der dienstbereiten Lok	t	51,10	54,40	55,80
Reibungsmasse	t	43,00	42,20	55,80
Mittlere Kuppelachsfahrmasse	t	14,33	14,07	14,00
Wasserkasteninhalt	m^3	–	–	–
Brennstoffvorrat	t	–	–	–

[1]) Schwartzkopff, Grafenstaden, Henschel
[2]) Später Druckluftbremse Bauart Westinghouse
[3]) Zusätzlich Treibradbremse mit Dampf
[4]) Linke, Humboldt, Henschel, Hanomag
[5]) Heberleinbremse später ausgebaut

G 7[3]	G 8[1]	XI alt	XII alt	XIII alt
1'D n2v	D n2	B n2t	B n2t	B n2t
474	481	501	505	508
478	492	504	507	509
56[2]	55[58]	–	–	–
Maffei, Krauss	[4])	Egestorff	Vulcan	Borsig
1917	1917	1884	1882	1880
45	55	50	60	50
Allan	Heusinger	Allan	Allan	Allan
Westinghouse	Knorr	Wurfhebel[5])	Handbremse[5])	Handbremse[5])
530/750	600	300	280	300
630	660	500	450	500
1 250	1 350	1 530	1 300	1 228
1 000	–	–	–	–
14,0	14,0	10,0	12,0	10,0
235/50	139/50	91/45	106/46	116/46
–/–	24/133	–/–	–/–	–/–
4 100	4 500	3 120	2 550	3 000
2,30	2,70	0,68	0,68	0,94
10,80	13,90	3,45	3,0	4,21
136,20	130,50	40,14	34,90	45,90
147,00	144,40	43,59	37,90	50,11
–	51,88	–	–	–
53,30	61,40	17,50	16,00	16,90
59,60	67,70	23,50	21,00	23,50
51,80	67,70	23,50	21,00	23,50
12,95	16,93	11,75	10,50	11,75
–	–	3,00	3,00	3,50
–	–	0,80	0,80	1,00

Gattungsbezeichnung		XIV alt	XIV alt	T 3a (XV alt, XVI alt)
Abgekürzte Bezeichnung		B n2t	B n2t	C n2t
Name/Bahnnummer von		510[1]	515	530
bis		518	–	594
Spätere Baureihe		–	–	89^{80}
Herstellerfirma	–	Vulcan	Vulcan	Borsig
Erstes Baujahr	–	1883	1881	1884
Höchstgeschwindigkeit	km/h	50	50	45
Steuerungsbauart	–	Allan	Allan	Allan
Bremsbauart	–	Schleifer[2]	Handbremse	Handbremse[3]
Zylinderdurchmesser	mm	300	300	350
Kolbenhub	mm	520	520	550
Treibraddurchmesser	mm	1 150	1 150	1 130[4]
Laufraddurchmesser	mm	–	–	–
Kesselüberdruck	bar	10,0	10,0	12,0
Anzahl/Durchmesser der Heizrohre	–/mm	112/45	108/45	133/46
Anzahl/Durchmesser der Rauchrohre	–/mm	–/–	–/–	–/–
Rohrlänge zwischen den Rohrwänden	mm	3 220	3 150	3 240
Rostfläche	m^2	0,80	0,78	1,35
Strahlungsheizfläche	m^2	4,40	4,25	4,87
Rohrheizfläche	m^2	45,80	42,86	56,32
Heizfläche gesamt	m^2	50,20	47,11	61,19
Überhitzerheizfläche	m^2	–	–	–
Masse der leeren Lok	t	17,50	17,80	21,94
Masse der dienstbereiten Lok	t	24,00	23,00	29,94
Reibungsmasse	t	24,00	23,00	29,94
Mittlere Kuppelachsfahrmasse	t	12,00	11,50	9,98
Wasserkasteninhalt	m^3	3,50	3,00	4,00
Brennstoffvorrat	t	0,80	0,80	1,00

[1]) Außer Nr. 515
[2]) Lokomotiven Nr. 511 und Nr. 512 Handbremse
[3]) Später Druckluftbremse Bauart Schleifer und Bauart Knorr
[4]) Lokomotiven Nr. 532 bis 535 Treibraddurchmesser 1 030 mm und ab Lokomotive Nr. 550 Treibraddurchmesser 980 mm

T 3b (XVII alt)	T 3b (XVII alt)	T 4 (XXI alt)	T 4 (XXI alt)	T 4 (XXI alt)
C n2t	C n2t	1'C n2t	1'C n2t	1'C n2t
595	597	701	735	748
596	611	734	747	750
89^{80}	89^{80}	91^{19}	91^{19}	91^{19}
Linke	Henschel	Henschel	Henschel	Orenstein
1901	1902	1907	1916	1922
45	45	45[2])	55	55
Heusinger	Allan	Heusinger	Heusinger	Heusinger
Schleifer	Schleifer[1])	Schleifer[3])	Knorr	Knorr
350	350	410	410	410
550	550	580	580	580
1 100	1 150	1 150[4])	1 200	1 200
–	–	800	800	800
12,0	12,0	12,0	12,0	12,0
134/46	132/46	173/46	173/46	173/46
–/–	–/–	–/–	–/–	–/–
3 240	3 240	3 700	3 700	3 700
1,34	1,30	1,60	1,60	1,60
4,94	4,71	7,41	7,44	7,44
55,92	55,09	92,50	92,50	92,50
60,86	59,80	99,91	99,94	99,94
–	–	–	–	–
26,80	25,50	35,68	36,87	37,40
34,10	33,20	45,24	46,80	46,80
34,10	33,20	36,00	36,20	36,60
11,37	11,07	12,00	12,07	12,20
3,88	4,00	5,10	5,30	5,60
0,90	1,00	1,50	1,50	1,50

[1]) Einige Lokomotiven Bremsbauart Knorr
[2]) Ab 1914 Höchstgeschwindigkeit 55 km/h
[3]) Lokomotiven Nr. 703 bis Nr. 706 und ab Nr. 717 Druckluftbremse Bauart Knorr
[4]) Ab Lokomotive Nr. 731 Treibraddurchmesser 1 200 mm

Gattungsbezeichnung		T 9[2]	T 9[3]	XVIII (alt)
Abgekürzte Bezeichnung		1'C n2t	1'C n2t	B n2t
Name/Bahnnummer von		772	780	1001
bis		774	782	–
Spätere Baureihe		91^{0}	$91^{10,11,12}$	–
Herstellerfirma		Union	Hohenzollern	Hohenzollern
Erstes Baujahr		1893	1908	1886
Höchstgeschwindigkeit	km/h	60	65	35[3])
Steuerungsbauart	–	Allan	Heusinger	Joy
Bremsbauart	–	Wurfhebel[1])	Wurfhebel[2])	Handbremse[4])
Zylinderdurchmesser	mm	430	450	200
Kolbenhub	mm	630	630	350
Treibraddurchmesser	mm	1 350	1 350	800
Laufraddurchmesser	mm	1 000	1 000	–
Kesselüberdruck	bar	12,0	12,0	12,0
Anzahl/Durchmesser der Heizrohre	–/mm	197/46	209/46	78/35
Anzahl/Durchmesser der Rauchrohre	–/mm	–/–	–/–	–/–
Rohrlänge zwischen den Rohrwänden	mm	3 930	3 700	1 350
Rostfläche	m^2	1,75	1,53	0,36
Strahlungsheizfläche	m^2	7,10	7,70	2,15
Rohrheizfläche	m^2	99,72	99,60	11,25
Heizfläche gesamt	m^2	106,82	107,30	13,40
Überhitzerheizfläche	m^2	–	–	–
Masse der leeren Lok	t	42,00	46,50	7,50
Masse der dienstbereiten Lok	t	52,60	59,90	8,50
Reibungsmasse	t	41,00	45,00	8,50
Mittlere Kuppelachsfahrmasse	t	13,70	15,00	4,25
Wasserkasteninhalt	m^3	5,75	7,00	0,75
Brennstoffvorrat	t	2,00	2,80	0,16

[1]) Zusätzlich Dampfbremse, später Druckluftbremse Bauart Westinghouse
[2]) Später Druckluftbremse Bauart Knorr
[3]) Später auf 31 km/h festgesetzt
[4]) Zusätzlich Heberleinbremse

XVIII alt	XIX (alt); (T 7)	T 7	T 7
B n2t	C n2t	C n2t	C n2t
1002	1003	1005	1007
–	1004	1006	–
–	–	99^{30}	99^{30}
Hohenzollern	Krauss	Henschel	Henschel
1887	1891	1910	1914
35[3])	31[5])	31	31
Joy	Stephenson	Stephenson	Stephenson
Handbremse[4])	Handbremse[6])	Handbremse[7])	Handbremse[7])
220	260	260	260
350	400	400	400
300	850	850	850
–	–	–	–
12,0	12,0	12,0	12,0
37/36	88/44	98/40	98/40
–/–	–/–	–/–	–/–
1 350	2 200	2 200	2 200
0,36	0,43	0,56	0,56
2,15	2,17	2,64	3,09
13,28	26,76	27,41	27,41
15,43	28,93	30,05	30,50
–	–	–	–
8,50	13,08	13,00[8])	13,00
9,50	15,98	16,20[8])	16,16
9,50	15,98	16,20	16,16
4,75	5,33	5,40	5,39
0,69	1,70	1,70	1,70
0,16	0,75	0,75	0,75

[5]) Lokomotive Nr. 1004 ursprünglich 15 km/h
[6]) Ab 1911 zusätzlich Druckluftbremse Bauart Knorr
[7]) Zusätzlich Druckluftbremse Bauart Knorr
[8]) Lokomotive Nr. 1006 Masse der leeren Lok 13,60 t und Masse der dienstbereiten Lok 16,00 t

Gattungsbezeichnung		–	P 3²	P 4¹
Abgekürzte Bezeichnung		2'A n2	B n2v	2'B n2
Name/Bahnnummer von		45[1])	RHEIN	ADLER
bis		46	MOSEL	TAUBE
Spätere Baureihe		–	33^{70} [3])	36^{12}
Herstellerfirma		Norris	Hanomag	Hanomag
Erstes Baujahr		1841	1894	1896
Höchstgeschwindigkeit	km/h		75	90
Steuerungsbauart	–	Gabel	Allan	Heusinger
Bremsbauart	–	Hebelbremse[2])	Schleifer	Westinghouse
Zylinderdurchmesser	mm	270	400/570	460
Kolbenhub	mm	450	560	600
Treibraddurchmesser	mm	1210	1540	1750
Laufraddurchmesser	mm	825	–	1000
Kesselüberdruck	bar	3,90	12,00	12,00
Anzahl/Durchmesser der Heizrohre	–/mm		178/44	248/39
Anzahl/Durchmesser der Rauchrohre	–/mm	–/–	–/–	–/–
Rohrlänge zwischen den Rohrwänden	mm	2450	3500	3650
Rostfläche	m^2	0,66	1,14	1,92
Strahlungsheizfläche	m^2	–	5,70	8,72
Rohrheizfläche	m^2	–	78,30	110,75
Heizfläche gesamt	m^2	29,00	84,00	119,47
Überhitzerheizfläche	m^2	–	–	–
Masse der leeren Lok	t	7,50	25,52	40,00
Masse der dienstbereiten Lok	t	11,20	28,00	45,20
Reibungsmasse	t	7,50	28,00	27,40
Mittlere Kuppelachsfahrmasse	t	7,50	14,00	13,70
Wasserkasteninhalt	m^3	–	–	12
Brennstoffvorrat	t	–	–	4

[1]) Bahnnummern wurden beim Kauf der Lokomotiven von der Niederschlesich-Märkischen Eisenbahn (bis 1845 Berlin-Frankfurter Eisenbahn) übernommen.

[2]) Hebelbremse am Tender

[3]) Mit den Betriebsnummern 33 7001 bis 33 7007 nur im vorläufigen Umzeichnungsplan 1923 der Deutschen Reichsbahn-Gesellschaft enthalten.

S 3	P 4²	S 5²	S 10	P 8
2'B n2v	2B n2v	2'B n2v	1'C1' h2	2'C h2
WODAN	MERCUR	FRIGGA	BERLIN	290
HEIMDALL	NEPTUN	WALA	DRESDEN	294
13¹⁸	36¹²	13¹⁸	16⁰	38³³
Hanomag	Hanomag	Hanomag	Hanomag	Hanomag
1903	1907	1909	1916	1922
95	90	100	100	100
Heusinger	Heusinger[4])	Lentz	Lentz[6])	Heusinger
Westinghouse	Westinghouse	Westinghouse	Knorr	Knorr
460/680	460/680	475/700	580	575
600	600	600	630	630
1 980	1 750	1 980	1 980	1 750
1 000	1 000	1 000	1 100	1 000
12,00	12,00	12,00	14,00	12,00
231/39	231/39	247/41	122/49	119/51
–/–	–/–	–/–	18/125	26/153
3 900	3 900	4 100	5 200	4 700
2,27	2,27	2,27	3,00	2,64
8,98	8,98	10,34	11,75	14,58
110,37	110,37	130,43	134,13	129,32
119,35	119,35	140,77	145,88	143,90
–	–	–	41,20	58,90
46,80	46,70[5])	48,10	68,90	70,70
52,20	52,20[5])	53,40	73,90	78,20
30,20	30,20[5])	32,00	45,40	51,60
15,10	15,10[5])	16,00	15,10	17,20
20	12	20	20	–
5	4	5	5	–

[4]) Ab Lokomotive SATURN Lentz-Ventilsteuerung

[5]) Ab Lokomotive SATURN Masse der leeren Lok 48,40 t
Masse der dienstbereiten Lok 53,90 t
Reibungsmasse 30,50 t
mittlere Kuppelachsfahrmasse 15,30 t

[6]) Außensteuerung Bauart Heusinger

Gattungsbezeichnung		G 1	G 1	G 1
Abgekürzte Bezeichnung		B n2	B n2	B n2
Name/Bahnnummer von		OESTERINGEN	OCHTUM	SOESTE
bis		WAPEL	MARKA	DINKEL
Spätere Baureihe		–	51^{70} [3])	51^{70} [4])
Herstellerfirma		[1])	Hohenzollern	Hohenzollern
Erstes Baujahr		1866	1876	1876
Höchstgeschwindigkeit	km/h	60	60	60
Steuerungsbauart	–	Allan	Allan	Allan
Bremsbauart	–	Schraube[2])	Schleifer, Heberlein	Schleifer, Heberlein
Zylinderdurchmesser	mm	355	360	360
Kolbenhub	mm	560	560	560
Treibraddurchmesser	mm	1 500	1 520	1 520
Laufraddurchmesser	mm	–	–	–
Kesselüberdruck	bar	10,00	10,00	10,00
Anzahl/Durchmesser der Heizrohre	–/mm	156/44	184/44	184/44
Anzahl/Durchmesser der Rauchrohre	–/mm	–/–	–/–	–/–
Rohrlänge zwischen den Rohrwänden	mm	3 500	3 600	3 600
Rostfläche	m^2	1,00	1,00	1,15
Strahlungsheizfläche	m^2	5,00	6,50	6,10
Rohrheizfläche	m^2	70,00	83,50	83,50
Heizfläche gesamt	m^2	75,00	90,00	89,60
Überhitzerheizfläche	m^2	–	–	–
Masse der leeren Lok	t	18,50	18,70	19,00
Masse der dienstbereiten Lok	t	21,30	22,25	22,50
Reibungsmasse	t	21,30	22,25	22,50
Mittlere Kuppelachsfahrmasse	t	10,65	11,13	11,25
Wasserkasteninhalt	m^3	–	–	–
Brennstoffvorrat	t	–	–	–

[1]) Hartmann, Krauss, Wöhlert
[2]) Bremseinrichtung am Tender
[3]) Mit den Betriebsnummern 51 7001 bis 51 7008 nur im vorläufigen Umzeichnungsplan 1923 der Deutschen Reichsbahn-Gesellschaft enthalten
[4]) Mit den Betriebsnummern 51 7009 bis 51 7016 und 51 7017 bis 51 7019 nur im vorläufigen Umzeichnungsplan 1923 der Deutschen Reichsbahn-Gesellschaft enthalten.

G 1	G 4^2	G 4^2	G 7	G 8^2
B n2	C n2v	C n2v	D n2v[6]	1'D h2
SPIEKEROOG	WÖRTH	PREUSSEN	AMMERLAND	281
ROTTUM	AMIENS	BRAUNSCHWEIG	BALTRUM	285
–	53^{10}	53^{10}	55^{62}	56^{22}
Hohenzollern	Hanomag	Hanomag	Hanomag	Hanomag
1889	1895	1907	1912	1921
75	45	45	45[7]	65
Allan	Allan	Allan	Heusinger, Lentz	Heusinger, Lentz
Schleifer	Schraube[5]	Schraube[5]	Dampfbremse[8]	Kunze-Knorr
365	460/650	460/650	500/750	630
560	630	630	660	660
1 540	1 330	1 330	1 340	1 400
–	–	–	–	1 000
12,00	12,00	12,00	12,00	14,00
184/44	206/44	206/44	138/46	190/44,5
–/–	–/–	–/–	–/–	34/133
3 750	4 350	4 160	4 200	4 100
1,15	1,53	1,53	2,23	3,40
6,10	7,63	7,63	9,60	11,80
86,90	112,61	105,00	170,50	151,60
93,00	120,24	112,63	180,10	163,40
–	–	–	–	53,30
23,60	34,40	36,40	51,60	76,20
26,20	40,20	41,70	58,60	83,60
26,20	40,20	41,70	58,60	69,90
13,10	13,50	13,90	14,65	17,50
–	12	12	16	16,5
–	4	4	6	7

5) Schraubenbremse am Tender
6) 1925 auf Heißdampf umgebaut; abgekürzte Bezeichnung D h2v
7) Höchstgeschwindigkeit ab 1925 60 km/h
8) Ab 1925 Druckluftbremse Bauart Westinghouse

Gattungsbezeichnung		T 0	T 1[2])	T 1[2])
Abgekürzte Bezeichnung		1A n2t	B n2t	B n2t
Name/Bahnnummer von		FLINK	LIENE	SCHNIPP
bis		HILL	WAPEL	HOLM
Spätere Baureihe		–	–	–
Herstellerfirma	–	Hohenzollern	Wöhlert	[3])
Erstes Baujahr	–	1885	1873	1871
Höchstgeschwindigkeit	km/h	60	60	40
Steuerungsbauart	–	Allan	Allan	Gooch
Bremsbauart	–	Wurfhebel, Heberlein	Wurfhebel	Wurfhebel
Zylinderdurchmesser	mm	220	355	250
Kolbenhub	mm	440	560	500
Treibraddurchmesser	mm	1 200	1 500	1 000[4])
Laufraddurchmesser	mm	970	–	–
Kesselüberdruck	bar	12,00	10,00	10,00
Anzahl/Durchmesser der Heizrohre	–/mm	83/44	156/44	88/44[5])
Anzahl/Durchmesser der Rauchrohre	–/mm	–/–	–/–	–/–
Rohrlänge zwischen den Rohrwänden	mm	2 400	3 500	2 930
Rostfläche	m^2	0,54	1,00	0,54[6])
Strahlungsheizfläche	m^2	3,00[1])	5,00	3,20[7])
Rohrheizfläche	m^2	25,00	70,00	32,50[8])
Heizfläche gesamt	m^2	28,00	75,00	35,70[9])
Überhitzerheizfläche	m^2	–	–	–
Masse der leeren Lok	t	12,00	20,00	11,25
Masse der dienstbereiten Lok	t	16,30	25,00	14,00
Reibungsmasse	t	9,30	25,00	14,00
Mittlere Kuppelachsfahrmasse	t	9,30	12,50	7,00
Wasserkasteninhalt	m^3	2,30	3,50	1,86
Brennstoffvorrat	t	0,90	0,85	0,90

[1]) Lokomotiven DROCK und HILL Strahlungsheizfläche 2,87 m^2
[2]) Umbau aus Lokomotiven der Gattung G 1
[3]) Eisenbahnwerkstätte Oldenburg; Krauss
[4]) Lokomotiven SCHNURR bis HOLM Treibraddurchmesser 1 100 mm
[5]) Lokomotiven KURZ bis HOLM 92 Heizrohre
[6]) Lokomotiven KURZ bis HOLM Rostfläche 0,50 m^2
[7]) Lokomotiven KURZ bis HOLM Strahlungsheizfläche 3,00 m^2
[8]) Lokomotiven KURZ bis HOLM Rohrheizfläche 34,00 m^2
[9]) Lokomotiven KURZ bis HOLM Heizfläche gesamt 37,00 m^2

$T 1^{2}$	T 2	T 3	$T 5^{1}$	T 13
B n2t	B n2t	C n2t	1'B'1' n2t	D n2t
GEEST	ROSS	SPECHT	JEVER	SIMSON
HEIDE	ZEBRA	HÄNFLING	NADORST	ROLAND
98^{74}	98^{1}	98^{2} [13])	71^{4}	92^{5-9}
Hohenzollern	Hanomag	Hanomag	Hanomag	Hanomag
1888	1896	1898	1907	1911
45	50	45	75	45
Allan	Allan	Allan	Heusinger	Heusinger
Wurfhebel, Heberlein	Wurfhebel, Heberlein[10])	Westinghouse, Heberlein	Westinghouse, Wurfhebel	Westinghouse
255	324	340	430	500
500	550	550	600	600
1 130	1 100	1 100	1 600	1 250
–	–	–	1 000	–
12,00	12,00	12,00	12,00	12,00
92/44	142/44	133/44[13])	189/44	209/46
–/–	–/–	–/–	–/–	–/–
2 930	3 100	3 240[13])	4 000	4 000
0,50	1,01	1,35[13])	1,56	1,76
3,00	4,80	5,00	8,06	8,70
34,00	52,40	54,10	92,62	107,70
37,00	57,20	59,10[13])	100,68	116,40
–	–	–	–	–
14,60	21,00[11])	24,70	41,50[14])	47,20
18,50	28,00	33,00	53,10[14])	62,30
18,50	28,00	33,00	30,00[14])	62,30
9,25	14,00	11,00	15,00[14])	15,60
2,25	3,50	4,00	5,50	7,00
0,90	0,85	0,90	1,60	2,50

10) Lokomotiven ELCH bis WIESEL sowie BISON und GNU Bremsbauart Westinghouse mit domartigem Hauptluftbehälter auf dem Langkessel vor dem Führerhaus und Heberleinbremse.

11) Lokomotiven ELCH bis WIESEL sowie BISON und GNU
Masse der leeren Lok 22,00 t
Masse der dienstbereiten Lok 28,90 t
Reibungsmasse 28,90 t
mittlere Kuppelachsfahrmasse 14,45 t

12) Mit den Betriebsnummern 98 201 bis 98 212 nur im vorläufigen Umzeichnungsplan 1923 der Deutschen Reichsbahn-Gesellschaft enthalten.

13) Lokomotiven SPERLING bis HÄNFLING Anzahl der Heizrohre 142
Rohrlänge zwischen den Rohrwänden 3010 mm, Rostfläche 1,01 m^2
Heizfläche gesamt 57,20 m^2

14) Ab Lokomotive NORDENHAM Masse der leeren Lok 42,70 t
Masse der dienstbereiten Lok 54,30 t
Reibungsmasse 30,60 t
mittlere Kuppelachsfahrmasse 15,30 t

Gattungsbezeichnung		T 13[1]
Abgekürzte Bezeichnung		D h2t
Name/Bahnnummer von		286
bis		289
Spätere Baureihe		92[4]
Herstellerfirma		Hanomag
Erstes Baujahr		1921
Höchstgeschwindigkeit	km/h	45
Steuerungsbauart	–	Heusinger, Lentz
Bremsbauart	–	Westinghouse
Zylinderdurchmesser	mm	530
Kolbenhub	mm	600
Treibraddurchmesser	mm	1 250
Laufraddurchmesser	mm	–
Kesselüberdruck	bar	12,00
Anzahl/Durchmesser der Heizrohre	–/mm	6/46
Anzahl/Durchmesser der Rauchrohre	–/mm	92/76
Rohrlänge zwischen den Rohrwänden	mm	4 000
Rostfläche	m^2	1,73
Strahlungsheizfläche	m^2	8,50
Rohrheizfläche	m^2	84,01
Heizfläche gesamt	m^2	92,51
Überhitzerheizfläche	m^2	49,30
Masse der leeren Lok	t	53,20
Masse der dienstbereiten Lok	t	65,30
Reibungsmasse	t	65,30
Mittlere Kuppelachsfahrmasse	t	16,33
Wasserkasteninhalt	m^3	7,00
Brennstoffvorrat	t	2,50

Gattungsbezeichnung		–
Abgekürzte Bezeichnung		2'Bo'
Name/Bahnnummer von		–
bis		–
Spätere Baureihe		–
Herstellerfirma		[1])
Erstes Baujahr		1910
Höchstgeschwindigkeit	km/h	50
Installierte Leistung	kW	[2])
Treibraddurchmesser	mm	1 000
Laufraddurchmesser	mm	1 000
Masse des leeren Triebwagens	t	41,70
Masse des dienstbereiten Triebwagens	t	46,70
Reibungsmasse	t	24,35
Sitzplätze	3. Klasse	49
	4. Klasse	26

[1]) Liefergemeinschaft
Düsseldorfer Eisenbahnbedarf (Wagenkasten)
Deutz, Köln (mechanischer Teil)
AEG, Berlin (elektrischer Teil)
[2]) Sechszylinder-Viertaktmotor 74 kW
Gleichstromgenerator 90 kW
Fahrmotoren 2 × 63 kW

Eisenbahn-Fahrzeug-Archiv

Eine umfassende Dokumentation deutscher Eisenbahn-Fahrzeuge

Aus dem ,,Dampflok-Archiv", dem ,,Ellok-" und dem ,,Diesellok-Archiv", zunächst allein im Transpress-Verlag (DDR) erschienen, ist in Zusammenarbeit mit dem Alba-Buchverlag im Laufe einiger Jahre die Reihe **Eisenbahn-Fahrzeug-Archiv** (EFA) entstanden. Ziel dieser Publikation ist die Dokumentation aller von den Länderbahnen, der Deutschen Reichsbahn (alt), der Deutschen Bundesbahn und der Deutschen Reichsbahn (DDR) eingesetzten Triebfahrzeuge und Wagen.

Jedes Buch gibt für alle Baureihen oder Wagentypen eine fahrzeugtechnische Beschreibung einschließlich der Umbauten und Besonderheiten für bestimmte Einsätze sowie Hinweise auf die Herstellung, den Einsatz und die Ausmusterung.

Übersichtszeichnungen und Fotos stellen alle Fahrzeugtypen auch im Bild vor. Schließlich sind am Schluß jedes Buches alle technischen Daten tabellarisch zusammengefaßt dargestellt, so daß der Leser einen schnellen Überblick über die Fahrzeuge einer Traktionsart erlangt.

Alle Bände haben einen festen Einband. Das Format ist 20 x 22 cm.

In der Reihe ,,Eisenbahn-Fahrzeug-Archiv" sind bereits erschienen:

H. Schröpfer
Triebfahrzeuge österreichischer Eisenbahnen
A.1 *Dampflokomotiven BBÖ und ÖBB*
288 Seiten, zahlreiche Abbildungen, ca. DM 42,—

Weisbrod, Müller, Petznik
Dampflokomotiven deutscher Eisenbahnen
1.1 *Baureihe 01—39*
274 Seiten, 221 Abbildungen, DM 32,—
1.2 *Baureihe 41—59*
224 Seiten, 172 Abbildungen, DM 32,—
1.3 *Baureihe 60—96*
260 Seiten, 187 Abbildungen, DM 32,—
1.4 *Baureihen 97—99*
216 Seiten, 198 Abbildungen, DM 32,—

Näbrich, Preuß, Meyer
Lokomotiven sächsischer Eisenbahnen
2.1 *Schnellzug- und Personenzuglokomotiven*
2.2 *Güterzug- und Tenderlokomotiven, Triebwagen*
zusammen 432 Seiten, 589 Abbildungen, DM 60,—

H. Schnabel
2.5 **Lokomotiven bayerischer Eisenbahnen**
400 Seiten, 426 Abbildungen, DM 42,—

Lohr/Thielmann
2.6 **Lokomotiven württembergischer Eisenbahnen**
172 Seiten, 186 Abbildungen, DM 28,—

Lohr/Thielmann
2.7 **Lokomotiven badischer Eisenbahnen**
198 Seiten, 212 Abbildungen, DM 28,—

W. Glatte
3 **Diesellokomotiven deutscher Eisenbahnen**
296 Seiten, 224 Abbildungen, DM 32,—

Bäzold/Fiebig
4 **Elektrische Lokomotiven deutscher Eisenbahnen**
416 Seiten, 370 Abbildungen, DM 42,—

R. Zschech
Triebwagen deutscher Eisenbahnen
5.1 *ETA und ET* (Neuauflage ab Mitte 89 im Handel)
5.2 *VT und DT* (Neuauflage ab Mitte 89 im Handel)

Wagner, Wagner, Deppmeyer
Reisezugwagen deutscher Eisenbahnen
6.1 *Länderbahnen und DRG*
264 Seiten, 286 Abbildungen, DM 32,—
6.2 *DB und DR*
296 Seiten, 278 Abbildungen, DM 32,—

Theurich, Deppmeyer
Reisezugwagen deutscher Eisenbahnen
6.3 *Speise-, Schlaf- und Salonwagen*
304 Seiten, 384 Abbildungen, DM 32,—

Die Reihe wird fortgesetzt

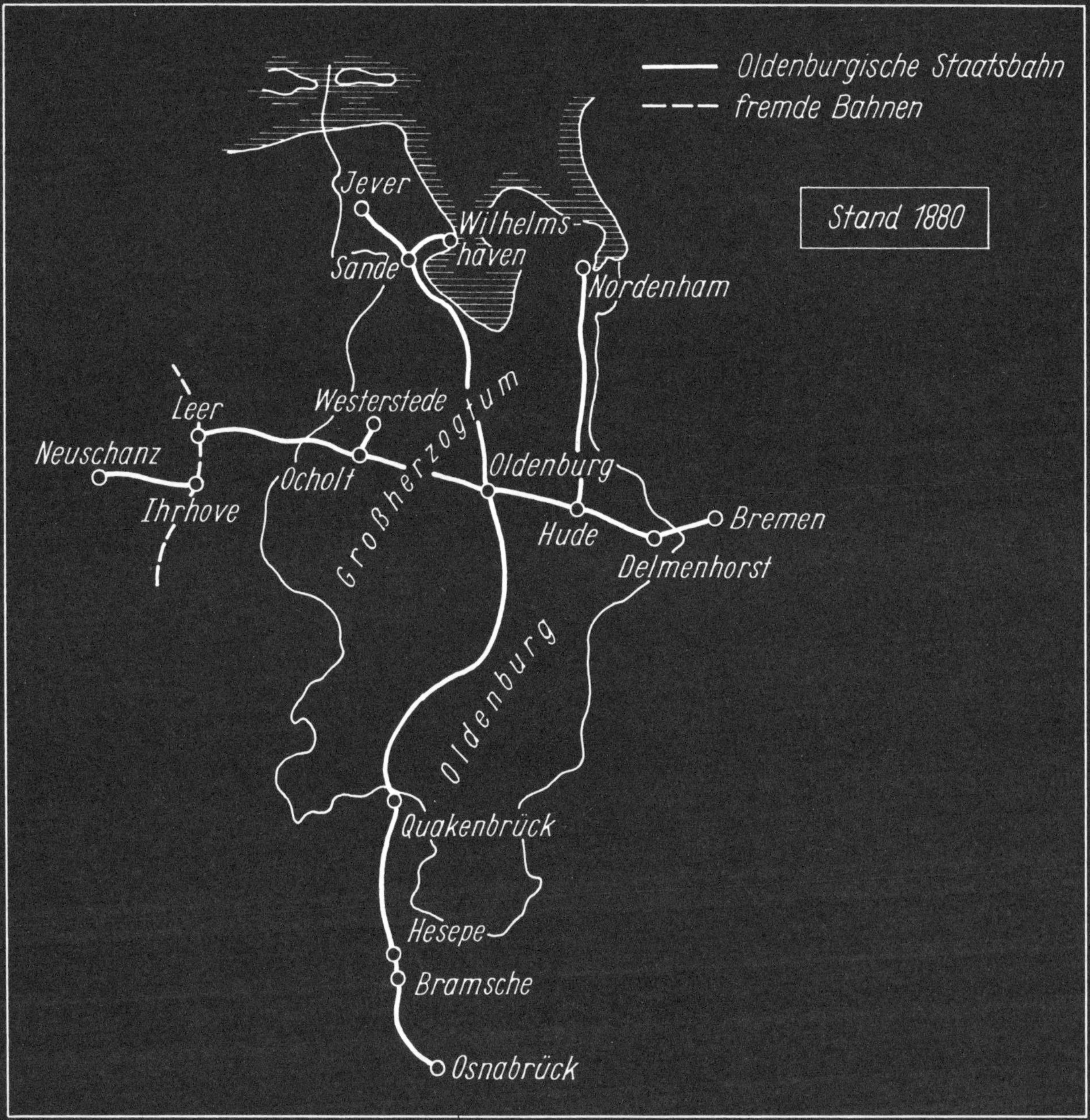

Die Entwicklung des Streckennetzes der oldenburgischen Eisenbahnen